U0894593

珍藏本
纪念版

汉译世界学术名著丛书

斯宾诺莎书信集

洪汉鼎 译

2017年·北京

EPISTOLAE DOCTORUM QUORUNDAM VIRORUM AD B. D. S. ET AUCTORIS RESPONSIONES

本书据 A. Wolf 的 *The Correspondence of Spinoza*（London 1928）
并参照 C. Gebhardt 的 *Spinozas Briefwechsel*（Leipzig 1914）译出

汉译世界学术名著丛书
（120 年纪念版·珍藏本）
出 版 说 明

2017 年 2 月 11 日，商务印书馆迎来 120 岁的生日。120 年前，商务印书馆前贤怀揣文化救国的理想，抱持“昌明教育，开启民智”的使命，立足本土，放眼寰宇，以出版为津梁，沟通中西，为中国、为世界提供最富智慧的思想文化成果。无论世事白云苍狗，潮流左右激荡，甚至战火硝烟弥漫，始终践行学术报国之志，无改初心。

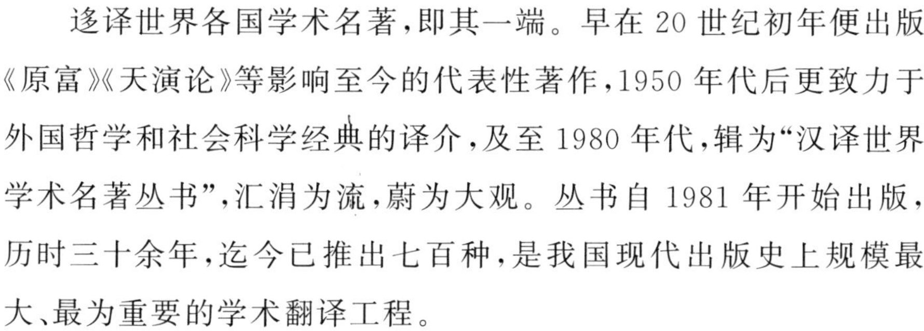

迻译世界各国学术名著，即其一端。早在 20 世纪初年便出版《原富》《天演论》等影响至今的代表性著作，1950 年代后更致力于外国哲学和社会科学经典的译介，及至 1980 年代，辑为“汉译世界学术名著丛书”，汇涓为流，蔚为大观。丛书自 1981 年开始出版，历时三十余年，迄今已推出七百种，是我国现代出版史上规模最大、最为重要的学术翻译工程。

丛书所选之书，立场观点不囿于一派，学科领域不限于一门，皆为文明开启以来，各时代、各国家、各民族的思想与文化精粹，代表着人类已经到达过的精神境界。丛书系统译介世界学术经典，引领时代思想，为本土原创学术的发展提供丰富的文化滋养，为推动中国现代学术和现代化进程做出了突出的贡献。

为纪念商务印书馆成立120周年，我们整体推出“汉译世界学术名著丛书”120年纪念版的珍藏本，寄望既利于文化积累，又便于研读查考，同时向长期支持丛书出版的译者、编者和读者致以敬意。

两甲子后的今天，商务印书馆又站在了一个新的历史时间节点上。我们不仅要铭记先辈的身影和足迹，更须让我们的步伐充满新的时代精神。这是商务人代代相传的事业，更是与国家和民族的命运始终紧密相连的事业。我们责无旁贷，必须做好我们这代人的传承与创造，让我们的努力和成果不仅凝聚成民族文化的记忆，还能成为后来人可以接续的事业。唯此，才能不负前贤，无愧来者。

商务印书馆编辑部

2017年10月

译　　序

《斯宾诺莎书信集》最早是在斯宾诺莎去世的那年(1677)由他的亲密朋友在阿姆斯特丹出版的《遗著》(*Opera Posthuma*)里发表的。当时共收集了1661年至1676年间斯宾诺莎与友人往来书信75封(其中有一封附在《政治论》前面作为序言,书信集实际上只有74封)。根据当时编者的口气,斯宾诺莎与友人的通信,除已发表的这些外,似乎还有一些,但由于各种各样的理由,被他们删掉了或销毁了,他们只收录了一些"对于解释作者的其他著作不无裨益"的书信。我们可以推测,这是当时荷兰政府和教会对斯宾诺莎残酷迫害的结果,正如斯宾诺莎最早的传记家卢卡斯所说:"我们的时代是很文明的,但并非因此对待伟大人物就比较公正。虽然我们时代的最可贵的文明都归功于这些伟大人物,并从而幸运地获得好处,但是,或来自妒忌,或来自无知,我们这个时代竟不允许任何人来赞美他们。使人惊奇的是,一个人为了给这些伟人作传,他自己不得不躲藏起来,好像他是在从事犯罪活动似的。"[①]因此,我们可以想见,当时一些斯宾诺莎亲密朋友在阿姆斯特丹社友会孤儿院里筹备出版斯宾诺莎遗著,是冒着多大的风险。在这种

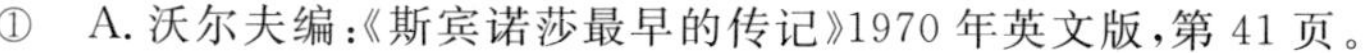

① A.沃尔夫编:《斯宾诺莎最早的传记》1970年英文版,第41页。

情况下，一些明确表示政见和宗教观点的书信被销毁了，就是在发表的书信里，一些重要段落也被删改了。一个明显的事实是，在所发表的书信里，当时荷兰通信者的名字一律都被删掉，这可以说是伟大人物在所谓文明时代的悲剧。

自《遗著》出版以来二百多年内，由于一些斯宾诺莎研究家的苦心收集，终于新发现了斯宾诺莎的书信 11 封，其中 1882 年以前新发现 9 封，1882 年以后新发现 2 封，它们是第 15、28、29、30、49、69、70、72、79 封和第 48A、67A 封，因此在 1882 年范·伏洛顿和兰德的《斯宾诺莎著作集》海牙版里，《书信集》不再是 75 封，而是 84 封，而在 1895 年以后的《斯宾诺莎著作集》标准版里又增加为 86 封。1975 年奥芬贝尔格又刊登了一封至今未收入《书信集》里的斯宾诺莎 1663 年致梅耶尔的信件，因此现今我们共拥有斯宾诺莎与友人往返书信 87 封，其中斯宾诺莎自己写的 50 封，他的通信人写的 37 封。在斯宾诺莎自己写的 50 封中，有 13 封斯宾诺莎自己亲笔手书或复制品保存至今，它们是第 6、9、15、23、27、28、32、43、46、49、69、72 封以及 1975 年新发表的一封，前 12 封信 1903 年曾经由已故的 W. 梅耶尔博士以影印本出版，并加上译文和注释。

研究《斯宾诺莎书信集》一个值得注意的地方是关于书信序号的问题。在最早的《遗著》版里，书信的序号主要是以通信者为单元进行排列，例如，所有斯宾诺莎和奥尔登堡的书信，包括奥尔登堡写给斯宾诺莎的信和斯宾诺莎答复奥尔登堡的信，全都放在一起，然后按照时间顺序再给它们加以编排，这样一种编排无疑要以全部占有斯宾诺莎书信为前提。后来由于发现了新的书信，打乱了这种编排方法，所以，范·伏洛顿和兰德在1882年出版的《斯宾诺莎著作集》海牙版里，决定严格按照时间顺序对书信重新加以编号，由于当时只发现了9封信，因此该版本里共编了84封信。自此以后，这一编排序号成为世界各国学者引用斯宾诺莎书信的标准序号。但自1882年以后又新发现了2封信，为了避免打乱这一标准序号，各国学者统一决定，在这2封信序号后嵌以A字，仍按时间顺序编排进去，这样就在84封信之外出现了48A和67A这两封信。1975年新发现的一封，由于至今尚未收进国外《斯宾诺莎著作集》标准版里，我们暂以附录形式附在最后。为了便于读者了解《遗著》版书信序号和《斯宾诺莎著作集》标准版书信序号的不同，我们在本文后面附有一张两种版本书信序号对照表。

哲学家的书信，对于理解哲学家的思想，无疑是非常重要的。但斯宾诺莎的书信对于理解他的哲学思想，相对来说可能更为重要，究其原因可能有如下几点：(1)斯宾诺莎自己的哲学代表作《伦理学》是用几何学方式陈述的，虽然这种方式在他看来是最明白清楚的，但对我们现代读者来说，却不免晦涩，因此要正确全面理解他的真正思想，我们还得借助于他的书信。(2)在十七世纪，学者们之间的通信与后来的生活通信不同，大多是进行学术的讨论，我们可以说当时的书信实际上就是一篇篇学术论文，如洛克给斯蒂林弗利特的信、莱布尼兹给克拉克和阿尔诺等人的信就是这样，当然斯宾诺莎的书信也大部分是这样，所以斯宾诺莎的书信就等于斯宾诺莎在其他正式著作之外又给我们提供了另一些宝贵的学术论著。(3)由于斯宾诺莎的书信大部分是针对友人或论敌对他学术思想提出的疑问进行回答，因而对于深入透彻地了解他的思想无疑有很重要的意义，我们可以毫不夸大地说，如果不读斯宾诺莎的书信，要了解他的真正哲学思想可能是非常困难的。(4)在哲学史上，斯宾诺莎是强调认识论和伦理学、世界观和人生观、求真和至善统一的伟大哲学家之一，专门的著作可能是从理论上阐明这种统一，而书信则可能具体而主动地表现这种统一，《斯宾诺莎书信集》特别提供了这位伟大哲学家如何把哲学理论和生活实践结合起来的宝贵材料。(5)斯宾诺莎的书信展现了一幅十七世纪有关社会政治事件、科学研究和发现，以及人们精神面貌的画面，我们从中既可以了解到斯宾诺莎个人生活、性格和著述的具体情况，又可以得知当时的时代背景、社会状况和人们普遍的思想倾向。因此我们可以说，《斯宾诺莎书信集》不仅是了解斯宾诺莎个人传记和哲学思想的重要材料，而且也是了解当时社会背景、科学研究和宗教思想的宝贵历史资料，正因为如此，歌德曾说："斯宾诺莎的书信是我们在正直和人道的世界里所能读到的一本最有趣的书。"[1]总之，《斯宾诺莎书信集》的价值绝不低于他的其他一些专门哲学著作。

下面我们就斯宾诺莎哲学几个重要问题谈谈他的《书信集》给予我们的启示。

实体是斯宾诺莎哲学体系的最根本范畴，究竟如何理解这一范畴，是我们正确理解斯宾诺莎哲学的关键。《书信集》保存了一封极珍贵的信件使我们犹如黑暗摸索中瞥见了一线光明。斯宾诺

① 爱克尔曼编：《歌德对话录》1909年德文版，第1卷，第35页。

莎在这封信(第 32 封)中说,我们人类生活在宇宙中,就如同寄生虫生活在血液里一样,如果我们要想正确认识和理解我们周围的事物,我们就绝不能像那个短视的寄生虫那样,把围绕我们四周的物体看成是彼此独立的整体,而应当把它们看成是一个整体的部分,而这个整体又是另一个更大整体的部分,他说:“每一个物体,就它们以某种限定的方式存在而言,必定被认为是整个宇宙的一部分,与宇宙的整体相一致,并且与其他的部分相联系”。[①] 实体在斯宾诺莎看来就是无限的宇宙整体,而个别事物(他称之为样态)乃是这整体的部分,部分的性质是由整体的一般性质决定的,离开了整体,部分既不能存在也不能被理解。由此可见,斯宾诺莎哲学的根本出发点是一种我们现在可以称之为系统论的认识论观点,它不是以个别对象或个别现象作为研究的中心,而是以个别对象或现象所隶属的整体或系统作为认识的中心,它否认那种以个别事物或个别现象本身来进行孤立研究和认识的实物中心论观点,而是主张把个别事物或个别现象当成它们所隶属的整体的体现者来认识、把事物当作它们所隶属的那个系统的一个部分来加以揭示的系统中心论观点,它认为只有把一种现象和所有其他与之相关的现象的共同性质弄清楚,把该现象所隶属的那一系统的根本规律弄清楚,我们才能真正认识这一现象的个别性和特殊性。正因为如此,所以斯宾诺莎主张最完善的认识方法乃是那种从能够表示自然全体的根源和源泉的观念(即他所谓神、实体或自然)进行推导的方法,也就是他所谓从实体到样态,从神到万物的理性

① 见本书第 159 页。

演绎方法。这样，我们在读《伦理学》时，就有了一盏明灯，使我们在那些抽象晦涩的词句里把握了作者内心真正的思想。

实体和属性的关系问题也是斯宾诺莎哲学中的重要问题。在十九世纪，康德批判哲学普遍流行，它对一切哲学问题，甚至哲学体系作认识论解释的倾向，导致一种可以称之为对斯宾诺莎实体和属性关系问题的康德式解释，也就是说，在当时的研究家和注释家看来，斯宾诺莎的属性只是一种主观的思想形式，是我们认识实体的主观方式，而不是实体自身固有的客观性质，他们认为，斯宾诺莎的实体是自在之物（noumenon），而属性则是现象（phenomena）。这种解释最早是由 J. E. 爱尔德曼（Erdmann）在其《哲学史大纲》（第 2 卷）里明确提出的，理由是斯宾诺莎在《伦理学》里把属性定义为"在知性看来是构成实体的本质的东西"，既然是"在知性看来"，就必然是在知性之内的，因而属性被知性所知觉，不是被知性所发现，而是被知性所发明。但我们从斯宾诺莎的书信（第 2、4、9 封）清楚看到，这种康德式的解释是根本错误的。斯宾诺莎认为属性具有像实体一样的客观实在性，实体本身就是无限多属性的统一整体，如果属性是主观的，那么实体也就必然是主观的了。实体和属性的差别唯一在于每一属性可以分别加以设想，而作为实体，其无限多个属性则是不可分开地结合在一起。而且按照斯宾诺莎的看法，知性给予我们的是实在的知识，而不只是现象的知识，因此那种认为实体是客观的而属性则是主观的看法是不正确的。

第三，斯宾诺莎哲学体系究竟是一个纯粹的逻辑构造，还是具有实在的因果关系。一种相当普遍的看法是，在斯宾诺莎体系里，

只有纯粹的逻辑关系，而不存在实在的时间因果关系，其理由是他使用了几何学表述方式和“原因或理由”(causa seu ratio)这一术语，以理由来代替原因、以数学推理来代替实在的因果关系，这表明，在他看来，宇宙里只有一种纯粹逻辑—数学的关系，因而像W.文德尔班这样的哲学史家在其《近代哲学史》和《哲学导论》里把斯宾诺莎哲学称之为“数学泛神论”。显然，这样一种观点是不符合斯宾诺莎哲学性质的，我们从书信集中只举出一封信(第60封)就可看得很清楚，斯宾诺莎在这封信中说：“为了我可以知道从事物的许多观念中找出什么观念能推知对象的一切性质，我只注意一点，即该事物的观念或界说应当表现它的动因(causa efficienti)。”在斯宾诺莎看来，最好的观念或界说一定是表现动因的观念或界说，如圆就应当定义为“由一端固定另一端旋转的直线所描绘的空间”。这里的动因就是最近因。只有从事物的最近因才能推知该事物其他一切性质，这表明，推导关系绝不只是数学—逻辑的关系，而且也是实在的因果关系。如果我们借助斯宾诺莎在《笛卡尔哲学原理》第三篇开始所讲的话，我们会更深刻地理解这一点。在那里，斯宾诺莎说，认识事物本性的最好方法乃是观察这些事物如何从某些原胚中逐渐产生和发展的，我们应当设想一些基本原理，使得能从这些基本原理，如同从原胚中一样，推出星球、大地以及世界上万事万物的起源，他认为用这种方法比起对事物现状作简单描述要好得多。[①] 很明显，斯宾诺莎之所以采用几何学陈述方式，只是为了更深刻揭示客观世界的因果关系。在斯宾诺

① 斯宾诺莎：《笛卡尔哲学原理》1980年中译本，第124页。

莎那里，逻辑必然性和因果必然性是统一的。

最后，关于斯宾诺莎体系的动态（动力学）解释和静态（静力学）解释问题。很长时期，哲学史上对斯宾诺莎体系保持一种静态解释，认为他的实体和属性概念类似于爱利亚学派的“存在”或柏拉图的“理念”。实际上这种解释忽视了斯宾诺莎体系里的两个非常重要的概念，即活动性（Activity，主动性）概念和力量（Powers，能力）概念。斯宾诺莎在《伦理学》中说：“一物具有圆满性愈多，那它就愈是主动，愈少被动；反之，一物愈能主动，那它就愈是圆满。”“神的力量不是别的，只是神的主动的本质，所以认神不动作与认神不存在，在我们是同样不可能设想的。”[1]因而正确的解释应当是动力学解释。这种解释在斯宾诺莎的书信里可以得到进一步证实。斯宾诺莎在答复谢恩豪斯提出的笛卡尔的物质概念是否能推知一切自然现象这一问题时说（见第 81、83 封），笛卡尔的物质概念只是惰性广延，从这样的物质和广延概念是不可能推知一切自然现象的。这里清楚表现了斯宾诺莎发展了笛卡尔的物质概念，对于斯宾诺莎来说，广延或物质本质上是一种物理能力，它表现在运动和静止的无限样态里，运动和静止不是从外面引入的，而是物质自身所具有。因此我们认为，虽然斯宾诺莎和笛卡尔使用了同一个广延概念，但他们两人对这一概念的理解有根本的区别，应当说，斯宾诺莎更接近于辩证地解决这一问题。

当然，《斯宾诺莎书信集》在消除一些对斯宾诺莎哲学观点过分夸大的理解方面也起了明显的纠正作用。一个最明显的例子是

① 《伦理学》1959 年中译本，第 246、44 页。

对其“规定就是否定”(我们在此书中译为“限定就是否定”)的理解。众所周知,黑格尔对斯宾诺莎这一命题作了很高的评价,认为它是“一个伟大的命题:一切规定都是否定。规定的东西就是有限的东西:对于任何东西,包括思想(与广延相对立)在内,都可以说,这是一个规定的东西,所以自身中包含着否定,它的本质是建立在否定上的”[①]。哲学史上往往有这样一种现象,当一个哲学家提出一个重要的命题,当时这位哲学家对这个命题的理解往往与后人赋予这个命题的意义是不一样的。其实斯宾诺莎的这一命题(第50封信,同时可参阅第36封信),是作为说明一个绝对无限的东西不可能是受限定的理由提出来的,因为“限定”(determinatio)在他看来只是表示事物限制或局限在一个有限的范围,因而它不是什么肯定的东西,而只是一种否定。在这里,“限定”一词很少有黑格尔所谓的辩证规定的意思,因此我们与其说斯宾诺莎辩证地理解这一命题,还不如说他仍是在形而上学意义上提出这一命题为好,当然我们这样说,并不否定这一命题本身的辩证性质,我们只是说对斯宾诺莎本人的思想应当实事求是地加以评价。

与斯宾诺莎的通信的人,有各种不同的情况,我们据此把斯宾诺莎的书信分为三类:

一、斯宾诺莎和他比较知己的朋友之间的通信,如与德·福里、梅耶尔、巴林、鲍麦斯特、耶勒斯和席勒等人之间的通信,这些

① 黑格尔:《哲学史讲演录》1978年商务版,第四卷,第100页。

人大多是商人、医生，而且是比较激进的社友会[1]成员，他们坚决反对加尔文教派的不容异己的宗教门户政策，在政治理想上带有朦胧的乌托邦色彩，他们在阿姆斯特丹建立了一个以斯宾诺莎为中心的哲学小组，即使在斯宾诺莎被革出犹太教会后，他们仍与他保持亲密的友谊，斯宾诺莎一生受惠于他们之处颇多，不仅在生活上得到他们资助，而且他的著作（不论是生前出版的还是死后出版的）都是在他们的帮助和支持下才得以问世的。斯宾诺莎与他们之间的通信可以说是学习理解斯宾诺莎哲学的入门书，这些人原来都是笛卡尔派的信徒，看他们的书信就可以了解笛卡尔哲学和斯宾诺莎哲学的异同，以及斯宾诺莎如何继承、发展和改造笛卡尔哲学的。

二、斯宾诺莎与当时荷兰的政治要人和世界有名的科学家之间的通信，如与胡德、奥尔登堡、法布里齐乌斯、谢恩豪斯、莱布尼兹、波义耳、博克塞尔等人（信中还涉及惠更斯）的通信。其中斯宾诺莎与奥尔登堡之间的通信相当频繁，共有 27 封，奥尔登堡是当时英国皇家科学院的首任秘书，通过他，斯宾诺莎与英国一些有名的科学家如波义耳有了接触，斯宾诺莎自己的名声也在欧洲各国得到传播。事实上，从莱布尼兹、谢恩豪斯和法布里齐乌斯写给斯宾诺莎的信来看，斯宾诺莎当时已在欧洲享有极高声誉，法布里齐乌斯的信，就是受德国帕拉庭选帝侯卡尔·路德维希之命，聘请斯宾诺莎担任海德堡大学哲学教授，当然斯宾诺莎鉴于学术自由受

① 社友会（Collegiant），荷兰新教派，是阿明尼乌斯一门诺派的一个分支，成立于 1619 年。它是当时荷兰比较激进的一个基督教新教派，其教义很接近于中世纪再洗礼派。

到宗教限制，拒绝这一邀请，不过这已在德国和斯宾诺莎之间建立了一种历史联系，后来海德堡大学授权出版《斯宾诺莎全集》就是这一联系的继续。哲学史上最为奇特的是莱布尼兹和斯宾诺莎之间的关系，从莱布尼兹写给斯宾诺莎的信，以及谢恩豪斯谈及在巴黎会见莱布尼兹的信中可以看出，当时莱布尼兹对于斯宾诺莎是非常尊敬的，1676 年莱布尼兹还专程来海牙看望斯宾诺莎，并且同他作了很长时间的学术讨论，临别时还带走一部《伦理学》手稿，可是在斯宾诺莎死后，莱布尼兹却闭口不谈他同斯宾诺莎的关系，并且曾经还为他的名字出现在斯宾诺莎《遗著》书信集里而感到很恼火，这除了害怕受斯宾诺莎"恶名"影响外，可能莱布尼兹本人的庸人气息也是一个主要原因。

三、斯宾诺莎与他的哲学观点和宗教观点的论敌之间的通信，如与布林堡、凡尔底桑、斯蒂诺、博许等人的通信，其中有一些人原先可能是斯宾诺莎的学生，如博许和斯蒂诺，年轻时向斯宾诺莎学习过哲学，可是后来改信了天主教，并秉承罗马教会的指示，用信来恶毒攻击斯宾诺莎的观点，妄图要斯宾诺莎"改邪归正"，皈依天主教。有一些人一开始就站在对立的立场，对斯宾诺莎的观点进行反驳。威廉·凡·布林堡是都德莱希特粮食商人，一个狂热的宗教信徒，按照他自己的说法，指导他自己思想的有两个基本原则，一是神学原则，一是理性原则，当这两个原则发生矛盾时，他宁愿采取神学原则，而放弃理性原则，可见这种通信是不可能取得什么结果的。不幸斯宾诺莎最初未识破此人的伪装，以致花了不少时间和精力同他作了冗长而烦琐的讨论，直到最后才深感到这种通信不能再继续下去。这些人都是反对《神学政治论》的，他们认为斯宾诺莎这一本书是“渎神的著作”，与当时的神学家们合演了一场疯狂反对无神论的大合唱。不过，即使这样，这些人的通信也使我们更深刻地了解斯宾诺莎的宗教观点，以及这一观点在当时所引起的巨大反响。

《斯宾诺莎书信集》，如果从《遗著》算起，至今已问世三百余年，现在我们第一次把它们译成中文，颇有内疚之感，好在哲学真理是不受时间、空间限制的，如果本译本的出版能有助于我们深入一步研究斯宾诺莎的哲学，译者会感到最大的满足。

译　　者

1988 年 5 月于北京

《遗著》和《斯宾诺莎著作集》(1882 年)标准版本书信序号对照表

《遗著》	《标准版本》
1	1
2	2
3	3
4	4
5	5
6	6
7	7
8	11
9	13
10	14
11	16
12	25
13	26
14	31
15	32
16	33
17	61
18	62
19	68
20	71
21	73
22	74
23	75
24	77
25	78
26	8
27	9
28	10
29	12
30	17
31	18
32	19
33	20
34	21

《遗著》	《标准版本》	《遗著》	《标准版本》
35	22	55	51
36	23	56	52
37	24	57	53
38	27	58	54
39	34	59	55
40	35	60	56
41	36	61	57
42	37	62	58
43	38	63	59
44	39	64	60
45	40	65	63
46	41	66	64
47	44	67	65
48	42	68	66
49	43	69	80
50	50	70	81
51	45	71	82
52	46	72	83
53	47	73	67
54	48	74	76

《斯宾诺莎著作集》(1882 年)标准版本和《遗著》书信序号对照表

《标准版本》	《遗著》
1	1
2	2
3	3
4	4
5	5
6	6
7	7
8	26
9	27
10	28
11	8
12	29
13	9
14	10
15	—
16	11
17	30
18	31
19	32
20	33
21	34
22	35
23	36
24	37
25	12
26	13
27	38
28	—
29	—
30	—
31	14
32	15
33	16
34	39

《标准版本》	《遗著》	《标准版本》	《遗著》
35	40	60	64
36	41	61	17
37	42	62	18
38	43	63	65
39	44	64	66
40	45	65	67
41	46	66	68
42	48	67	73
43	49	68	19
44	47	69	—
45	51	70	—
46	52	71	20
47	53	72	—
48	54	73	21
49	—	74	22
50	50	75	23
51	55	76	74
52	56	77	24
53	57	78	25
54	58	79	—
55	59	80	69
56	60	81	70
57	61	82	71
58	62	83	72
59	63	84	《遗著》政治论序言

目　　录*

《遗著》书信集书名页 …………………………………………… 1
第 1 封　奥尔登堡致斯宾诺莎　1661 年 8 月 16/26 日　……… 3
第 2 封　斯宾诺莎致奥尔登堡　〔1661 年 9 月〕** ………………… 5
第 3 封　奥尔登堡致斯宾诺莎　1661 年 9 月 27 日　………… 10
第 4 封　斯宾诺莎致奥尔登堡　〔1661 年 10 月〕　………… 14
第 5 封　奥尔登堡致斯宾诺莎　1661 年 10 月 11/21 日　…… 17
第 6 封　斯宾诺莎致奥尔登堡　〔1662 年 4 月〕……………… 18
第 7 封　奥尔登堡致斯宾诺莎　〔1662 年 7 月〕……………… 35
第 8 封　德·福里致斯宾诺莎　1663 年 2 月 24 日　………… 37
第 9 封　斯宾诺莎致德·福里　〔1663 年 3 月〕……………… 42
第 10 封　斯宾诺莎致德·福里　〔1663 年约 3 月〕　……… 46
第 11 封　奥尔登堡致斯宾诺莎　1663 年 4 月 3 日　……… 48
第 12 封　斯宾诺莎致梅耶尔　1663 年 4 月 20 日 ………… 54
第 13 封　斯宾诺莎致奥尔登堡　1663 年 7 月 17/27 日　…… 63

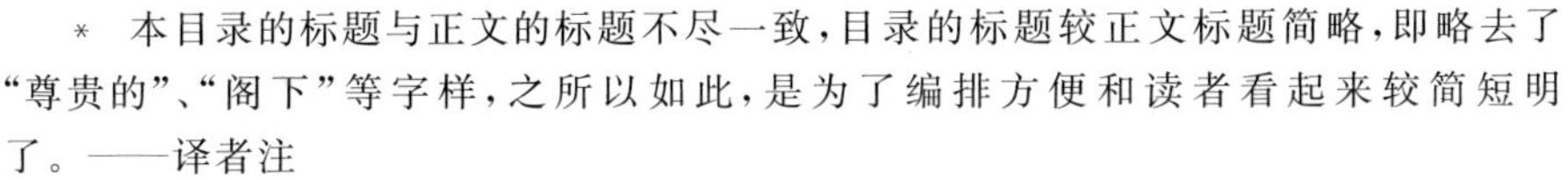

* 本目录的标题与正文的标题不尽一致，目录的标题较正文标题简略，即略去了“尊贵的”、“阁下”等字样，之所以如此，是为了编排方便和读者看起来较简短明了。——译者注

** 方括号表示大约日期。——译者注

第 14 封　奥尔登堡致斯宾诺莎　1663 年 7 月 31 日 ………… 73
第 15 封　斯宾诺莎致梅耶尔　1663 年 8 月 3 日 ………… 76
第 16 封　奥尔登堡致斯宾诺莎　1663 年 8 月 4 日 ………… 78
第 17 封　斯宾诺莎致巴林　1664 年 7 月 20 日 ………… 81
第 18 封　布林堡致斯宾诺莎　1664 年 12 月 12 日 ………… 85
第 19 封　斯宾诺莎致布林堡　1665 年 1 月 5 日 ………… 90
第 20 封　布林堡致斯宾诺莎　1665 年 1 月 16 日 ………… 96
第 21 封　斯宾诺莎致布林堡　〔1665 年 1 月 28 日〕 ………… 115
第 22 封　布林堡致斯宾诺莎　1665 年 2 月 19 日 ………… 125
第 23 封　斯宾诺莎致布林堡　1665 年 3 月 13 日 ………… 132
第 24 封　布林堡致斯宾诺莎　1665 年 3 月 27 日 ………… 137
第 25 封　奥尔登堡致斯宾诺莎　1665 年 4 月 28 日 ………… 140
第 26 封　斯宾诺莎致奥尔登堡　〔1665 年 5 月〕………… 142
第 27 封　斯宾诺莎致布林堡　1665 年 6 月 3 日 ………… 144
第 28 封　斯宾诺莎致鲍麦斯特　〔1665 年 6 月〕………… 145
第 29 封　奥尔登堡致斯宾诺莎　〔1665 年 9 月〕………… 148
第 30 封　斯宾诺莎致奥尔登堡　〔1665 年 9 月或 10 月〕 … 152
第 31 封　奥尔登堡致斯宾诺莎　1665 年 10 月 12 日 ………… 154
第 32 封　斯宾诺莎致奥尔登堡　1665 年 11 月 20 日 ………… 157
第 33 封　奥尔登堡致斯宾诺莎　1665 年 12 月 8 日 ………… 163
第 34 封　斯宾诺莎致胡德　1666 年 1 月 7 日 ………… 167
第 35 封　斯宾诺莎致胡德　1666 年 4 月 10 日 ………… 169
第 36 封　斯宾诺莎致胡德　〔1666 年大约 6 月〕………… 172
第 37 封　斯宾诺莎致鲍麦斯特　1666 年 6 月 10 日 ………… 178

第 38 封　斯宾诺莎致迈尔　1666 年 10 月 1 日 …………… 180
第 39 封　斯宾诺莎致耶勒斯　1667 年 3 月 3 日 …………… 183
第 40 封　斯宾诺莎致耶勒斯　1667 年 3 月 25 日 ………… 185
第 41 封　斯宾诺莎致耶勒斯　1669 年 9 月 5 日 …………… 190
第 42 封　凡尔底桑致奥斯顿　1671 年 1 月 24 日 ………… 193
第 43 封　斯宾诺莎致奥斯顿　〔1671 年 2 月〕…………… 207
第 44 封　斯宾诺莎致耶勒斯　1671 年 2 月 17 日 ………… 213
第 45 封　莱布尼兹致斯宾诺莎　1671 年 10 月 5 日 ……… 216
第 46 封　斯宾诺莎致莱布尼兹　1671 年 11 月 9 日 ……… 218
第 47 封　法布里齐乌斯致斯宾诺莎　1673 年 2 月 16 日 … 220
第 48 封　斯宾诺莎致法布里齐乌斯　1673 年 3 月 30 日 … 222
第 48(A)封　斯宾诺莎致耶勒斯　1673 年 4 月 19 日 ……… 224
第 49 封　斯宾诺莎致格雷维斯　1673 年 12 月 14 日 ……… 226
第 50 封　斯宾诺莎致耶勒斯　1674 年 6 月 2 日 …………… 227
第 51 封　博克赛尔致斯宾诺莎　1674 年 9 月 14 日 ……… 229
第 52 封　斯宾诺莎致博克赛尔　〔1674 年 9 月〕………… 231
第 53 封　博克赛尔致斯宾诺莎　1674 年 9 月 21 日 ……… 233
第 54 封　斯宾诺莎致博克赛尔　〔1674 年 9 月〕………… 237
第 55 封　博克赛尔致斯宾诺莎　〔1674 年 9 月〕………… 242
第 56 封　斯宾诺莎致博克赛尔　〔1674 年 10 月〕……… 247
第 57 封　谢恩豪斯致斯宾诺莎　1674 年 10 月 8 日 ……… 253
第 58 封　斯宾诺莎致席勒　〔1674 年 10 月〕…………… 256
第 59 封　谢恩豪斯致斯宾诺莎　1675 年 1 月 5 日 ………… 261
第 60 封　斯宾诺莎致谢恩豪斯　〔1675 年 1 月〕………… 264

第 61 封　奥尔登堡致斯宾诺莎　1675 年 6 月 8 日 ………… 267
第 62 封　奥尔登堡致斯宾诺莎　1675 年 7 月 22 日 ……… 269
第 63 封　席勒致斯宾诺莎　1675 年 7 月 25 日 ………… 270
第 64 封　斯宾诺莎致席勒　1675 年 7 月 29 日 ………… 273
第 65 封　谢恩豪斯致斯宾诺莎　1675 年 8 月 12 日 ……… 277
第 66 封　斯宾诺莎致谢恩豪斯　1675 年 8 月 18 日 ……… 278
第 67 封　博许致斯宾诺莎　1675 年 9 月 11 日 ………… 279
第 67(A)封　斯蒂诺致新哲学的改革者　〔1675 年〕 ……… 292
第 68 封　斯宾诺莎致奥尔登堡　〔1675 年 9 月〕 …………… 303
第 69 封　斯宾诺莎致凡尔底桑　〔1675 年秋〕 ……………… 304
第 70 封　席勒致斯宾诺莎　1675 年 11 月 14 日 ………… 306
第 71 封　奥尔登堡致斯宾诺莎　1675 年 11 月 15 日 ……… 310
第 72 封　斯宾诺莎致席勒　1675 年 11 月 18 日 ………… 311
第 73 封　斯宾诺莎致奥尔登堡　〔1675 年 11 月或 12 月〕 …… …………………………………………………… 313
第 74 封　奥尔登堡致斯宾诺莎　1675 年 12 月 16 日 ……… 316
第 75 封　斯宾诺莎致奥尔登堡　〔1675 年 12 月〕 ………… 318
第 76 封　斯宾诺莎致博许　〔1675 年 12 月〕 ……………… 322
第 77 封　奥尔登堡致斯宾诺莎　1676 年 1 月 14 日 ……… 328
第 78 封　斯宾诺莎致奥尔登堡　〔1676 年 2 月 7 日〕 ……… 330
第 79 封　奥尔登堡致斯宾诺莎　1676 年 2 月 11 日 ……… 333
第 80 封　谢恩豪斯致斯宾诺莎　1676 年 5 月 2 日 ………… 335
第 81 封　斯宾诺莎致谢恩豪斯　1676 年 5 月 5 日 ………… 336
第 82 封　谢恩豪斯致斯宾诺莎　1676 年 6 月 …………… 338

第 83 封　斯宾诺莎致谢恩豪斯　1676 年 7 月 15 日 ········· 340
第 84 封　斯宾诺莎致一位不认识的朋友　〔1676 年〕········· 341
附录:斯宾诺莎致梅耶尔　1663 年 7 月 26 日 ··············· 343

斯宾诺莎生平和著作年表 ························ 345
《斯宾诺莎书信集》文献 ························ 353
事项索引 ···································· 360
人名索引 ···································· 372
译后记 ······································ 378

《遗著》书信集书名页

某些学识渊博的人物给 B. D. S 的信

以及作者的复信

对于解释作者的其他著作不无裨益

第1封 亨利·奥尔登堡致尊贵的斯宾诺莎阁下①

卓越的阁下,尊敬的朋友:

不久前在莱茵斯堡拜访了您的隐僻的住处,同您告别时,我感到这样难舍难分,因此,一返回英格兰,我就想尽快和您至少保持书信的联系。一种同仁慈和美德(以及大自然和勤奋最丰富地赋予您的一切品格)结合在一起的纯真知识本身就具有这样一种魅力,能够获得所有思想高尚和博学多闻的人们的爱慕。卓越的阁下,让我们在真诚的友谊中携起手来,让我们用各种各样的热诚和效劳辛勤地培育这种友谊吧。假如我的脆弱的力量能有助于您的,我将尽力为您效劳,但请您也允诺我分享您的一部分才智,如果这样做不会妨碍您的话。

在莱茵斯堡,我们讨论了神、无限的广延和无限的思想、这些属性的差别和同一以及人的心灵和身体结合的方式;此外,也讨论了笛卡尔和培根的哲学原理。但是,对于这些意义重大的问题,我们的讨论还只是皮相的和匆促的,它们还继续困缠着我的思虑,因此凭借我们友谊的权利,我冒昧地恳求您,把您对于上述问题的想法详尽地加以阐述。不过,首先您要向我说明以下两点:第一,您怎样看待广延和思想之间所存在的真正的区别;第二,您认为笛卡尔和培根的哲学存在着什么缺陷，以及怎样把这些缺陷从他们的观点中排除出去，而代之以更确切的见解。关于这两个以及类似的问题，您愈是写得坦率，您同我的联系就愈会紧密，就愈会使我尽自己的力量为您效劳。

这里正在付印一位卓越的英国人的《几篇物理学研究论文》(*Certain Physiological Essays*)，作者是位学识渊博的人物。这些论文是关于空气的自然性质及其弹性的，它们是经过四十三次实验所得到的结论。这些论文也涉及流动性和凝固性等类似的问题。一旦它们出版，我一定委托一位很快就要渡海去的朋友带给您。②

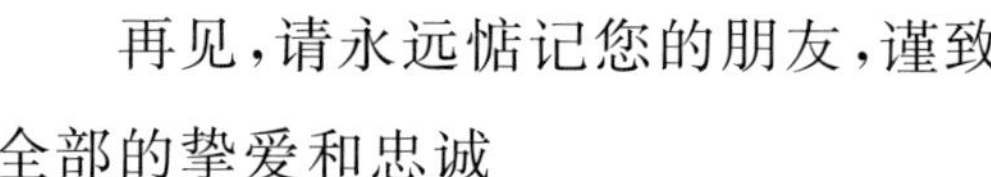

再见，请永远惦记您的朋友，谨致

全部的挚爱和忠诚

亨利·奥尔登堡

1661 年 8 月 16/26 日　伦敦

【注释】

① 此信最早刊登在斯宾诺莎死后出版的《遗著》(1677 年拉丁文版 Opera Posthuma，荷兰文版 Nagelate Schriften)里。原信是拉丁文写的，现已阙失。写信者是亨利·奥尔登堡〔H. Oldenburg(1615? —1677)〕，德国不来梅人，1653 年被派往英国和克伦威尔谈判，从此长期留住英国伦敦，曾任英国皇家学会首任秘书。他在 1661 年 7 月乘拜访荷兰莱登大学的一位著名神学教授的机会，到离莱登不远的莱茵斯堡造访了斯宾诺莎，并同他作了很长时间的交谈。此时斯宾诺莎还不到 29 岁，而奥尔登堡大约有 46 岁，但他对斯宾诺莎相当尊敬，犹如学生对待老师一样。

② 论文的作者是英国化学家波义耳(R. Boyle)，见第 6 封信。该论文

集于 1661 年用英文版发表，后译成拉丁文于 1665 年在伦敦、1667 年在阿姆斯特丹出版。由于 Physiologia 一词在拉丁文里是指自然的知识，所以这些论文并不是现在意义上的生理学论文，而是有关物理、化学的论文。

第 2 封　斯宾诺莎致高贵而博学的亨利·奥尔登堡阁下①

（复前信）

尊敬的阁下：

您的友谊对于我是何等珍贵，只要克服您的谦逊，允许您去思考一下您自己富有的卓越品德，您自己是能够评判的。然而，当我想到这些品德时，我敢于冒昧地把自己称作您的朋友，这确实是我太自不量力了，特别是当我考虑到，朋友的一切，尤其是精神方面的一切，应当是共同分享的，更是如此。可是，我之所以有这种荣幸，这应当归之于您的盛情和善意，而不是由于我自己。您的极度的盛情贬低了您自己，却以慷慨的善意丰富了我，因此，我无所顾忌地领受了您毅然给我的深厚友谊。当然，您也要求我报以同样的态度，我将尽力辛勤地培育这种友谊来做到这一点。至于我的才智，如果我真有一二的话，我将极其愿意奉献它们，为您效劳，尽管我知道这样会给我带来很大的不利。但是，为了不至于使人认为我拒绝您以友谊的权利向我提出的要求，我将试图向您说明我自己对于我们所谈的问题的看法，但我不认为没有您的盛情，这会是个使您和我联系得更密切的办法。

现在，我开始简略地谈一下神。神，我界说为由无限多的属性所构成的本质，其中每一种属性是无限的，或者在其自类中是无上圆满的。这里应当注意，我把属性理解为凡是通过自身被设想并存在于自身内的一切东西，所以，它的概念不包含任何其他事物的概念②。譬如，广延就是通过自身被设想并存在于自身内的；反之，运动就不是这样，因为运动是要在其他事物内被设想的，它的概念包含了广延。上述神的界说的真实性可以从这里看出：我们把神理解为天上圆满的和绝对无限的本质。这样一种本质的存在是很容易从这个界说得以证明的；但因为这里不是说明它的地方，我暂且搁下。

但是，尊敬的阁下，为了答复您的第一个问题，这里我应当证明下列数点：首先，在自然中不能存在着两个实体，除非它们的整个本质是有区别的；其次，实体是不能被产生的，而应当说，存在属于它的本质；第三，每个实体一定是无限的，或者在其自类中是无上圆满的③。尊贵的阁下，如果我证明了这些论点，那么只要您考虑一下我关于神的界说，您就会很容易地理解了我的意图，因此我就无须对此再作更详尽的说明了。为了清楚而简洁地证明上述论点，我认为最好的方法是把它们用几何学证明的方式呈现出来，谨呈您加以考察。所以我把它附在这里，期待您的评判④。(编者注)

其次，您问我，在笛卡尔和培根的哲学里，我发现了哪些错误。虽然我是不习惯于揭露别人的短处，然而我仍愿满足您的要求。第一个和最大的错误就在于：他们两人对于一切事物的第一原因和根源的认识迷途太远了；其次，他们没有认识到人的心灵的真正

〔编者注〕参看《伦理学》第一部分开始至命题四。

本性;第三,他们从未找到错误的真正原因。但是正确认识这三个问题是何等必要,只有那些完全缺乏学识和教育的人才看不到。他们两人对于第一原因和人的心灵的认识错误很容易从上述三个命题的真理性看出,所以我只想说明他们关于第三个问题的错误。关于培根,我不想多说什么。因为他关于这个问题说得非常混乱,并且几乎不加任何证明,而一味地下断语。首先他假定,除感官的欺骗外,人的理智按其固有的本性也是易于受骗的。因为人的理智都是按照它自己本性的尺度,而不是按照宇宙的尺度来认识一切事物的,所以,它好像一面凹凸不平的镜子,在反射事物的光线时,把它自己的本性和事物的本性混杂在一起了,等等。其次,他又假定,人的理智按其本性是天生倾向于抽象思考,并把变易无常的事物看成固定不变的,等等。第三,他假定人的理智是不安定的,它不能够停止或休息。至于他所假定的其它原因,完全可以容易地归结到笛卡尔的那个原因上去,也就是人的意志是自由的,比起理智更广阔,或者用费罗拉姆先生⑤自己更为混乱的话来说〔"箴言"49(英译注)〕,就是理智并不是干燥的光,而是有意志灌输在里面。(这里应当指出:和笛卡尔不同,费罗拉姆常常把理智用来指心灵。)⑥在这里我不谈其他的错误原因,因为它们是毫无意义的,我只说明这最后的一个原因是错误的。只要他们注意一下:意志同这个或那个个别意愿的区别,就如同白色同这个或那个白的事物、人性同这个或那个人的区别一样,他们自己就会很容易明白这一点的。因此设想意志为这个或那个个别意愿的原因就正如设

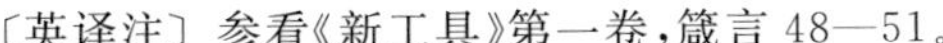

〔英译注〕参看《新工具》第一卷,箴言48—51。

想人性为彼得或保罗的原因一样是不可能的。意志只是一种思想存在物(ens rationis⑦),它不能被认为是这个或那个意愿的原因。个别的意愿为了自己的存在既然需要一个原因,因而就不能说它们是自由的,而必须是像它们为它们的原因所决定的那样,是必然的。按照笛卡尔,错误无非是个别的意愿,那么必然推知,错误,即个别的意愿不是自由的,而是为外在的原因所决定,但绝不为意志所决定⑧。这就是我所允诺要证明的;等等。

斯宾诺莎

〔1661 年 9 月　莱茵斯堡〕

【注释】

① 此信见《遗著》,原信是拉丁文写的。现已阙失。

② 斯宾诺莎这里给出的属性定义,显然与《伦理学》里的属性定义不同,实际上这一定义是《伦理学》里的实体定义,这表明斯宾诺莎在这一时期对实体和属性的概念尚未明确区分。

③ 同样,这里所说的实体,在《伦理学》里是指属性,因为属性是在其自类中无上圆满的,而实体是绝对无限和绝对圆满的。

④ 此附页已阙失,现根据《斯宾诺莎全集》德文译者格布哈特(C. Gebhardt)的考证(主要根据第 2、3、4 等封信、《神、人及其幸福简论》一书附录一,以及《伦理学》),将其译出,以资参考。

界说一　神是一个由无限多属性构成的本质,其中每一属性是无限的,或者在其自类中是无上圆满的。

(参见《神、人及其幸福简论》附录一中的命题四释理以及《伦理学》第一部分界说六)

界说二　所谓属性(或实体),我理解为通过自身并在自身中被设想的东西,所以它的概念不包含任何其他事物的概念。譬如,广延就是通过自身并在自身中被设想的，反之，运动就不是这样，因为运动是要在其他事物中被设想，它的概念包含有广延。既然思想不属于广延的本性，所以，设想广延也就无须通过思想。（参见《伦理学》第一部分界说三）

界说三　所谓样态或偶性，我理解为在他物内的东西，并通过它所存在于其中的那个他物而被设想。

（参见《伦理学》第一部分界说五）

公理一　实体按其本性先于它的偶性。

（参见《神、人及其幸福简论》附录一里的公理一，以及《伦理学》第一部分命题一）

公理二　除实体和偶性外，不再有任何其他东西存在于自然中或理智之外。

（参见《伦理学》第一部分命题四证明）

公理三　具有不同属性的事物彼此之间没有任何共同之点。

（参见《神、人及其幸福简论》附录一里的公理四，以及《伦理学》第一部分命题二）

公理四　凡是彼此间没有任何共同之点的事物，一物不能为另一物的原因。

（参见《神、人及其幸福简论》附录一里的公理五，以及《伦理学》第一部分命题三）

命题一　在自然中，绝无两个具有同一属性的实体。

（参见《神、人及其幸福简论》附录一里的命题一，以及《伦理学》第一部分命题五）

命题二　实体是不能产生的，甚至也不能为任何其它实体所产生，存在属于其本质。

（参见《神、人及其幸福简论》附录一里的命题二、四，以及《伦理学》第一部分命题六、七）

命题三　每一实体按其本性是无限的，或者在其自类中是无上圆满的。

（参见《神、人及其幸福简论》附录一里的命题三，以及《伦理学》

第一部分命题八）

附　释　属性或实体的存在，可以从其界说里推知。因为每一个界说，或清楚而明晰的观念是真的。

⑤　费罗拉姆即培根。

⑥　斯宾诺莎这里批评培根的观点可以参见培根《新工具》箴言41至51。在那里培根写道：“‘种族假相’的基础就在于人的天性之中，就在于人类的种族之中。因为认为人的感觉是事物的尺度，乃是一种错误的论断，相反地，一切知觉，不论是感官的知觉或者心灵的知觉，都是以个人的尺度为根据的，而不是以宇宙的尺度为根据的。人的理智就好像一面不平的镜子，由于不规则地接受光线，因而把事物的性质和自己的性质搅混在一起，使事物的性质受到了歪曲、改变了颜色。”（箴言41）“人的理智在本性上喜欢抽象，并且喜欢赋予飘忽不定的东西一种实体和实在”（箴言51）。“人的理智是不安定的，它不能够停止或休息，而总是要向前推进，但却是徒劳的”（箴言48）。“人的理智并不是干燥的光，而是有意志和感情灌输在里面的，由此便产生了可以称为‘任意的科学’的科学”（箴言49）。

⑦　ens rationis 在斯宾诺莎体系里，是指人们为了记忆事物所形成的一种思想样式，是介于实在存在物（ens reale）和虚构存在物（ens fictum）之间的一种观念形式，可参阅斯宾诺莎《形而上学思想》第一篇第一章。

⑧　斯宾诺莎关于意志不是自由的论点，可以参阅《伦理学》第一部分命题三十二和第二部分命题四十八。

第3封　亨利·奥尔登堡致尊贵的斯宾诺莎阁下[①]

（复 前 信）

卓绝的阁下，敬爱的朋友：

您的学识非凡的信收到了，并欣然拜读。我完全赞同您的几何学证明方法。但愚智浅陋，不能立刻领会您的高远之教，请允许我就一些疑难之处，提出下列问题，请予答复。

首先，您是否清楚无疑地知道，仅从您所给予的神的界说，就能证明出这样的本质是存在的吗？当我思量到界说无非包含着我们心灵的观念，而我们的心灵能够设想许多不存在的事物，并且还特别善于扩充和混合过去所形成的观念，所以我就不能明白，从我所具有的神的观念，我如何能够得出神存在的结论。当然，在我的心灵中，我可以抽象地综合我在人、动物、植物、矿物等物中所找得到的一切圆满性，来形成一个唯一的实体概念，这个实体拥有所有这些美德，而且我的心灵还能无限地扩大和增多这些圆满性，甚至独自虚构出一个最圆满和最卓绝的本质，然而，无论如何，我们却不能得出这样一种本质是存在的结论来。

其次的一个问题：您是否确实看到，物体不为思想所限制，思想不为物体所限制？因为思想究竟是何物，还是一个悬而未决的问题，它抑或是一种物质的运动，还是一种同物质运动根本不同的纯粹精神的活动？

第三个问题：您是否认为您所告诉我的那些公理是不可证明的原理，它们只能为自然之光(lux naturae)② 所认识，而不需任何证明呢？第一个公理可能是这样，但是我看不出其他三个公理为什么也是属于这一类性质的。因为第二个公理是说：在自然中除了实体和偶性之外，别无他物存在。可是许多人认为，时间和空间既不属于实体也不属于偶性。您的第三个公理，“具有不同属性的事物彼此之间没有任何共同之点”，也是远非我所能清楚理解的。我认为，整个自然界所证明的似乎正与此相反，因为，凡我们所认识的一切事物即使在许多方面是不同的，然而在另一些方面却是一致的。最后，第四个公理，“凡是彼此间没有任何共同之点的事物，一物不能为另一物的原因，”对于我的愚钝的智力来说也不是十分明显得不需要进一步说明。因为神同被创造的事物在本质上毫无共同之点，然而神却几乎被我们所有人认为是万物的原因。

既然这些公理在我看来仍是可怀疑的，那么，您就会很容易推测到，您的那些建筑在这些公理之上的命题必定同样是不稳固的。我考虑它们愈多，我就愈怀疑它们。关于第一个命题，我认为两个人是具有同一种属性的两个实体，因为这两人都是有理性的，由此我可以推出，具有同一种属性的两个实体是存在的。关于第二个命题，我认为，既然任何事物不能以它自身为其原因，那么，“实体是不能被产生的，甚至也不能为任何其他的实体所产生”这样的论断怎么会是正确的，就难以理解了。因为这个命题宣告所有的实体都是它们自身的原因，它们彼此是完全独立自存的，因而这许多实体都成为神，这样也就否认了万物的第一原因③。对于这样的结论，我愿承认，我是不能理解的，除非请您对这一艰深的问题表露您的更清晰更充分的意见，并且说明实体的起源和产生，事物的相互依存以及它们的相互隶属诸问题。以我们所缔结的友谊，我恳求您对于这些问题自由地大胆放心地发表意见。我最真诚地请您相信，您所提供给我的这些说明将是保密和安全的，我绝不会让它们泄露出去，而使您受到伤害和诽谤。

在我们的“哲学学会”④里，我们尽力认真地从事于实验和观察，准备编纂一部机械技术史⑤，因为我们认为，事物的形式和性质可根据力学原理得以最好的阐明；自然界的一切结果都是由于

运动、形态、结构以及它们的各种各样的结合所引起，人们并不需要乞灵于费解的形式和隐秘的质等等这类无知的盾牌[6]。

我答应给您的书，一俟您们尼德兰的驻此地使者派遣信差到海牙去（他们经常这样做），或者某位我能信任的朋友到您那里去的时候，我就会委托他们带给您。

此信写得冗长而直率，希见谅。尤其是请您从善意方面来理解我没有任何委婉和客套向您提出这些问题，就如朋友间通常所应该的那样，并且请相信，我没有任何虚伪和做作。

您的仆人

亨利·奥尔登堡

1661 年 9 月 27 日　伦敦

【注释】

① 此信见《遗著》，原信是拉丁文写的，现已阙失。

② “自然之光”是指人心中一种不借超自然的启示或日常的经验而理解事物真理的自然能力。这词在西塞罗、圣奥古斯丁以及托马斯·阿奎那的著作里就已经出现。近代笛卡尔经常使用这一词，用来指人们心灵中的一种天赋理性能力，在他看来，凡是为“自然之光”所清楚而明晰理解的观念都是真的。

③ 奥尔登堡在此信中所提出的疑难，主要是由于他错误地理解了斯宾诺莎的实体和属性的概念，他把实体和事物（斯宾诺莎称之为样态）、属性和性质加以等同。他认为一个事物的存在是不能从该事物的定义中推出，这确实是对的，但与斯宾诺莎的论点不相干，因为斯宾诺莎并不是讲通常意义上的事物，而是讲一切有限的相对的事物的绝对根据，按照斯宾诺莎的观点，有限的有待的或有条件的事物包含有无限的绝对的实在或根据。斯宾诺莎所谓属性是指实体的本质，它们是无限的和自类圆满的，如思想和广延，而不是

个别事物的有限性质。

④ “哲学学会”,即英国皇家科学院前身。大约在1645年,由于培根的创导,英国就有了一个研究经验科学的“哲学学会”(The Philosophical Society),其成员经常聚集在伦敦或牛津进行科学实验和学术讨论。在1662年7月15日正式得到皇上敕书,改名为“皇家学会”(the Royal Society)。波义耳是该学会最早最有影响的成员之一,奥尔登堡当时任该学会的首任秘书。

⑤ 所谓机械技术史,是指机械力学研究。英文history一字在当时或以前是指一种研究或说明,如亚里士多德的《History of Animals》是指动物研究。史作为年代学的意义在西方是从近代才开始的。

⑥ “费解的形式”、“隐秘的质”,系中世纪经院哲学术语,参阅本书第56封信。

第4封　斯宾诺莎致高贵而博学的亨利·奥尔登堡阁下[1]

（复前信）

尊贵的阁下:

正当我准备去阿姆斯特丹消磨一两个星期的时候,收到了您的极其珍贵的来信,并且拜读了您对我呈示给您的三个命题的反驳意见。由于时间匆促,我想仅对这些问题给您一个满意的答复,至于其他的问题暂置不谈。

关于第一个反驳,我的回答是:当然,被界说事物的**存在**是不能从任一事物的**界说**中推出的,而只能从(像我在对三个命题所作的附释中所指出的)某种属性的界说或观念中推出,也即(像我在神的界说中所明白解释的)从某一种通过自身并且在自身内被设想的事物的界说或观念中推出的。如果我没有记错的话，在提到的这个附释中，我也足够清楚地说明了这种差别的根据，特别是对于一位哲学家更应知道这一点，因为人们认为哲学家是知道虚构和清楚而明晰的观念之间所存在的差别的，并且知道下述这个公理的真理性，即每一个界说，或者说，每一个清楚而明晰的观念是真的。在作了这些说明后，我想对于您的第一个问题就不需作更多的答复了。

因此，我进而答复第二个问题。在这里，您似乎认为，如果思想不属于广延的本性，则广延就不能为思想所限制，您的怀疑仅仅在于例证方面。但是，请您注意：如果有人说，广延并不为广延所限制，而只为思想所限制，这岂不就等于说，广延不是绝对无限的，而只是就其为广延来说，它才是无限的？这岂不就是承认，广延仅就其为广延，即在其自类中，才是无限的吗？但是，也许您会说，思想是一种物质的活动，就算是这样（虽然我并不同意），但至少您不能否认这一点，即广延就其为广延来说，绝不是思想。而这就足够能说明了我的界说，并证明了我的第三个命题。

最后，您对我的命题的第三个反驳是，公理不应当作为共同概念（notiones communes②），关于这点我不作争论；但是，您怀疑公理的真理性，或者宁可说，您似乎想指明，公理的反面倒更多地接近于真理。不过，请您注意一下我所提出的关于实体和偶性的界说，我所有的结论都是从这个界说中推出来的。我把实体理解为通过自身并在自身内被设想的东西；也就是说，它的概念并不包含其他事物的概念，而样态或偶性是指存在于其他事物中的东西，通过它所存在于其中的那个事物，它才能被设想。因此，我们可以明白推出：

1)就其本性而言,实体先于它的偶性;因为偶性离开了实体,既不能存在,也不能被设想。2)除了实体和偶性外,绝无任何别的东西存在于自然中或在理智之外;因为凡存在的一切事物,或者通过其自身,或者通过其他事物被设想,它的概念或者包含了其它事物的概念,或者不包含其它事物的概念。3)具有不同属性的事物彼此之间没有任何共同之点;因为所谓属性我已经解释为它的概念不包含其它事物的概念。4)最后,凡是彼此之间没有共同之点的事物,一物不能为另一物的原因。因为如果结果与原因毫无共同之点,那么结果中的所有东西必定是从虚无中得来。关于您说的,神在本质上同被创造事物毫无共同之点等等,在我的界说中,我正好主张相反的观点。因为我说过,神是一具有无限多属性的本质,其中每一种属性都是无限的,或在其自类中是无上圆满的。

至于您对我的第一个命题的反驳,亲爱的朋友,请记住,人不是被创造的,而只是被产生的,他们的身体在出世前就以另一种形式存在着了。但是我完全同意人们由此推出的结论,如果物质的一部分消灭了,那么全部广延也就同时随之消灭。我的第二个命题并不主张许多神,而只承认一个唯一的神,这个神是由无限多的属性所构成,等等。

斯宾诺莎

〔1661 年 10 月　莱茵斯堡〕

【注释】

① 此信见《遗著》,原信是拉丁文写的,现已阙失。从第 3 封信和第 5

封信的日期来看，此信可能写于1661年10月。

② “共同概念”，即前信中所说的“不可证明的原理”，也就是指终极假设或公理。在欧几里得几何原本里，公理称作共同概念。斯多葛派也经常使用这一术语，表示人心中一种天赋的真观念。在17世纪，恰尔堡的赫尔伯特（Herbert of Cherburg，1585—1648）和笛卡尔继续沿用，其义等同于“公理”或“永恒真理”。斯宾诺莎在《伦理学》里，以共同概念作为理性推理的基础。

第5封　亨利·奥尔登堡致尊贵的斯宾诺莎阁下①

（复前信）

尊贵的阁下：

请接受我答应给您的小册子②，并把您对它的意见转告我，特别是对于其中硝石、流动性和凝固性实验的意见。

昨天收到您第二封富有教益的来信，万分感谢。但深为遗憾的是，您的阿姆斯特丹之行，使您不能答复我所有的疑问。因此我恳求您，一有闲暇，补足您略而未述的东西。当然，您的来信给我很多启发，但尚未消除我所有的疑窦。我想，只要您能清楚而且明晰地告知我事物的真实的第一原因，这些是完全可以消除的。因为关于事物由于什么原因并以什么方式开始存在，以及事物凭借什么纽带依存于第一原因（如果有此原因的话），只要我对这些问题尚不清楚，我所听到和读到的一切对于我都将是混乱的。因此，博学的阁下，我最真挚地恳求您，在这些问题上给我以光明，并请相信我的忠诚和感激。

您的仆人

亨利·奥尔登堡

1661年10月11/21日　伦敦

【注释】

① 此信见《遗著》，原信是拉丁文写的，现已阙失。

② 小册子指波义耳《物理学研究论文集》的拉丁文抄本。

第6封　斯宾诺莎致高贵而博学的亨利·奥尔登堡阁下①

(复前信)

关于尊贵的R.波义耳阁下论硝石、流动性和凝固性的著作的评述②

尊贵的阁下：

绝顶聪慧的波义耳阁下的著作业已收到，并且我抽空读了一些，我十分感谢您给我的这份礼物。当您最先答应给我这本书的时候，我就想到您所感兴趣的必是意义非凡的著作，现在看来，我这种推测完全对了。卓识的阁下，您希望我把自己对这部著作的粗浅的意见告诉您，我将尽微薄之力去做，即向您指出一些我尚不明了，或者觉得证明不够充分的地方。目前我的事务较忙，还没有时间通读全书，更谈不上全面的考察。下面仅就是我关于硝石等等的一些看法。

论　硝　石

首先，作者关于还原硝石实验的结论是：硝石是由非挥发性物质和挥发性物质所组成的异质化合物，其特性（至少就其现象而言）与其组成物质的特性是完全不同的，尽管它是由这两种物质的单纯混合而形成的。为了证实这一结论，我认为必须做一新的实验，以便表明硝精并非真正的硝石，没有碱性盐的作用，硝精既不能凝固，也不能成为晶体。至少我们应当探明，留存于坩埚内的凝固盐的量是否总是等于硝石的量，是否能随着硝石量的增加而按比例地增加。但是，卓越的波义耳阁下（第 9 节）借助天平所发现和观察到的，也即硝精的现象和硝石的现象是迥然不同的，甚至恰恰相反，至少在我看来，这并不能证明他的结论。为了清楚表明这点，我略微解释一下在还原硝石这一最简单的现象中我的看法，同时我将提供两三个在一定程度上可以很容易地证实我的解释的实验。

为了尽可能简洁地说明这一现象，我假设在硝精和硝石之间除了那个极其显著的区别，即硝石微粒处于静止状态，而硝精微粒却相当剧烈地彼此撞击着的区别外，再无任何其它的区别。至于非挥发性的盐，我假定它和硝石本身的组成没有任何关系，而把它视之为一种还没有从中完全释放出硝精（如我所发现的）的硝石渣滓，因为这些渣滓虽然处于一种分离状态，却还在硝精中激烈地浮游着。这种盐或这些渣滓是有气孔或空隙的，这些气孔或空隙的大小相当于硝石微粒的大小。当硝石微粒受到火的作用被逐出气孔时，某些气孔就缩小，因而另一些气孔就不得不扩大，而物质本身，或者这些气孔的壁层就变得坚硬。同时也十分脆弱，这样，当硝精滴落在其上时某些硝精微粒就开始猛烈地冲进已收缩的气孔中，因为气孔的厚度并不均匀（像笛卡尔已经很正确地指出过那样），所以这些硝精微粒首先就把坚硬的壁层挤成弧形，然后使之碎裂。在它们挤碎壁层时，它们又迫使这些碎片弹回，并且由于这些微粒保持其原有的运动，它们也就跟以前一样仍不能处于凝固和结晶状态。至于那些进入较大气孔里的硝精微粒，由于它们接触不到气孔的壁层，它们也就很自然地被一些很纤细的物质所包围，并为这些物质所驱散，正如木片被火或热所驱散一样，最后化为烟雾而逸出。但是，如果这些微粒数量很大，或者同壁层的碎片和进入缩小了的气孔里的微粒集结在一起，它们就会形成向上飞升的细滴。然而，如果非挥发性的盐被水〔原注〕或空气所松弛，变得更不活泼，那么它就会阻止硝石微粒的碰撞，使它们失去已有的运动而回到静止状态。这种情况正如同一颗炮弹钻入泥沙后就停止运动一样。正是硝精微粒的这种不挥发性（坚固性）才使得硝石还原，因此（从此解释中可以得到结论），非挥发性盐仅仅起了一种辅助的作用。此即为硝石的还原。

现在，如果您愿意，让我们来继续考察一下，首先，硝精和硝石本身的味道为何那样不同？其次，硝石为什么是易燃的，而硝精却根本不能燃烧？

〔原注〕如果您问为什么硝精滴进被溶解了的非挥发性的盐中会引起泡沫沸腾的现象，那么请您阅读§24的注释。

要了解第一点，我们必须注意：运动的物体从不在它最宽的面上同其它物体接触，而静止的物体正是以最宽的面与其它物体相接触。因此，如果我们把处于静止状态的硝石微粒放在舌头上，它们就会以其最宽的面同舌头接触，因而就封住舌头的孔隙，这就是我们感觉冷的原因。当然，这还需要补充一句，即唾液是不能把硝石溶化成极其细小的微粒的。与此相反，如果被放在舌头上的这些微粒处于剧烈的运动时，那么它们便以其尖锐的面同舌头相接触，并刺入舌头的孔隙，其运动愈剧烈，刺入舌头就愈加尖锐。正像一枚针是以针尖接触舌头还是平放在舌头上而引起不同的感觉一样。

硝石易燃而硝精不燃的原因在于：硝石微粒在静止状态时用火使它们上升比较困难，而当这些微粒向各个方向运动时就比较容易。因此，当硝石微粒处于静止状态时，它们就会抵御火的作用，一直到火使它们彼此分散，把它们团团围住为止。如果火围住这些微粒，它就会任意带动它们到这里和那里，直到它们获得自己的运动，并化为烟雾向上方逸出为止。但是，当硝精微粒已经处于运动状态，并彼此被分隔时，只需极微的热量就可把它们从各个方向送往更远的地方，一部分微粒化成烟雾飞去，而另一部分微粒在被火团团围住以前就侵入燃烧的物质中，这样，这部分微粒就扑灭了火，而不是使火燃烧得更炽烈。

现在我来讨论一些似乎能证实这一解释的实验。首先，我发现，在燃烧时变成烟雾逸出的硝石微粒是纯硝石。我曾一次两次重复地液化硝石，直至坩埚烧得通热，而后用一块燃烧着的炭去点燃它，我把烟雾收集在一个冷烧杯内，直到烟雾充满整个烧杯为止，然后我用吹气的办法增加烧杯内的湿度，最后〔原注〕使之在冷空气中加以干燥，当我这样做完时，在烧杯上就到处呈现出细小的硝石晶体。为了有绝对的把握，即这些晶体的出现不仅是由于挥发性微粒，也可能火焰本身就带有全部硝石微粒（这里我是根据卓越的波义耳阁下的意见），并在不挥发部分熔化前将它们和挥发部分同时析出，我说，为了对此更有把握起见，我使烟雾通过一个一尺来长的管子A，像通过烟囱那样上升，使比较重的部分留存下来，附着在管壁上，这样在收缩的B端就收集到挥发性较大的部分。实验如上所述地成功了，但我还不满足。为了进一步考察，我取数量较多的硝石进行熔化，并用烧红的炭块点燃。像以前一样，我先将管子A置放在坩埚上面，当火焰继续燃烧的时候，我就将一块平板玻璃置于B口上，在这块玻璃上就附着一些物质，而这些物质在空气中变成液体。〔这就是使我设想，该物质是由盐的不挥发性部分所组成的〕③。虽然我等了好几天，却未观察到任何有关硝石的效应，而当我用硝精滴于该物质上时，它却变成了硝石。由此，我认为可以得出如下结论：第一，在熔解过程中，不挥发部分与挥发部分分离，火焰把分离开的部分驱于上方；第二，在燃烧中分离出来的不挥发部分和挥发部分不可能重新结合；最后，由此得出第三点，附在烧杯上已凝结成晶体的那部分不是非挥发的部分，而只能是挥发的部分。

〔原注〕当我做这个实验时，天气是相当冷的。

第二个实验。通过这个实验，我想表明：不挥发部分只是硝石渣滓，因为我发现，硝石过滤愈彻底，硝石就愈能挥发，愈能结晶。当我把经过净化的结晶或者过滤过的硝石放入如 A 那样的玻璃杯中，然后注入些许冷水，一部分硝石立即同冷水一起化成气体，而另一些微粒却留存下来，依附在杯的内壁上，形成了晶体。

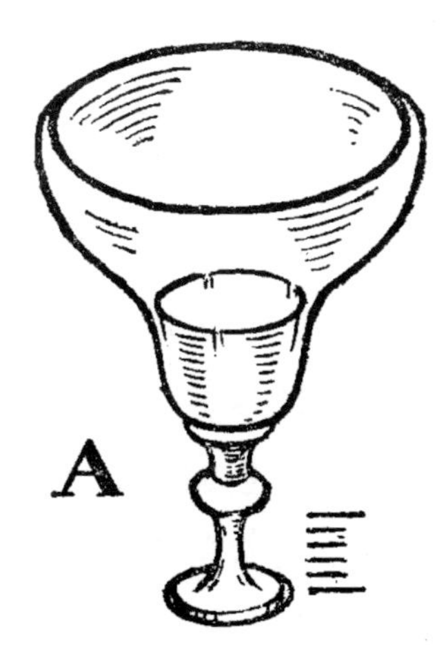

第三个实验。我认为似乎能指明硝精微粒一旦失却自身的运动后，就成为易燃的了。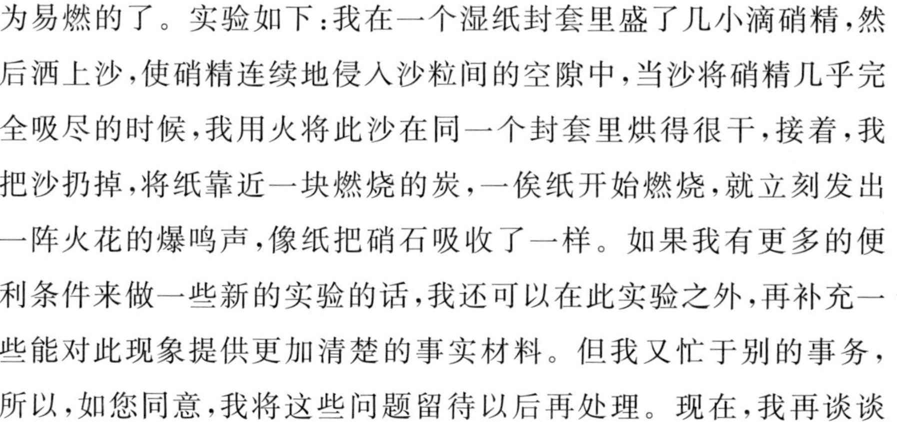实验如下：我在一个湿纸封套里盛了几小滴硝精，然后洒上沙，使硝精连续地侵入沙粒间的空隙中，当沙将硝精几乎完全吸尽的时候，我用火将此沙在同一个封套里烘得很干，接着，我把沙扔掉，将纸靠近一块燃烧的炭，一俟纸开始燃烧，就立刻发出一阵火花的爆鸣声，像纸把硝石吸收了一样。如果我有更多的便利条件来做一些新的实验的话，我还可以在此实验之外，再补充一些能对此现象提供更加清楚的事实材料。但我又忙于别的事务，所以，如您同意，我将这些问题留待以后再处理。现在，我再谈谈其他的意见。

§ 5 在高贵的波义耳阁下顺便论及硝石微粒的形态的那一节里，他责备有些现代作者对此问题作了不正确的解释。我不知道他是否把笛卡尔也包括在内。如果是这样的话，那他是根据别人的话来责难笛卡尔了，因为笛卡尔谈的不是可见的微粒。我也不相信高贵的波义耳阁下会认为，硝石晶体如果被破坏，以至变成平行六边体或其他的形态，就不再是硝石了。但是，也许作者的意见是针对那些除了眼能看、手能触的东西外什么也不承认的化学家。

§9 假若能精确地做这一实验的话，则更可充分地证实我从上述实验中所想作的结论。

在§13 到§18 里，卓杰的波义耳阁下试图去论证一切可感的性质仅依赖于运动、形态以及其它机械的特性。然而，既然这位作者并没有把这些证明化为数学的证明，所以也就毫无必要来审查这些证明是否完全令人信服了。我不知道，这位卓杰的波义耳阁下何以要煞费苦心地从他的实验中来得出这一结论，因为这早已为费罗拉姆以及稍后的笛卡尔充分而更充分地证明过了。我看不出他的这个实验会比其他更普通的实验能给我们提供更清楚的证明。因为，就热来说，难道不是清清楚楚地从下面事实可以看出吗：二块即使是冷的木材相互摩擦也会只由于运动而燃烧；或者石灰浇上水后也会产生热。至于声音，我看不出在波义耳阁下的实验中有什么比在煮沸普通水以及其他情况下更值得注意的东西。至于讲到颜色，为了只提出可以被证明的东西，我只想说下面一点：我们看到所有的植物都能发生如此多而不同的颜色变化。我还可以说，有臭味的物体，在摇动它们时，尤其在给它们略微加热时，会变得更加恶臭难闻。甜酒会变成醋，诸如此类。所以〔原注〕（如果我能以哲学上的坦率来说的话）我认为这些考察是多余的。我这样说，因为我唯恐那些对我们杰出的作者评价不当的人可能对作者作出错误的判断。

〔原注〕在我已寄出的信中，我有意忽略了这点。

§24 这一现象的原因，我已经讲过了。这里我想补充的仅仅是：经验也使我看出，不挥发盐的微粒是在这些盐的细滴上浮游着。当它们向上方流动时，我用一块平板玻璃去接触它们，玻璃是预先经过加热的，这样就不论什么挥发性的微粒附着它上面就会挥发掉。当实验完毕后，我看到在玻璃板的各处都附着颗粒状的白色物质。

§25 卓越的波义耳阁下在本节内似乎想证明：碱性微粒被带到各处是由于盐性微粒的碰撞，而盐性微粒是借自身的力量而进入空气中的。我在解释这一现象时也说过，硝精微粒之所以获得一个更剧烈的运动，是由于硝精微粒渗进较宽大的气孔时，必然会被某种更细的物质所围绕，并被这种物质所驱赶，就像木头的微粒被火所驱赶一样。反之，碱性微粒的运动都是由于渗进较窄小气孔的硝精微粒的碰撞而得到的。这里我得补充一句，纯水就不能这样轻易地溶解或软化不挥发部分。因此，在不挥发盐的水溶液中增加硝精，会在溶液中产生像高贵的波义耳阁下在§24 中所谈到的那种沸腾现象，这是不足为奇的。我甚至认为，如果是在保持原样的不挥发盐中增加硝精，那么，这一沸腾现象会更加剧烈。因为在水中，不挥发盐溶解成更小的粒子，这些粒子比彼此牢固结合在一起的一整块盐更容易分离、更容易运动。

§26 关于硝精的酸味我已谈过了，现在需要论述的只有碱味了。当我把碱放在舌头上时，我就感到一种伴随刺痛而来的热的感觉。这就使我认识到，它是一种石灰石。因为正像石灰石借助水而发热一样，这种盐借助唾液、汗水、硝精或者湿空气也能发热。

§27 不能由此直接得出结论说，一个物质微粒由于同另一物质微粒结合在一起就获得一种新形状，而只能说它变大了。这就足以达到尊贵的波义耳阁下在本节所要得出的结论。

§33 我要是能读到高贵的波义耳阁下在本节和第 23 页的序言中提起的那篇论文，我将会对他的哲学方法提出我的意见。

论流动性

§1"可以充分肯定：它们〔如流动性、凝固性〕应该归为最普通的状态，等等。"我认为那些由平常语言习惯而形成的概念，或者那些不是按照自然本来面目而是按照人类的感觉来解释自然的概念，绝不能算作最高的类概念，更不能把它们和纯粹的、按照自然本来面目来解释自然的概念混为一谈（如果不说混淆的话）。属于后面这类概念的有运动、静止及其规律，反之，属于前面一类概念的是这样一些：可见的、不可见的、热的、冷的，同样，我也可以说，还有流动性的和凝固性的等等。

§5"〔流动性的〕的首要原因是其组成部分的细小，也即在较大的物体之内，等等"。有些物体虽然小，仍然有（或可能有）不平的和粗糙的表面。所以如果大物体运动时，其速度与其质量所成的比例等于小物体的速度与其质量所成的比例，大物体亦能称作流体了，只要流体这个名称并不用来仅仅指某种外在的东西，也不是仅仅按照平常的语言习惯指运动着的其大小和缝隙不能为人感觉的物体的话。因此，把物体分为流体和固体、分为可见的和不可见的，都是一样的。

同一节内，"如果我们不能用化学实验来证明这一点"。从来就没有人能用化学实验或任何别的实验来证明这一点，因为这只能借助推理和计算来证明。我们凭着推理和计算可将物体无限分割，也可将推动物体运动的力无限分割。但是我们却永远不能靠实验来证明这一切。

§6"大物体极难组成流体，等等"。不管我刚才关于流体讲的那些话是否清楚，但事情本身却是极其明显的。我不能理解高贵的波义耳阁下如何用本节所提出的实验来证明这一点，因为（如果我们想对尚未确信的事物怀疑一下）即使骨头是极难形成乳糜或任何类似的流体，它们也许能适于形成某种新的流体。

§10"通过使它们比以前更不易变形来表明这一点，等等"。各微粒并无任何变化，但因为在容器中受到排斥的各微粒与其他微粒彼此分离，所以这些微粒彼此能凝结成另外一种比油更为固定的物体，因为物体的轻重是根据它们溶入什么样的液体而定。因此油微粒只要浮在牛奶表面就构成流体的一部分。但是如果牛奶因搅动而获得一种新的运动（所有的牛奶组成微粒不能同等地适应这种运动），那么其结果只能是：重的微粒被分离，轻的微粒上升。但因为轻的微粒比空气重，不能和空气形成流体，就被空气往下压，并且，由于它们自己不能运动，所以它们自己就不能形成流体，只是彼此紧挨和依附着。蒸气亦然，当蒸气和空气分离时变为水，而水同空气比较起来可以称得上更具有凝固性。

§13"我以注满了水的泡体，而不以充满了空气的泡体为例，等等"。由

于水的微粒不断向各方向运动，十分清楚，如果水微粒不被围绕它们的物体所阻止，则水就会使泡体向各方向膨胀。然而我承认自己还不能理解注满水的泡体怎么能帮助证实作者关于分子间最小间距的见解，因为，水的微粒之所以不受作用于泡体内壁的手指的压力的影响（如果这些微粒是自由的话，是会受影响的），是因为没有抵消或流动，就好像一个物体，例如我们的手指，四周被一种流体或水包围的情况一样。但是，无论水受到泡体多少压力，其微粒仍会给容纳在泡体内的一块石头让出地方，有如这些水微粒通常在泡体外面的情况一样。

同一节里，“存在着一部分物质吗？等等。”这问题应当肯定的回答，除非人们不愿取得无止境的进步，或者（这是相当荒谬绝伦的）不同意真空的存在。

§19“以使流体微粒进入气孔并留在气孔内（由此就……等等）”。对一切进入另一物体气孔的液体，我们绝对不能肯定这一点。因为假若硝精微粒渗进一张白纸的气孔里，那么它就会使此纸僵硬和破碎。我们可以以此做一实验：在烧红的铁罐如 A 上，倾注数滴硝精，并使烟从纸卷口 B 逸出，观察硝精使纸皮软化，但不弄湿纸皮，反而会使纸皮好像受了大的作用一样皱缩起来。

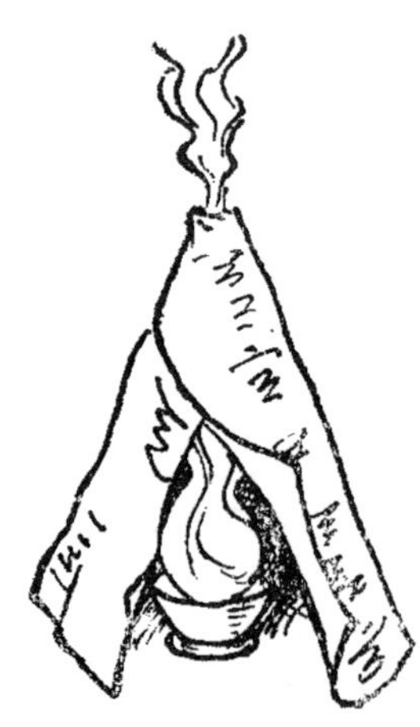

同一节里“自然使它们时而飞翔在空气中，时而游泳在水中等等”。他是在目的中寻求原因。

§23“虽然它们的运动很少为我们所察觉，然而人们也掌握了等等”。即使没有这个实验，光凭下述事实也足够说明问题：我们嘴里呼出的哈气在冬天就能看得很清晰，但在夏天或在温暖的房间里就看不见了。此外，如果空气在夏天突然变冷，那么从水中上升的蒸气就会聚集起来，因为蒸气在冷却前，不能在变得更为稠密的空气中传播，就在水的表面上聚成一堆，以致这些蒸气在水面上变得能为我们看见了。此外，运动经常过于缓慢，不能为我们所觉察，就像指时针和太阳的影子一样；快速的运动也经常有同样的情形，例如，当我们迅速使点燃的火炬成环形转动起来的时候，我们可以想象，点燃的火炬是停留在其运动所划出的圆圈的各点上。在此说明这种现象的原因我认为是多余的。最后，顺便提一下，为了一般地理解流体的本性，只要知道我们能在流体内以和该流体相应的运动毫无阻碍地向任何方向移动我们的手，这就够了。对于所有注意按自然本来面目而不按其与我们感觉的关系来说明自然的概念的人来说，这已是足够明白的了。〔仅此一个见解，我重复一句，就能使我们完全认识流体的本性〕④ 然而，我并不因此就认为这种说明无益而加以轻视，恰恰相反，如果对每一种流体都给予一种尽可能精确而绝对严密的说明，那么我认为，对于认识各种流体彼此互为不同的特性将是万分有益的，这也必然符合所有哲学家的最大愿望的。

论凝固性

§7“根据自然的普遍规律”，这是笛卡尔的论证，我看不出高贵的波义耳阁下从其实验或观察中得出任何真正的论证来。

我曾经在此节和以下各节，摘出了大量的疑点，但后来我看到这位卓越的作者自己已经更正了自己的错误。

§16“一次就432”〔流量呐〕，如果我们把封闭在管中的水银的比重和此数相比较，它就会接近实际的比重了。但我认为值得对此作更进一步的考查，以便尽可能得出侧面方向或水平方向的气压和垂直方向的气压之间的比例，我想这可以按以下方法进行：

图1.设CD为一块精磨了的平面镜，A和B为二块连结在一起的大理石。大理石A的一边拴在钩子E上，B系着一根绳子，T是滑轮，G为一砝码，表明沿水平方向将大理石B从大理石A拉开所需的力。

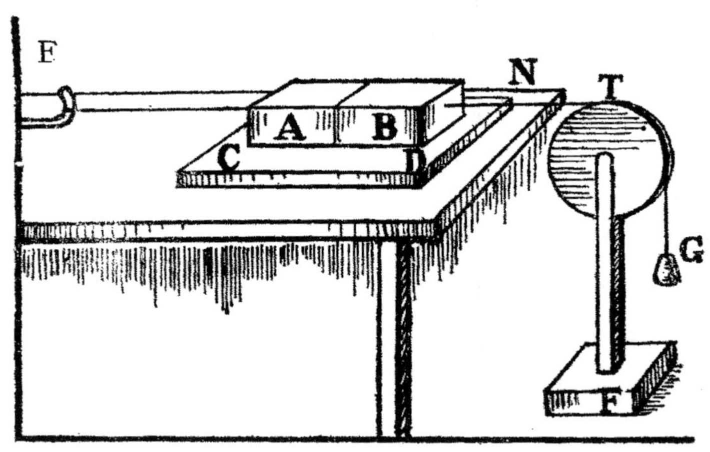

图2.F是一根相当结实的丝线，大理石B被它系在地面，D是一滑轮，G是一砝码，表明沿垂直方向将大理石A从大理石B拉开所需的力。

更多地来说明这些是不必要的。

亲爱的朋友，以上就是我对波义耳阁下的实验所作的评注。

至于您头回提的问题，我在通读我的回答时，看不出我忽略了什么。如果我偶而对一些问题陈述得不够明白（正如我常常由于语言的贫乏而那样），则请求您给我指出来，我会尽力把它们表述得更清楚些。

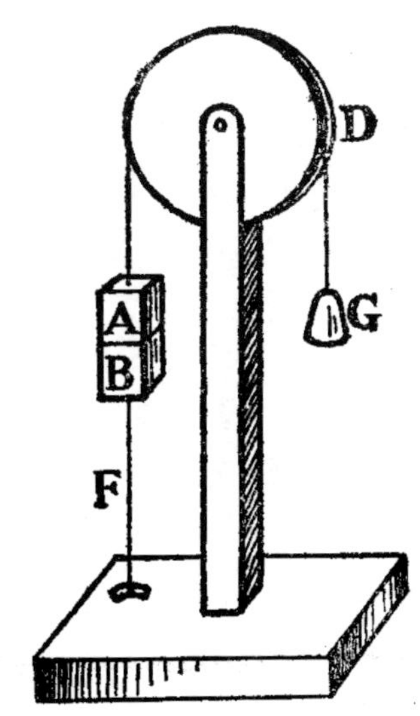

关于您的新提出的问题，即事物如何开始存在，它们凭借什么纽带依赖第一原因问题，我已经撰写了一部完整的小册子，就是论述这些问题以及知性的改进的，现在我正忙于抄写和修改这部著作。但我常常把它搁置下来，因为是否把它们交付出版，我还没有决定⑤。的确，我害怕当代的神学家们会憎恶这部著作，会以他们惯有的仇恨来攻击我，我是极端讨厌他们的争论的。我将听从您对此事的劝告。为了让您知道，我书中有哪些内容会冒犯教士们，我可以对您说：许多为教士们和所有其他至少是我所认识的人归之于神的诸属性，我却认为是被造物，反之，他们由于偏见而认为是被造物的东西，我却认为是神的属性，他们是完全误解了这些东西。⑥此外，我并不像我所认识的那些作者所作的那样，把神同自然分开。总之，我期待着您的忠告。因为我把您看作我最忠实的朋友，要对这样忠实的朋友的真诚有所怀疑，那简直是罪孽。祝您身体健康，并接受我对您的钦慕。我是完全忠于您的

别涅狄克特·斯宾诺莎

〔1662年4月　莱茵斯堡〕

【注释】

① 原信是拉丁文，现保存在英国伦敦皇家科学院档案馆。《遗著》所载乃是此信的草稿，这一点我们可以从《遗著》中斯宾诺莎对此信所加的那条注释(即“在我已寄出的信中，我有意忽略了这点”)看出。据英译者沃尔夫谈，保存在英国皇家科学院的原信件与《遗著》中所载的草稿有许多不同的地方，但不怎么重要，最主要的差异是此信最后两节在《遗著》版本里是没有的。此信不论是原信件还是草稿都没有留下日期，但从第七封信(该信写于 1662 年 7 月)说前信是“几星期前”收到的推测，此信可能写于 1662 年 4 月。

② 这是斯宾诺莎书信中有关波义耳实验最长的一篇评注。为了便于读者理解斯宾诺莎此信真正的哲学意义，我们有必要在这里介绍一些有关的情况。自从亚里士多德提出形式和质料的学说以来，中世纪经院哲学家对于自然事物的解释大多因袭这一观点，他们假定自然界中任何事物都有自身特有的“实体的形式”或“隐秘的质”，试图用这些“形式”或“质”来说明一切自然现象，例如他们认为，桌子之所以是桌子，是因为桌子具有一种桌子的“形式”，鸦片之所以使人麻醉，是因为它具有一种使人麻醉的“隐秘的质”，显然，这完全是一种根本什么也没有解释的荒谬学说。这里我们可以引证牛顿当时对这种学说的一段批判性的说明：“有些人把一些特殊而隐蔽的性质归属于不同种类的物体；根据他们的看法，一些特定的物体的现象是按照某种不知其所以然的方式进行的。渊源于亚里士多德和逍遥学派的各种经院学派，它们各种学说的总和，就是以这个原则为其基础。他们断定，物体的各种作用是由这些物体的特殊性质所引起的。但是他们没有告诉我们，物体是从哪里获得这些特性的，所以实际上他们没有告诉我们什么东西。而且由于他们满足于给各种事物以一些名词，但不去深入研究这些事物本身，所以可以说，他们只是发明了一种谈论哲学的方法，但并未使我们懂得什么是真正的哲学。”(《牛顿自然哲学著作》，上海人民出版社版，第 139—140 页)。牛顿这种看法可能代表了十七世纪先进的科学家和学者们最普遍的看法。波义耳所做的一些化学实验，其哲学目的和意义也只能从这方面来理解。正如奥尔登堡以后告诉斯宾诺莎的(见第 11 封信)，波义耳的宗旨是在于说明：“在经院学派里所讲述的有关实体的形式和性质的普通学说是建筑在脆弱的基础上的”。在波义耳以前或当时的一些化学家和炼金术士，因袭中世纪的传统观

点，认为复杂的自然物体是由某些元素加上某种“形式”所构成，这种“形式”使元素组合而成物体。波义耳认为以这种神秘的“形式”来解释自然事物是毫无道理的，他试图表明不仅人工的化合物，如玻璃、硫酸盐之类，就是天然化合物，如硝石，也都不能有“实体的形式”，它们完全可以通过化学分解的办法分为各种组成元素，同时也完全可以通过化学还原的办法由各组成元素重新化合而成，硝石的还原实验就是用于这个目的，他认为硝石是由非挥发性物质和挥发性物质所组成的异质化合物，我们可以通过化学还原办法重新从其组成元素得到硝石。至于他实验过程中若干具体化学问题，以及斯宾诺莎以自己的设想和实验对其实验提出的批评意见，读者可以在读此信和第 13 封时深入了解，这里不资赘述。

另外，波义耳实验还有一个内容，就是他试图表明事物的第二性质，即可感性质如味道、嗅觉、温度等，只是事物的第一性质（一般指运动、静止等机械性质）的结果，既可以从第一性质得出来，又可以用第一性质来解释，这在当时也是一个相当重要的见解，以后洛克的第一性质第二性质学说渊源于此。

这一封信对于我们理解斯宾诺莎的认识论方法论无疑是相当重要的。作为唯理论者的斯宾诺莎并不否定经验和实验在人类认识过程中的重要作用。从这封信和以后一些信我们可以看到斯宾诺莎在当时做了大量的科学实验。既有化学实验，又有力学、光学实验。他的科学知识和兴趣相当广泛，遍及天文、物理、化学、数学、光学和生物学。这封信是对波义耳托奥尔登堡转交他的有关硝石、流动性和凝固性研究论文所作的评述，另外，科学家胡德和耶勒斯曾经把他们在透镜计算中所遇到的困难，以及望远镜的构造请教过斯宾诺莎（见书信第 36、39 封），莱布尼兹也把他的光学论文寄赠斯宾诺莎请予批评（见书信第 65、66 封），斯宾诺莎早期传记家柯勒鲁斯（Colerus）曾说斯宾诺莎非常有趣于昆虫的研究，并用显微镜进行了多次的观察。他的磨制光学镜片的技术在当时颇有名声，他的另一位早期传记家卢卡斯（Lucas）说，“假如不是死亡的阻碍，他将发现光学中最美妙的奥秘”[《斯宾诺莎最早传记》（沃尔夫编，1970 年英文版）第 60 页]。我们还知道斯宾诺莎最后还给我们留下了《机遇的计算》、《虹的代数测算》两篇科学论著。

毋庸置疑，斯宾诺莎并不否认经验、观察和实验的作用，在此信中他屡次谈到“经验告诉我们”，就是表明经验也能有证实作用，他很多结论都是根据他的实验作出的，例如硝石易燃而硝精不燃的原因在于硝石微粒处于静止状态时用火使它们上升比较困难，而硝精微粒处于运动状态则火容易使它们向上逸出。另外关于可感性质（颜色、声音、嗅味）依赖于微粒运动这一论点，他也是做了许多试验得出的。但是斯宾诺莎并不因此而囿于经验，此信有几段相当重要的论述值得我们注意，一、“我认为那些由平常语言习惯而形成的概念，或者那些不是按照自然本来面目，而是按照人类的感觉来解释自然的概念，绝不能算作最高的类概念，更不能把它和纯粹的、按照自然本来面目来解释自然的概念混为一谈”，在斯宾诺莎看来，属于前一类的概念就是那些可见的、不可见的、热的、冷的等可感性质的概念，这种概念不能作为我们推理的基础，属于后一类的概念就是运动、静止及其规律的概念，这才是我们进行推理的基础。二、“从来就没有人能用化学实验或任何别的实验来证明这一点，因为这只能借助于推理和计算来证明。我们凭着推理和计算可将物体无限分割，也可将推动物体运动的力无限分割，但是我们却永远不能靠实验来证明这一切。”这里表明，斯宾诺莎认为经验和实验有一定的范围和限度，我们绝不能以为实验可以绝对地证明我们所有的结论，对于有些结论实验是无能为力的，必须借助于思维和推理。斯宾诺莎在后来给奥尔登堡的信（第 13 封）中明确说道：“我之所以援引实验，并不是为了绝对地证实我的解释，而只是在某种程度上证实我的解释”。三、“既然这位作者并没有把这些证明化为数学的证明，所以也就毫无必要来审察这些证明是否完全令人信服了”，斯宾诺莎认为，数学证明比经验证明有其更为重要的特点，能使人完全信服，经验证明必须上升为数学证明，才有确实可靠性。

③④　据法译本增补。

⑤　这部著作论述的两个主题，以后就构成了斯宾诺莎两部独立著作的内容，即《神、人及其幸福简论》和《知性改进论》。可能在 1662 年斯宾诺莎原想写一部著作来论述这两个问题，以后感到这样安排有所困难，故改为两部著作。至于斯宾诺莎当时是否想把它们交付出版，虽然从下一封信我们看到奥尔登堡极力纵容斯宾诺莎大胆将它们发表，但我们从《神、人及其幸福简论》一书中可知，由于当时神学家和反对派的恶毒攻击，斯宾诺莎鉴于“我们生活的时代的特征”最后还是放弃了出版的打算，就是在他朋友之间传阅，他也告诫需小心谨慎，他说：“不要为这里所阐发的新观点感到惊讶，因为你们

完全知道，事物并不因为它没有为许多人所接受就不是真理，并且你们也不会不知道我们生活的时代的特征，因此我极其真诚地恳求你们，把这些观点告诉他人时，务必要十分谨慎。”(该书第二篇第 26 章第 10 节)

⑥　关于哪些是神的真正属性，哪些不是神的真正属性，可以参看斯宾诺莎《形而上学思想》第二篇。

第 7 封　亨利·奥尔登堡致高贵的斯宾诺莎阁下①

(复前信)

高贵的先生：

几星期前，我高兴地收到了您的来信，以及附上的关于波义耳著作的博学的评注，您已把您的观点告诉了我们，作者本人和我对您表示衷心的感谢。要不是他曾希望最近可能从其繁忙的事务堆中摆脱出来给您复信致意的话，他早就向您表示他的感谢了。但是，这个希望迄今未能兑现，因为公务和私事缠住了他，故他这一次仅能表露一下他的感激之情，至于他对您的评注的意见只能另找时间再行奉告。再者，他的著作出版之后，遭到了两个论敌的攻击，因此他不得不先要回击这两个论敌。不过这些著作并不针对他关于硝石的论文，而是针对他的另外一本关于证明空气膨胀的气体实验的小册子。②一俟此工作完毕后，他就会向您奉告他对您的批评的意见。并且他请您，不要为此延宕有所误解。

我曾经告诉您的那个“哲学学会”，现在蒙皇上恩宠，业已改为“皇家学会”，并明文批准，授以敕书。凭此敕书，它将享有特权，因

而也就可能获得必须的津贴了。

无论如何，我要劝告您，您不应对学术界隐瞒您睿智而渊博的才能在哲学和神学领域所达到的成就，而应当把它们公之于世，不管那些吹牛的神学家们将会怎样的咆哮。既然您的国家是最自由的，那么在这个国家内的哲学研究也必会获得最大的自由。但是，您的明达睿智也会告诫您，应尽可能有分寸地表白您的思想和见解。至于其他一切，只能听天由命了。卓绝的阁下，您必须消除一切有恐触犯当今小人们的顾虑。无知和愚昧带给人们的牺牲已经够长久了。让我们张开真理之帆，比迄今所做的更深一步去探索大自然的奥秘吧！我认为，您的研究成果在您国内出版是不会有危险的，您根本无须害怕它们会得罪那些上流人物。如果在这些人中间，您找到了您的支持者和保护者（我确信您能找到），那么，您还怕那些无知的庸人做什么呢？敬爱的朋友，您若不同意我的请求，我是不会放过您的，只要在我的权限之内，我绝不让您的具有如此重大意义的思想被永恒的沉默所埋没。我迫切地恳求您，将您对这一问题的决定告知我。只要您认为方便的话。

这里也许还有一些事情值得告诉您的，上面提到的那个学会现在正更加热切地努力实现其目标，并且只要和平还逗留在我们的海滨，该学会就会非凡地为知识共和国增添荣光。

再见。尊敬的阁下，请相信我是

您的最忠实的友人

亨利·奥尔登堡

〔1662 年 7 月　伦敦〕

【注释】

① 此信见《遗著》,原文是拉丁文写的,现已阙失。信上未注明日期,但一定写于 1662 年 7 月底,因为信中提到他们哲学学会现蒙皇上批准,授以敕书一事,乃是在 1662 年 7 月 15 日。

② 这是指波义耳的《新实验》(*New Experiments Physico-Mechanical Touching the Spring of the Air and its Effects*,1660 年伦敦)一书。攻击该书的两个论敌是托马斯·霍布斯和法兰西斯·李鲁斯。波义耳对他们两人反驳意见的答辩(载于该书 1662 年第二版附录内)在科学史上极为有名,因为他用实验证明了后来称之为"波义耳定律"(即气压与其体积成反比例)的这一科学定律。

第 8 封　西蒙·德·福里致高贵的斯宾诺莎阁下①

最忠实的朋友:

我很早就想到您那里去,但是严冬气候却使我不能如愿。有时,我抱怨自己的命运,同您相隔如此之远。确实,您的同伴卡则阿留斯②真是太幸福了,他和您同住一室,能够在早餐、中餐以及散步的时候,与您交谈最重要的问题。但是,尽管我们在肉体上相隔如此之远,在精神上您却常在我的身边,尤其是当我拿着您的书函沉浸于其中的时候。

既然我们小组的成员对于各种事物并不都是十分清楚的(这也是我们需要会晤的原因),而且为了使您不会认为,我已经忘记了您,我振作精神给您写了这封信。

我们的小组是这样活动的:一个成员(大家轮流进行)按照他的观点来诵读和解释每种事物,以及跟随您的命题的推演秩序来证明每种事物。一当我们大家都不能满意时,我们认为就有必要对它作一些评注,并写信告诉您。这样,如果可能,事情对我们就会更加清楚明白,而且在您的指导下,我们就能够捍卫真理,抵御那些沉迷于宗教的愚人或者基督教徒,并且能够坚定地抗御整个世界的攻击。

这样,在我们第一次研读和解释界说时,我们对它们似乎还不是全清楚的,关于界说的本性,我们所有人的意见并不都是一致的。因为您不在,我们请教了一位名叫波里鲁斯[③]的数学家。在讲到界说,公现和公设的本性的时候,他也援引了一些其他人的观点,但是他自己的意见是这样陈述的:"界说在证明过程中是起前提的作用,因此,它们必须是为我们明白认识的,否则,科学的或者最明晰的知识就不能从它们推导出来。"在另一地方,他又说道:"对于建筑屋的基础,或者对于任何对象最先的和最清晰认识的本质关系的选择,我们须谨慎从事,绝不能有任何的轻率。因为,如果建筑基础和上述关系是不可能的,那么就不会有任何科学的界说。例如,如果有人说:'两条夹一空间的直线称为图形',那么这就是一种莫须有的界说,也即不可能的界说,因此,从这种界说推导出的只是无知,而不是知识。而且,如果建筑基础或上述关系虽是可能的和真实的,可是我们却不能认识,或者有所怀疑,那么它也不会是一个良好的界说,因为由无知或者怀疑的东西推导出来的结论本身将会同样是不确实的、怀疑的,因而产生的只能是推测和意见,绝不是任何确实的知识。”

塔逵特[④]似乎和这种意见不同，正如您所知悉的，他认为，我们也能够从一个假命题推导出一个真结论来。反之，克拉维乌斯[⑤]，他也介绍了他的观点，他认为：“界说是一种艺术语言，它并不必然说明事物之所以这样或那样被界说的任何理由。只要我们永不认为被界说的事物应当同某些〔真实的〕事物相符合，除非首先证明了给予的界说是和它相符合的，那就够了。”按照波里鲁斯，事物的界说必定是由最先的，本质的以及为我们最清晰认识的和真实的关系或者建筑基础所构成。反之，克拉维乌斯的意见，它抑或是最先的或最清晰认识的或真实的关系，却无关紧要，只要我们不认为，当尚未证明给予的界说真实地同某种对象相符合之前，给予的界说应当同该事物相符合就够了。而我们宁愿跟随波里鲁斯的观点。但是我们不知道，对于这两种观点，您同意哪一种，或者两个都不同意。

既然对于界说的本性存在有如此相互矛盾的不同的观点，而界说又是包含在证明原理之内的，既然我们的思想陷入了这种困境之中，而又不能从中解脱出来，所以我们热切地希望您阁下（如果这样做不会给您带来过多的麻烦，并且时间允许的话）把您对于这个问题的想法以及公理和界说两者之间的差别写信告诉我们。波里鲁斯认为它们两者除了名称不同外，没有任何真实的差别，但是我相信，您会持另一种见解的。

其次，第三个界说[⑥]对于我们也不是十分清楚的。我引用一个例子，记得在海牙时您曾对我说过，每种事物都能够从两方面加以考察，或者就其自身来考察，或者就其与他物的关系来考察。例如知性，它既能从思想方面来理解，又能被认为是由观念所构成的。但是，这种差别究竟何在，我们尚不能完全明白。因为，我们认为，如果要正确地理解思想，那么我们就必须运用观念来理解它，因为一当我们把思想同所有的观念分离开来，我们也就消灭了思想本身。关于这个问题，既然我们没有十分明显的例证，所以在某种程度上说，我们仍是不清楚的，我们需要进一步的解释。

最后，在命题八附释三里⑦，一开始您说："由此推知：虽然两种属性被认为有着真实的区别（即一种属性不需要凭借另一种属性），然而它们却不能因此就成为两种事物，或者两种不同的实体。因为实体是具有这样一种性质：它的一切属性，我是指它们当中的每一种，都应当通过实体自身来理解，因为实体的一切属性，都同时存在于实体之中。"在这里，您似乎假定，正因为实体的性质是这样，所以它就能有许多属性。但是您并没有证明这一点。如果您不引证关于绝对无限的实体或神的界说五⑧的话，这一点是不可得到证明的。反之，如果我认为，每种实体只有一种属性，而我有了两种属性的观念，那么我就能够正确地得出结论说，凡是具有两种不同属性的地方，也就存在有两种不同的实体。也就是在这些地方，我恳求您给予一个明确的答复。

衷心地感谢您，您托 P. 巴林⑨转交我的著作使我极为高兴，尤其是命题十九的释理。

如果您有什么事需要我帮忙，只要让我知道，我将尽力为您效劳。现在我正进行解剖学的研究，已进行了一半。结束后我将开始钻研化学，并且按照您的劝告，还将进行完整的医学研究。

再见，尊敬的阁下，期待您的复信。

此致

敬礼

您的仆人

西蒙・德・福里

1663 年 2 月 24 日　阿姆斯特丹

【注释】

①　原信拉丁文写的，现保存在阿姆斯特丹统一浸礼会档案馆。《遗著》所载作了删节。通信人西蒙・德・约斯顿・福里(Simon Joosten De Vries, 1633？—1667)，阿姆斯特丹商人，是当时斯宾诺莎哲学小组的主要成员之一。他不仅崇拜和尊敬斯宾诺莎，而且对斯宾诺莎的生活也极为关心。据传记家柯勒鲁斯说，他曾经在斯宾诺莎被开除教籍后，向斯宾诺莎提供每年二千弗罗林(荷兰货币，每一弗罗林约值英币二先令)的生活费，但遭斯宾诺莎拒绝。后临死时，欲指命斯宾诺莎为其财产的继承人，斯宾诺莎也恳辞不受，只得让其弟接受遗产，不过德・福里仍嘱其弟每年支付斯宾诺莎五百弗罗林，斯宾诺莎因情不可却，只允每年受三百。此信就是德・福里向斯宾诺莎报道他们哲学小组活动的情况以及所遇到的困难，请求斯宾诺莎加以指导。

②　卡则阿留斯(Johannes Casearius, 1642—1677)，原可能是范・登・恩德学校的学生，1661 年进莱登大学神学系学习。大约在 1662—1663 年间他来莱茵斯堡向斯宾诺莎求习哲学。正如我们将在下一封信里看到的，斯宾诺莎对此人尚有某些保留，认为他性情未定，贪爱新奇胜于追求真理，故不欲授以自己的学说，乃改授笛卡尔哲学。斯宾诺莎的《笛卡尔哲学原理》一书，就是在向此人讲授笛卡尔哲学时所撰成。

③　波里鲁斯(G. A. Borellus, 1608—1679)，法国数学家。著有《欧几里德几何学》(1658、巴黎)。

④　塔逵特(A. Tacquet, 1611—1660)，比利时数学家，著有《数学的理

论及其实际》、《平面几何和立体几何原理》等书。

⑤ 克拉维乌斯(C. Clavius, 1537—1612),意大利数学家,著有《几何学》一书。

⑥ 参看《伦理学》第一部分、界说三和四。

⑦ 参看《伦理学》第一部分、命题十附释。

⑧ 参看《伦理学》第一部分界说六。

⑨ 巴林(P. Balling),西班牙商人,门诺教徒。当时在阿姆斯特丹任西班牙的商业代表,他酷爱哲学,也参加了斯宾诺莎的哲学小组。1662 年他出版了一本名为《蜡光》(*The Light on the Candlestick*)的书,攻击独断主义,提出一种建立在灵魂内在启示基础上的半理性主义和半神秘主义的宗教。他在 1664 年将斯宾诺莎的《笛卡尔哲学原理》译成荷兰文。

第 9 封 斯宾诺莎致博学的青年德·福里[①]

(复 前 信)

(关于界说和公理的本性)

尊敬的朋友:

期待已久的信终于收到了。对于您的信以及信中流露出的对我的爱慕,深致谢意。您长时间的别离给我带来的郁闷并不亚于您,但我感到欣慰的是,我的夜间工作[②]却对您和我们的朋友有所裨益,因为这样,即使您身在远方,我也能同您交谈。您没有理由去羡慕卡则阿留斯,因为再没有哪个人会像他那样使我感到厌烦,或者使我更需谨慎小心了。因此我恳求您和所有我们的朋友,在他尚未达到成熟的年龄之前,绝不要将我的观点告诉他。现在他还太年轻，性情未定，贪爱新奇胜于追求真理。但我希望他自己能在几年内收敛这种孩提的缺点。的确，如果我能根据他的品性来判断的话，我是会确信这一点的，也正因为如此，他的禀性使我喜爱他。

现在来谈一下你们小组(这是智慧的结晶)所提出的问题。我认为你们之所以产生困惑，是因为你们没有区分两种不同的界说。你们没有区分一种界说是用来说明事物，而我们所要研究的只是这种事物的本质，我们所怀疑的也只是这种事物的本质；另一种界说之所以被提出，只是为了我们对它本身进行考察。前一种界说因为有一个确定的对象，所以必须是真的，而后一种界说就不需这样。譬如，如果有人要我对沙罗蒙寺院作一个描述，那么我就得对他真实地描述一下沙罗蒙寺院的情况，否则我就会胡说八道。反之，如果我在头脑里设计一个我想营造的寺院，那么根据对它的描绘，我决定需要购买一块多么大的地基，多少万块的砖瓦，以及一定数量的其他材料。难道一个有理智的人会对我说，因为我也许利用了一个虚假的界说，我的结论是错的吗？或者有人会要求我证明我的界说吗？这些提问只能是等于告诉我，我不曾设想我曾设想了的东西，或者要求我证明我曾经设想我所设想了的东西，这显然是完全荒谬的。因此，一种界说是说明某种存在于思想之外的事物，因而这种界说必须是真的，这种界说同命题或公理的区别仅在于：这种界说只涉及事物的本质或者事物的状态，而公理则远远超出了这一范围，进入了永恒的真理。另一种界说是说明我们所设想的或者我们所能设想的事物，因此这种界说同公理和命题的区别在于：这种界说一般只要求完全的理解就行了，并不像公理

那样应当设想为真的。因此有些界说之所以是不好的，只是因为它没有被人们所理解。为了弄清这点，我以波里鲁斯所举的例子来说明一下，假使有人说，两条夹一空间的直线应当称为图形，如果他是把直线理解为所有其他人理解为曲线的东西，那么他的界说就是好的，(因为我们可以把这个界说理解为(a)或其他类似的图形)，只要他以后不把这种图形理解为方形或其他形状就行。但是，如果他把直线理解为像我们通常所理解的那样，那么事情就显得完全不可思议，因而界说就不成其为界说了。而波里鲁斯——您是倾向于他的观点的——却把这一切完全弄混了。

我还可以举出另一个例子，即您最后所援引的例子。如果我说，每一个实体只有一种属性，那么这只是一个需待证明的命题，但是如果我说，所谓实体，我理解为仅由一种属性所构成的东西，那么这就是一个好的界说，只要我以后把由多数属性所构成的东西用另外一个名称来称呼而不用实体这一名称。

但是，如果您说，我没有证明实体(或存在)能够有多于一个以上的属性，那是因为您也许没有充分注意到我的证明。事实上，我已给予了两个证明。第一个证明是：对于我们来说最明显不过的事情，即每个本质是被我们按照某种属性加以理解的，一个本质包含的实在性或存在愈多，则归给这个本质的属性也就必定愈多，所以一个绝对无限的本质就被界说如此等等。第二个证明(我认为是很好的证明)是：我归给一个本质的属性愈多，则我必然归给这个本质的存在就愈多，也就是说，我设想这个本质具有的真实性就愈多，而假如我想象一种怪物或者某种诸如此类的东西，那么情形却正好与此相反。

至于您说，您不能离开观念去理解思想，因为一当您抛开了观念，您也就消灭了思想。我相信，您之所以有这种想法，是因为您（作为能思想的东西）这样去做时，您就抛掉了您的一切思想和概念，因此，这并不奇怪，当您抛掉了您的一切思想之后，您也就没有什么东西可以思想了。关键的问题我想我已经充分明白而且清楚地证明过：理智虽然是无限的，然而是属于被自然产生的自然，而不属于产生自然的自然。

关于理解第三个界说，我看不到还有什么东西需要说，我也不明白您为什么对它感到难以理解。因为我所告诉您的这个界说，如果我没有记错的话，它是这样陈述的："所谓实体，我理解为存在于自身中的，并通过自身而被设想的东西，也就是说，它的概念并不包含任何其他事物的概念。所谓属性，我理解为同样的东西，而它之所以称为属性，是因为与知性有关，知性将这样一种性质归属于实体。"我认为，这个界说是足够清楚地把我所理解的实体或属性表达出来了。可是您希望（这是完全不必要的）我举出一个例子来说明我们如何能用两个不同的名称来指称同一个事物。为了不显得吝啬，我可以向您举出两个例子：第一，我可以用以色拉尔名字来称呼爱尔兹瓦特三世，同样，我也可以用雅各伯来称呼他，他之所以有这个名字，是因为他抓住了他兄弟的脚跟了③；第二，我把平面理解为毫无变样地反射一切光线的东西，我把白色也理解为同样的东西，而它之所以称为白色，只是因为同那个观看平面的人有关。④

这样，我想我已经充分答复了您的问题，此际我将恭听您的评判。如果尚有您认为论证不足或不够清晰的地方，请不必顾虑，向

我指出,等等。

斯宾诺莎

〔1663 年 3 月 莱茵斯堡〕

【注释】

① 此信原稿是拉丁文,现保存在阿姆斯特丹浸礼会图书馆内。最后一节是根据《遗著》荷兰文版本增补的。

② "我的夜间工作"表明斯宾诺莎当日生活相当艰苦,白天磨制光学镜片维持生活,哲学的探讨主要靠晚上。英译者沃尔夫在其《斯宾诺莎最早传记》一书(第 166 页)中曾引用当时一位名叫柯梭特(Kortholt)的人在 1700 年的报道:"斯宾诺莎从事他的研究非常艰苦,常常在深更半夜,从晚上 10 点钟一直到次日 3 点钟。"

③ 据旧约圣经《创世记》记载,爱尔兹瓦特三世是犹太人第三代祖宗,以撒的次子,原名以色拉尔,因为他在出生时抓住其孪生兄弟的脚跟而出,故又名雅各伯。

④ 斯宾诺莎这里关于实体和属性的界说与《伦理学》中的解释有些不同,这反映了斯宾诺莎早期思想还有笛卡尔思想的残余,关于这一问题,请参阅译者写的"斯宾诺莎若干哲学概念剖析"一文(见《外国哲学史研究集刊》,上海人民出版社 1982 年版,第 261 页以下)。

第 10 封 斯宾诺莎致学识渊博的青年西蒙·德·福里①

尊敬的朋友:

您问我,为了知道某一属性的界说是否正确,我们是否需要经验?对于这个问题,我的回答是:只有对于不能从事物的界说中推导出来的东西，我们才需要经验。例如，样态的存在就是这样，因为我们不能从事物的界说中推出样态的存在。但对于那些其存在与其本质并无区别，因而其存在就能从其界说中推导出来的东西，我们就不需要经验。的确，关于它们，任何经验都不会告诉我们什么，因为经验并不告诉我们以事物的本质，经验起的作用，充其量也不过是限定我们的心灵去思考事物的某些本质。因此，属性的存在既然与其本质并无区别，所以我们也就不能通过任何经验去理解它。②

您进一步问我，事物，或者事物的状态是否也是永恒的真理？我的回答是肯定的。如果您又问，我为什么不称它们为永恒的真理呢？那么我回答说，像所有人通常所做的那样，这是为了我可以把它们同那些并不说明任何事物或任何事物状态的东西，例如“无从无产生”这样的命题区分开来。人们之所以把这样的命题或类似这样的命题称为绝对永恒的真理，无非只是想说明这些东西不在心外存在，等等。③

斯宾诺莎

〔1663 年约 3 月　莱茵斯堡〕

【注释】

①　此信见《遗著》，原文是拉丁文，现已阙失。这封信是斯宾诺莎再次答复德・福里又提出的问题，由于德・福里的回信现在无法找到，究竟他又向斯宾诺莎提出什么问题，我们不得而知。从斯宾诺莎这封信看来，德・福里至少提了两个问题，一个是界说的真假是否需要经验检验，一个是任何真实的陈述是否都是永恒的真理。

②　由于德・福里的回信遗失，他怎样从原来的关于界说本性的问题转

而又提出界说的真假是否需要经验检验这一问题，我们不大清楚，但从斯宾诺莎前一封信关于界说本性的答复，我们可以这样来推测：当斯宾诺莎说明界说有两种，一种是用来描述说明事物的，因为这种界说有确定的对象，因而可以通过经验来检验其真假，另一种是我们自己所做的规定，这种界说不一定非要客观外界也如我们所设想那样，它只需要我们完全理解就行。斯宾诺莎这种回答可能引起德·福里另一个疑问，照后一种界说的本性，既然客观外界没有其对象，那怎么靠经验来检验其真假呢？是否可以说界说的真假就不需要经验呢？斯宾诺莎这里的答复似乎是这样：对于具体的有限事物，由于其界说推不出其存在，所以需要靠经验来检验。反之，对于那些其存在与其本质无区别的东西，如实体和属性，其界说本身就能推知其存在，故不需要经验。在《伦理学》里，斯宾诺莎说："例如，天地间何以没有方的圆形，其理由即包含在圆性的本性内，因为方的圆形显然是一个矛盾。反之，何以实体存在，其理由亦仅包含在实体的本性内，因为实体的本性即包含存在。"（《伦理学》中译本第10页）。不过，这是斯宾诺莎哲学体系的一个大问题，因为我们怎么能知道一个事物其本质与存在是无区别呢？如果没有经验，我们如何知道它是必然存在呢？另外，即使我们知道一个事物的存在属于其本质，我们又怎么能说它的存在是从其界说中推出来呢？界说是我们对一个事物下的定义，它怎么会推出该事物必然存在呢？

③ 这里斯宾诺莎对永恒真理作了两种解释，一种是任何真理（即使是关于有限事物的真理）都是永恒真理，如果不管它们的时间和地点诸具体条件的话。另一种是把永恒真理这一名称只保留给公理、共同概念等带有普遍必然性的命题。看来斯宾诺莎是倾向于后一种解释。

第11封　亨利·奥尔登堡致尊贵的斯宾诺莎阁下①

（答复第6封信）

最卓越的阁下，最亲爱的朋友：

我的长久沉默，本可以提出许多理由，但是，我只想把它们归结为两点：高贵的波义耳的患病，以及我自己事务的重压。前者阻碍了波义耳迅速答复您对于硝石的观察；后者使我好几个月似乎不是自己的主人，以至不能履行我认为有欠于您的义务。我很高兴，至少现在这两个障碍消除了，我能够同我如此亲爱的朋友再次交谈。现在我确实享受了极大的欢乐，并且下定决心（愿上帝保佑）今后绝不让我们的学术交往再如此长久地被中断。

但是，在谈您我俩事情之前，我先要代波义耳阁下向您作如下的说明：您关于他的化学-物理学短论所写的评注，他已用他惯有的仁慈收悉了，并对您的评论，向您深表谢意。同时，他也想让您注意一下，他的宗旨并不在于对硝石作真正哲学的和完满的分析，而是在于说明，在经院学派里所讲述的有关实体的形式和性质的普通学说是建筑在脆弱的基础上的，他们所谓事物的种种特殊差异都能够归结为其部分的大小、运动、静止和位置。在预先作了这些解释之后，作者又进一步说，他关于硝石的实验完全充分地证明了整块硝石经过化学的分析可以分裂为彼此互不相同的，并与原来整块硝石不同的部分，之后，它又可以由这些部分再度组合和重新构造出来，在此过程中只损失很少一点儿原来的重量。他补充说，他已完全证明了这是事实。他既不研究那种似乎是您猜测的事情的过程，他也不对这一过程作任何说明，因为这是超出他的任务之外的。同时，他认为，您关于这个过程所作的假设——把不挥发的硝石盐看成硝石渣滓，以及其他类似的假设都是没有道理的，不可证明的。当您说，这些渣滓或这种不挥发的盐具有气孔，其大小等于硝石微粒的大小，而我们的作者在这点上却指出：同硝精结

合在一起的钾盐产生硝石，正如硝精和它自己不挥发的盐结合在一起产生硝石一样。因此，他认为这是很清楚的，在硝精不能从中排除出去的物质中，也能够找到同样的气孔。作者不能明白，您所添加的极好材料的必要性会为任何现象所证明，而且它的根据完全是基于虚空是不可能的这个假设上。

至于您所说的硝精和硝石本身在味道方面不同的原因，像我们作者自己说的，他也不能表示赞同。但是您对于硝石的易燃性和硝精的不易燃性所作的说明，他认为这是建立在笛卡尔的火的理论②前提之上的，而笛卡尔这种理论，他说他还不能表示满意。

关于您相信能够证实您关于现象所作的说明的那些实验，作者是这样回答的：首先，硝精就质料来说是硝石，但就形式来说，它就不是硝石，它们两者在其性质和能力方面，也即在味道、嗅味、挥发性、溶解金属的能力，以及改变植物颜色方面是极其不相同的，等等。其次，您认为某些向上飞升的微粒凝结为硝石晶体，他却主张这是因硝石微粒同硝精微粒一起被火驱散所造成，正如在烟煤中所发生的情况一样。第三，您关于纯化结果所做的观察，作者反驳道：在这种纯化过程中，大部分硝石从那些像普通盐的某种盐中发放出来，上升而形成冰柱对于这种盐和任何其他种盐都是共同的，都是依赖于空气的压力以及其他的原因，这些原因我们将在其他地方讨论，因为它们和我们目前讨论的问题没有关系。第四，关于您对于您的第三个实验所作的说明，作者认为，这种情形也同样可以出现在其他盐类中，他认为，当燃烧纸片时，纸片激动盐的坚硬和坚固的微粒，因而同它们一起产生火光闪烁现象。

再者，您认为，在§5中，高贵的作者在责备笛卡尔，他认为，这个责备笛卡尔的人却正是您。他说,他根本未涉及笛卡尔,而是涉及伽桑第③和其他那些假设硝石微粒是圆柱状的人,因为硝石微粒实际上是棱柱状的,并且他除了谈到可见的形式外,并未谈到其他任何的东西。

对于您在 § 13—18 的评注,他仅仅这样答复:他写那些东西首先是为了说明和让人知道化学在证实哲学的机械原理上的作用。他不曾发现这样一些事情像如此清晰地为其他人们传授和讨论过。我们的波义耳是属于这样一类人,这类人对于他们的理性并不持过高的信任,他们并不想现象都应当符合他们的理性。而且他说,在普通实验——在这种实验中我们并不知道自然增添什么,有什么偶然的因素插入了——和那些我们确实知道增添的因素是什么的实验之间存在着巨大的差别。一块木头是比作者研讨的事物更复杂的物体。普通水的煮沸,火是要从外面增添的,而在我们产生声音时,火就不需要。绿色植物为什么会发生各种各样颜色变化的原因,他还需要作进一步研究。但无论如何,其中一部分变化的原因是被这种实验证明了,按照这种实验,颜色是由于硝精的灌注而发生变化。最后,他说,硝石本身既无臭味,又无香味,仅仅在它溶解了以后才获得了一种臭恶的嗅味,当它再凝结起来时,它又会失去这种嗅味。

关于您对 § 25 的评注(他说,他不提及其他的),他的回答是:他利用了伊壁鸠鲁的原理,即运动为微粒所固有的。因为利用某一假设来说明现象总是必要的。但是他自己并不接受这个原理,而是利用它来支持他对化学家和经院哲学家的批评,因为他证明了,根据上述假设,事情能够得到很好的证明。对于您关于纯水无能力溶解不挥发物质的批评，我们的波义耳回答说：化学家在这里和那里观察到的和主张的，就是纯水溶解碱性盐比其他东西更为迅速。

作者还没有时间考察您的关于流动性和凝固性所作的评注。我之所以急于把上面我所指出的意见寄给你，是为了不要太长久地同您停止学术交流和讨论。

但是我要最忠恳地请求您，您要善意地对待我所寄给您的这些极为紊乱而不连贯的答复，您应把这一切看作是我的仓促了事，而不是由于卓越的波义耳的思想所致。因为我归纳的这些意见与其说是来自他的确切的有条理的回答，不如说是得自我同他关于这些问题友善的谈话，因此，这是无疑的，他的许多我所遗漏的意见或许比我在这里所叙述的更为稳妥，文辞更为优美。所以，一切责难都应归之于我，而和作者是完全无关的。

现在回到我们自己的事情上来吧，首先我请问一下，您的那部关于研讨事物的起源，它们对第一原因的依赖以及我们知性的改进的重要论著是否完成了？的确，最亲爱的阁下，我相信，再没有其他作品的出版会像这部著作那样受到真才实学和渊博智慧的人们的欢迎和满意了。因为在这里，人们所看到的是您的思想和天才，而不是我们当代时髦的神学家的喝彩，因为这些神学家更多的是寻求他们自身的利益，而不是真理。因此凭借我们友谊的纽带，凭借推广和传播真理的一切权利，我恳求您，绝不要吝惜和拒绝您对于这个问题的答复，如果比我所预料的还有更为重要的理由阻碍您出版这部著作，那么我最真挚地恳求您写信告诉我这个大概，您将会从我对这件事的效劳中发现我是位感恩的朋友。

博学的波义耳的其他著作不久将被付印。作为答谢的礼品，我将把它们寄给您④。另外，我还会告诉您一些能够给予您的关于我们"皇家学会"全部组织情况，它的会员除了我以外，还有廿位会员，我和另一位担任它的秘书。

此际，时间已不许再谈别的了。凡是我的真诚精神所能够达到的一切忠顺，我都允诺给您了，并准备为您履行我所力所能及的效劳，我是衷心的。

卓越的阁下

您的仆人

亨利·奥尔登堡

1663 年 4 月 3 日　伦敦

【注释】

① 此信见《遗著》，原信拉丁文，现已阙失。

② 笛卡尔火的理论，参见笛卡尔《哲学原理》第四章 § 80—119。按照笛卡尔的观点，物理宇宙是由三种物质或元素组成的：(1)迅速运动的第一元素，它们形成太阳、星辰和地球内核；(2)透明的第二元素，它们形成天空，并充满整个宇宙空间；(3)浓厚的第三元素，它们形成地球的外壳。地球上的物体的微粒都假定有火的形式，这种形式是第一元素的运动的结果。由于第二元素包围物体的微粒，总倾向于熄灭火，所以第一元素的运动一定要保持相当大的速度去驱散第二元素。对于具体的物体来说，为了保证它具有火，本身就必须有某种力从它的气孔中驱赶第二元素，以便让第一元素进入。

③ 伽桑第(P. Gassendi, 1592—1655)，法国著名的唯物论哲学家，主要哲学著作有《对笛卡尔〈沉思〉的诘难》(1641)、《形而上学研究》(1644)等。不过他的唯物论是不彻底的，他试图把神学理论同伊壁鸠鲁的机械原子学说结合起来，波义耳这里责备他的，可能就是这一点。

④ 这里是指波义耳的《关于实验自然哲学用途的考察》和《关于颜色的

实验和思考》(*Experiments and Considerations Touching Colours*)两部著作,1663 年拉丁文英文对照本出版,1664 年又分别出了拉丁文和英文单行本。

第 12 封　斯宾诺莎致博学而精练的哲学和医学博士路德维希·梅耶尔阁下[①]

(论无限的本性)

卓绝的朋友:

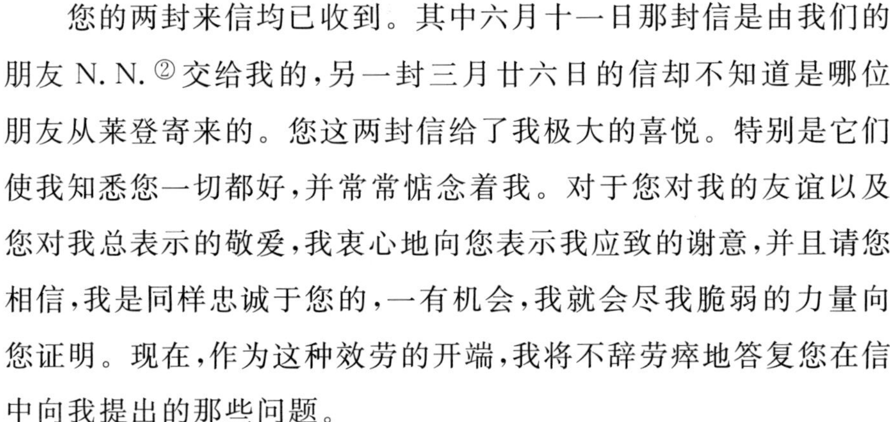

您的两封来信均已收到。其中六月十一日那封信是由我们的朋友 N. N.[②]交给我的,另一封三月廿六日的信却不知道是哪位朋友从莱登寄来的。您这两封信给了我极大的喜悦。特别是它们使我知悉您一切都好,并常常惦念着我。对于您对我的友谊以及您对我总表示的敬爱,我衷心地向您表示我应致的谢意,并且请您相信,我是同样忠诚于您的,一有机会,我就会尽我脆弱的力量向您证明。现在,作为这种效劳的开端,我将不辞劳瘁地答复您在信中向我提出的那些问题。

您请求我告诉您,关于**无限**的思想所达到的结论,我将极其高兴地这样做。

无限的问题在所有人看来,常常是一个极其困惑的问题,甚至似乎是一个无法解决的问题,其原因是人们没有区分:一种是根据其本性或由于其界说而必然是无限的东西和一种并非由于其本性只是由于其原因而没有任何限制的东西;其次是他们没有区分:一种是因为没有任何限制而称作无限的东西和一种虽然我们知道其最大量和最小量，然而我们却无法用任何数字来比较和说明其部分的东西；最后是他们没有区分：一种我们只能理解却不能想象的东西和一种我们既能理解也能想象的东西。我认为，如果他们注意到这种种区别，那么他们就不会为重重困难所压倒。因为那时他们将会清晰地理解到一种无限是不能分成部分的，或者它根本就没有部分，而相反的一种无限则〔有部分〕（注 1）而且这并没有矛盾；他们也将会理解到，一种无限能够被设想为比另一种无限大些，并没有矛盾。而另一种无限则是不能作如此设想。这由我刚才所说的是很清楚推知的。

但是，为了更易于理解这一点，我必须简短地解释一下这四个概念：实体、样态、永恒和绵延。关于实体，我要提请注意的是，首先，存在属于它的本质，也就是说，其存在仅从其本质和界说而来，如果我的记忆并未欺骗我的话，这一点我是早已通过口述，而不借其他命题的帮助向您证明了的；其次，这是第一点的推论，即实体绝不是杂多的存在，而仅仅是同一种本性的唯一存在；第三，也即最后一点，实体绝不能被设想为同无限有别的任何其他东西。实体的状态，我称之为样态，就它的界说不同于实体本身的界说而言，样态的界说自身并不能包含任何存在。因此虽然它们存在着，我们也可以设想它们不存在。由此可以推出：当我们只考虑样态的本质，而不考虑整个自然的秩序，我们就绝不能从它们现在的存在推论出它们以后将要存在或不存在，过去曾经存在或不存在。所以这是很明显的，我们把实体的存在设想为跟样态的存在完全不同的东西。进而的问题是永恒和绵延的区别，我们用绵延概念仅能说明样态的存在，而实体的存在只能用永恒概念来说明，也就是说，用存在的无限分享或（用拙劣的拉丁文来说）在（essendi）的无限分享来说明。

上述一切可清楚推知：通常当我们只考虑样态的本质而不考虑自然的秩序时，我们就能任意地规定样态的存在和样态的绵延，我们能够任意设想它们大一些或小一样，能够任意把它们分成部分，我们这样做，丝毫也不会有害于我们关于样态所具有的概念；但对于永恒和实体，因为它们只能被设想为无限的，所以我们就不能这样做了，否则我们就会同时破坏了我们关于它们所具有的概念。因此，所有那些断言广延实体是由各个实际上不同的部分或物体所组成的人，不是在说疯话，就是在说蠢话。因为这正如有人企图凭借单纯地增加或累积许多圆去组成一个正方形、三角形或某种其他本质上完全不同的东西一样。因此，那些哲学家们企图用来一般证明广延实体的有限性的诸多论证也就自身崩溃瓦解了，因为所有这类论证都假定，有形实体是由部分所组成的，同样，其他自以为线是由点组成的人也能够找到许多证据，证明线并不是无限分割的。

但是，如果您问，人们为什么老是喜爱去分割广延实体呢？那么我的回答是，因为我们是从两种方式来思考数量，一种是抽象地或表面地思考数量，这就是说我们凭靠感官的帮助在想象中来设想数量，另一种是把数量仅当作单独通过理智而出现的实体。因此，如果我们从想象方面来思考数量（这是常常容易发生的），那么数量就会被认为是可分的、有限的，由部分组成的和杂多的。但是如果我们从理智方面来思考数量，如果我们按照事物本来面目来理解它（当然，这是极其困难的），那么，像我刚才所充分证明给您的那样(如果我没有记错的话),数量就会被认为是无限的、不可分的和唯一的。③

再者,因为我们能够随意地规定绵延和数量,也就是当我们设想数量与实体脱离,当我们把绵延同其赖以从永恒事物而来的样态分开,这样就产生了时间和量度。用时间这样来规定绵延,用量度这样来规定数量,以致我们就可以非常容易地想象它们。而且,由于我们把实体的状态同实体自身分开把它们加以分类,以致我们可以非常容易想象它们,因而就产生了数,我们用数来规定这些状态。由此我们就可以明显看到,量度、时间和数只是思想的样式,或者更正确地说,只是想象的样式。因此,难怪所有那些试图用这类概念,并且是错误地加以理解的概念去理解自然过程的人,是那样稀奇古怪地把自己困缠起来,以致除非把一切都加以砸碎,或者乞灵于最荒诞不经的荒谬,他们最终是无法解脱自己的。因为有许多事物,我们是不能用想象去理解它们的,而只能用理智加以把握,譬如实体、永恒等等,如果我们用这类只是想象辅助工具的概念去理解它们,那么,我们除了用想象力徒劳地说一些毫无意义的梦话外,别无其他成效。而且如果我们把实体的样态同这类思想物和想象辅助工具混在一起,那么我们也就不会正确理解实体的样态本身。因为,如果我们这样做,我们就把它们同实体分离开来了,把它们同它们由以从永恒而来的样态分离开来了,而没有实体和样态,它们是根本不能正确地被理解的。④

为了使您更能清楚地认识这点,今举下面一例:如果有人抽象地设想绵延,把它同时间连在一起,并开始把它加以分割,那么他就永不会理解,譬如一小时是怎样过去的,因为一小时为了要过

去，首先必须让它的一半先过去，然后是余下的一半过去，再余下的一半的一半过去，如果您总是这样余下的一半的一半的无限推下去，那么您就永远不能达到这一个小时的终点。因此那许多不习惯区分思想存在物和真实存在物的人曾经大胆主张，绵延是由瞬时组成，这正是为了躲避查列狄斯大漩涡而去冲撞了岩礁妖魔斯雪娜⑤。因为绵延是由瞬间所组成，就如同说数目是由零的叠加所得到的一样。

由上述可以清楚推知：数、量度或时间，只要它们是想象的辅助工具，它们就不能是无限的（因为否则数就会不是数，量度就会不是量度，时间就会不是时间），所以我们清楚看到，许多人由于他们把这三者同事物本身混为一谈，由于他们对事物的真实本性的无知，他们就否认了真实的无限。但是这种结论是如何的可悲，这让数学家们去判断。数学家们绝不会让诸如此类的论证去骚乱他们所清楚而且明晰理解的事物，他们不仅发现许多事物是不能用任何数来说明的（这就充分显示了数在说明一切事物时是无能为力的），而且他们也发现许多事物是不能用任何数来比较的，而是超越一切可能的数

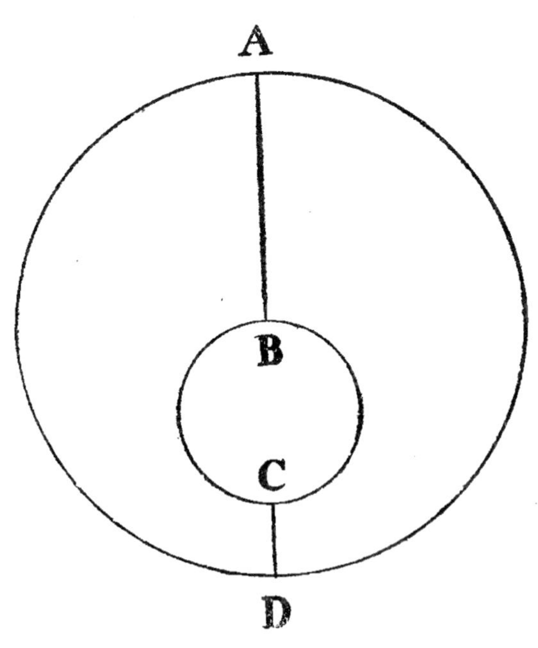

的。但是他们并不因此就认为这些事物是因为它们组成部分的众多才超越一切数，而是认为，这些事物之所以超越一切数，只是因为事物的本性如果承认数，就不能不有明显的矛盾，例如在两个圆之间的ABCD空间的一切不相等性，以及一个在其中运动的物体必定要经受的一切变化是超越一切数的，我们得出这个结论，并不是因为两圆交际空间有庞大的面积，因为无论我们采取一个多么小的部分，这小部分的不相等性也将会超越一切数的。我们这个结论也不是因为（像在其他事情上那样）我们不知道大量和小量，因为在我们这个例子里，我们是知道大量AB，小量CD的，所以我们之所以得出这个结论，只是因为不同圆心的两个圆之间的交际空间的本性是不允许这样的，因此如果有人想用某个确定的数来规定所有这些不相等性，那么，他就必须首先坚持圆不应该是圆。⑥

同样地，为了回到我们的论题，如果某人试图去规定物质迄今所出现的一切运动，即把运动和它们的绵延归到一个确定的时间和数上去，那么他所试图的不是别的，只是使我们仅能设想为存在着的有形实体丧失了其状态，并且作出这个实体并不应具有它所有的性质这样的结论来。我本能够清楚地证明这点以及在这封信中所接触到的其他许多问题，但是我认为这样做是多余的。

由上述一切可以清楚看到：有些事物按其本性是无限的，根本不能设想它们为有限的；但是有些事物之所以是无限的，仅仅由于它们所依赖的原因，所以当我们抽象地去考察它们时，它们就能分成部分，并且被认为是有限的；最后，有些事物能够称为无限的，或者您宁愿说，是无定限的，乃是因为我们不能用任何数来比较它们，虽然它们能够被设想为大一些或小一些。因为我们不能说，所有那些不能用数来表示的事物必然是相等的，正如上面所引用的以及其他许多例子所充分清楚表明的。

至此，我已经向您简短地说明了关于无限问题所引起的错误和混乱的原因，如果我没有记错的话，我已经向您全部解释了它们，因而，关于无限就不再存在任何其他需要我在这里谈及的问题，或者不能根据以上所说很容易解决的问题了。因此我不想再耗费时间，使您过久地纠缠在这类问题上了。

但是在这里，我想顺便指出，至少我认为，新近的逍遥学派⑦的人们已经误解了古人关于神存在的证明。因为正如我在某位叫做卡斯达拉比⑧的犹太人的著作中所发现的那样，关于神存在的证明他所说的完全不同。他是这样来证明的：如果存在着一个无限的原因系列，那么凡存在的事物都将是有其原因的，而那个由于自己本性而必然存在的事物却不是任何有原因的事物，因而在自然中，不存在任何存在必然属于其本质的事物，但这是悖理的，因此，存在必然属于其本质的事物一定存在。所以神存在的证明并不在于认为无限不可能实际存在，或无限的原因系列是不可能的这种想法，而仅仅在于我们不可能假定那种按其本性必然不存在的事物，其存在是不能为某种按其本性必然存在的事物所决定，即不能为本身只是原因而不是结果的东西所决定。

现在时间催逼着我，我很想谈谈您的第二封信，但是您既然已决定造访鄙舍，到那时对于这封信的内容，我将会更容易回答。因此我请求您，如果可以的话，尽可能早一些来，因为我的迁居时间已经临近了。

这就是所要谈的。祝您幸福,请您惦记着我,等等。

斯宾诺莎

1663 年 4 月 20 日　莱茵斯堡

【注释】

① 此信见《遗著》。据说原信(很可能是草稿或抄本),1860 年曾在阿姆斯特丹的市场上拍卖过,被一个名叫 Durand 的巴黎书商购买,但现在已无法考证。莱布尼兹还有一个手抄本,现保存在汉诺威原皇家图书馆。收信人梅耶尔(Ludwig Meyer, 1630—1681)是阿姆斯特丹的医生,斯宾诺莎哲学小组重要成员,路德教徒,接近于新教中最激进的教派——浸礼派。1666 年匿名发表了《哲学是圣经的解释者》这本书同斯宾诺莎的《神学政治论》、霍布斯的《利维坦》一起在 1674 年为荷兰政府查禁。斯宾诺莎死后,梅耶尔参加了出版斯宾诺莎《遗著》的工作。信上对梅耶尔的头衔只简单冠以"P. M. Q. D. "四个缩写字,即拉丁文 Philosophiae Medicinaeque Doctor(哲学和医学博士)。

② N. N. 可能是巴林(P. Balling),此人曾于 1663 年初访问过斯宾诺莎,去时可能带给斯宾诺莎几封阿姆斯特丹朋友的信,正如他回来时从斯宾诺莎那里带回几封给阿姆斯特丹的朋友的信一样(参看第 8 封信)。

③ 这里关于量的两种理解,即抽象的表面的量和作为实体的量,请参阅《伦理学》第一部分命题十五附释。斯宾诺莎整个论证在于说明想象和理智两种认知方式,有形的实体在想象看来是可分的、有限的、有生有灭的,而在理智看来则是不可分的、无限的、无生无灭的,我们应当学会用理智的方式来观看世界,因为这种方式不是按照人的感觉而是按照自然本来面目来理解自然。

④ 关于永恒、绵延、时间,请参阅斯宾诺莎《笛卡尔哲学原理》一书附录《形而上学思想》第一篇第四章。在那里斯宾诺莎写道:"永恒性是一种属性,我们把这种属性理解为神的无限存在。反之,绵延也是一种属性,我们把这种属性理解为被创造事物保留在它们自身现实性中的存在。由此可以明白

推知:事物的绵延和整个存在之间的区别仅在于思想上不同,因为抽出事物的绵延也就必然抽出它的存在。为了确定事物的绵延,我们拿它同具有稳定的和确定的运动的那些事物的绵延作比较。这种比较就叫做时间。因此时间并不是事物的状态,而只是思想的样式,或者像我们所说过的,是一种思想存在物。时间是一种用来说明绵延的思想样式”(《笛卡尔哲学原理》中译本第 145 页)。

⑤ 斯雪娜(Scylla)是荷马史诗《奥德赛》里的六头十二脚女妖,据说是指意大利墨西拿(Messina)海峡的岩礁,其对面有查列狄斯(Charybdis)大漩涡。西方一般用来比喻前有岩礁妖魔,后有漩涡,形容处境进退两难。斯宾诺莎用此比喻来说明那些不习惯区分思想存在物和真实存在物的人,当看到把绵延如此分割会造成极大荒谬,就索性武断说绵延是由瞬间所组成,殊不知此武断更为荒谬也。

⑥ 此处关于无限的论述,请参阅黑格尔《哲学史讲演录》第三部近代哲学斯宾诺莎一节。黑格尔在那里说:“斯宾诺莎把想象的无限者与思维的无限者(即理智的无限者,现实的无限者)分开。大多数人只达到了前者,当人们说‘如此以至无穷’时,这就是恶劣的无限性,例如被人们看得很崇高的星辰之间的空间的无限性就是如此,时间方面的无限性也是一样,数学上的无穷系列,即数的系列,也是这种恶劣的无限。这种无限性是一种常见的无限性,当人们说到无限性时,心目中就是指这种无限性,这种无限性尽管可以被人们看得很崇高,却不是现实的东西,它总是往否定的方面跑,并不是 actu。哲学上的无限性,即现实的无限者,是对自身的肯定,斯宾诺莎把理智的无限者称为绝对的肯定,完全正确!”(黑格尔《哲学史讲演录》第四卷,商务印书馆,1978 年版,第 107 页)按黑格尔的看法,斯宾诺莎在这里说明两个不同圆心的圆,虽然其交际空间各处都是不相等的,我们无法用任何数字表示它们,然而这个空间本身却是现实存在的,正如一条有穷的线是由无穷多的点所组成,可是它却是现实存在的、确定的,这是一种可以达到的真实的现实的无限。黑格尔关于恶劣的无限和真实的无限的论述,得到了恩格斯的肯定,恩格斯说“黑格尔已经完全正确地看到了这一点”。(《反杜林论》见《马克思恩格斯选集》第 3 卷,第 91 页)

⑦ 逍遥学派(peripatetic school),又名散步学派,相传亚里士多德与其

弟子在林荫道上边散步边讲学，所以逍遥学派就成了亚里士多德学派的名称。在中世纪，这个学派为经院哲学家所篡改和歪曲，成了经院哲学的附庸，斯宾诺莎在这里说的逍遥学派就是指中世纪经院哲学家所歪曲过的这个学派。

⑧　卡斯达拉比就是卡斯达·克雷斯卡(Chasdai Crescas，1340—1410)，著名的犹太神学家。他在其《基督之光》这部希伯来文写的著作中反对了亚里士多德学派关于上帝存在的证明。亚里士多德学派这一证明曾经被中世纪最著名的犹太神学家麦蒙尼德(Maimonides)在其《迷途指津》一书中所采用，麦蒙尼德把这个证明建立在这样一个原则上，即不可能从结果到其原因进行无限递推，因而推出第一原因的存在。克雷斯卡反对这种所谓无限递推不可能性原则，他提出了另一种他认为更有力的证明，他的证明的根据是：我们不可能设想世界没有某个无条件的根据，某个无原因的或自因的原因支持它而会是有条件的或有待的。虽然克雷斯卡自己的主要兴趣是为宗教作辩护，而不是为纯粹的哲学，他反对亚里士多德学派的根本目的是维护天启是宗教问题的唯一解决办法(在这一点上他大大不如麦蒙尼德，因为麦蒙尼德试图把宗教建立在理性之上)，但这并不妨碍斯宾诺莎从他那里吸收从有条件或相对到无条件或绝对的这种非常重要的论证方法，这种方法，正如我们在《伦理学》中所看到的，正是斯宾诺莎哲学的核心。当然在别的方面，斯宾诺莎与克雷斯卡的观点是很不同的。

第 13 封　斯宾诺莎致高贵而博学的亨利·奥尔登堡阁下[①]

(答复第 11 封信)

高贵的阁下：

盼望已久的信终于收到了。现在我有时间来答复了。但是在我答复您之前，我要简略地告诉您，是什么原因促使我没有立即给您回信。

当我在四月份把家搬到这里以后，我就动身到阿姆斯特丹去了，因为在那里有一些朋友请我给他们一部关于依几何学方式证明的笛卡尔哲学原理第二篇和阐述某些重要形而上学问题的著作的抄本，这部著作是我在不久前向一个青年人②讲授哲学时，由于不愿向他公开讲解自己的观点所撰写成的。他们又进而请求我，一有机会就把哲学原理第一篇同样也用几何学证明方式写出来，为了不辜负我的朋友们的愿望，我立即开始了这项工作，两个星期就把这个任务完成了，并交给了他们。最后他们又恳求我允许他们把它出版。当然我同意了他们的这一要求，不过我提出了一个条件，要他们当中哪一位朋友趁我在的时候，为我这本著作的文字作一番润饰工夫，并且加上一篇短序，向读者声明：我并不承认这本著作中所阐发的观点都是我自己的，因为在这部著作中我所写的许多东西正与我自己的看法相反〔原注〕，而且他应当用一两个例子来证明这一点。所有这些，为一位负责出版此书的朋友允诺去做了③。正因为这个缘故，我在阿姆斯特丹耽搁了一些时候。

自从我返回到我现在定居的这个村庄后，因为朋友的造访，我几乎没有闲暇，但现在，最亲爱的朋友，我终于能有一些时间告诉您所发生的这一切了，同时也能够把我为什么让这部著作问世的理由告诉您。由于这个机会，我或许会发现那样一些在我们国家占据显赫地位的大人物，他们将会愿意去阅读我所写的和我承认

〔原注〕在我寄出的信中，我忘了声明这一点，也忘了用别的字母（即斜体字）来写出这一点。

是我自己的其他著作，并且他们会承担义务，使我能够出版这些著作而不必惧怕任何攻击的危险④。如果事情正是这样，那么我将会毫不犹豫地立即付印，否则我宁可沉默，而不愿强加于人，违逆国人意愿，遭人敌视。因此，高贵的朋友，请您耐心地等待一下，到那时您将会收到或者是已出版的著作的抄本，或者就是您请求我写的关于它的纲要。如果您想要现正付印的著作的一两本抄本的话，我将会满足您的愿望，只要我知道这种要求以及找到能够方便把它们带给您的传递人。

现在回到您的来信，对于您和高贵的波义耳阁下所明显表露出来的对我的仁慈和情谊，我是感激万分。因为您的繁重而操劳的事务并未使您遗忘了您的朋友，甚至您还仁慈地保证，您要充分注意，今后不再让我们的通信如此长久地中断。我也万分感激学识非凡的波义耳阁下对于我的评注的答复，即使这种答复是匆促的、顺便说的。因为我认为我的评注并没有这样重要，会使博学的波义耳阁下把他本应当奉献于更深奥问题探讨的时间耗费在答复我的评注上。的确，我并未曾奢想，也更没有相信这位博学的波义耳阁下在其关于硝石的论文中除了仅仅指出实体的形式、性质等等这些幼稚可笑而烦琐的学说是建筑在一种脆弱的根据上之外，就没有其他更多的目的。但是，既然我相信，这位极其高贵的波义耳阁下企图说明硝石的本性，即硝石是由不挥发的和挥发的成分所组成的异质物质，那么我想在我自己的说明中指出（我认为我的推测是有充分根据的）：即使我们不把硝石看成一种异质物质，而是看成一种同质物质，所有那些有关硝石的现象，至少就我所知的，我们也是能够非常容易加以说明的。因此，我的任务并不在于

证明不挥发的盐真是硝石渣滓,而仅仅在于我们必须作这样的假定,才能够使我明白这位极高贵的波义耳阁下之所以能够向我证明这种盐不是硝石渣滓,而是组成硝石本质的绝对必要的成分,没有它,硝石就不能被设想。因为,正如已经说过的,我相信这位极高贵的波义耳阁下是想指明这一点的。

无论如何,当我说不挥发的盐具有气孔,其大小相当于硝石微粒的大小,我并不是想用这个假定来说明硝石的还原,因为从我所说的可以清楚看出,硝石的还原只在于硝精的凝结,任何矿渣,由于它们的气孔小到不能容纳硝石微粒,它们的壁层不结实,也都能够抵抗硝石微粒的运动,因此,根据我的假设,它们就能够使硝石本身还原。所以当其他种盐类如酒石酸盐和钾盐同样也能被用来使硝石还原,就不会使我们惊异了。但是当我说不挥发的硝石盐具有气孔,其大小相当于硝石微粒的大小,那么我只是想用来说明不挥发的硝石盐之所以如此恰当地只需损失很少一点原来的重量就能使硝石还原的原因。而且我甚至相信,从我们也能用其他盐类来使硝石还原这个事实,我也可以阐明硝石盐并不是硝石本质的必要组成部分,如果这位极高贵的波义耳阁下并不曾经说,没有任何更普通的盐类(即除硝石外)能包含在酒石和钾碱之中的话。当我进一步说,硝石微粒在较大的气孔中为更纤细的物质所围绕,那么我这种说法,正如高贵的波义耳阁下所指出的,是从真空不存在的原理推导出来的,但是我不理解,他为什么要把真空不存在这点认为是假设,因为这个命题是由虚无绝不能具有任何性质这个事实清楚推导出来的。这位极高贵的波义耳阁下会对这一点怀疑,真使我感到惊异,因为这样他就似乎在主张,不存在有真实的

偶性，但是我请问，如果存在有离开了实体的大小，难道就不存在有真实的偶性吗？⑤

关于硝精和硝石本身在味觉方面差别的原因，我之所以要提出这个问题是因为要指明，我是如何仅从我所假定的这两者的差别而不涉及不挥发的盐就能够很容易地说明它的现象。

关于硝石的易燃性和硝精的 ἀφλογία〔不易燃性〕我所作的评注，只在于假定：为了使任何一种物体产生火，就需要一种物质，这种物质能够分离那个物体的分子，并能使它们产生运动，这个条件，我想，日常经验和理性已充分教导我们了。

谈谈实验。我之所以援引实验，并不是为了绝对地证实我的解释，而只是像我已经明确说明过的，利用它们在某种程度上去证实我的解释。在我所引用的第一个实验上，高贵的波义耳阁下仅仅注意到我自己所曾经明确说明过的东西，但是对于其他问题，例如我企图解决的，而也是我和波义耳阁下所共同关心的那些疑难问题，他却不置一词。关于第二个实验，他则说，由于纯化，硝石绝大部分已经从像普通盐的某种盐中分离出来，他仅仅是说说而已，并没有给予任何证明。因为正如上面我所充分表明的，我之所以援引实验，并不是为了用它们来绝对地证实我的主张，而仅仅是用来在某种程度上证实我所断言和阐明的是合乎理性的。至于他说气体上升形成冰柱是硝石同样也是其他盐类的常见现象，我也看不出这对于问题的解决有何裨益。因为我认为，即使其他盐类也都含有渣滓，当它们被清除后，盐自身就挥发了。关于第三个实验，他并没有说出任何有影响于我的东西。在第五节里，我相信，这位高贵的作者像在别处一样，凭借人们公认的而且并不有损于

双方尊严的哲学研究自由谴责了笛卡尔。至于其他的人，只要他们读过高贵的波义耳阁下的著作和笛卡尔《原理》，我相信他们的判断是会同我一样的，除非他们被公开地警告过。然而我还看不到，这位高贵的波义耳阁下清楚地说明他的意见，因为他并没有说明（他只是讲到可见的形式），当硝石的可见冰柱被摩擦，直到他们变成平行六面体或其他形体时，硝石是否始终不变。

但是，暂且把这些问题搁置一边，回到高贵的波义耳阁下在13—18节里所作的说明上来吧。我非常同意硝石的还原对于研究硝石本身的性质确实是一个极好的实验。当然这是要有前提的，即我们在实验前已经懂得了哲学的力学原理，并且知道物体的所有变化均按力学规律进行的。但是我否认，这个结论从上述实验中得出要比其他许多种不能从中得出这个结论的普通实验显得更清楚和更明白。当这位尊敬的波义耳阁下说，他的这些观点在其他人那里并没有如此清楚地被说明和讨论过，那么他或许有某些我尚未明了的反驳费罗拉姆和笛卡尔的论据，凭借这些论据，他认为他就能驳斥他们了。在这里我不去指出这些论据，因为我不认为尊敬的波义耳阁下自己会不知道它们的，可是无论如何我要指出一点，即这俩人太渴望现象应当同他们的理性一致了，然而只要他们在某些事情上遭到欺骗，他们就会明白过来的，我相信，人的一切东西，他们都会有。

他进一步说，在两类实验中存在着很大的差别，即一类是我所引用的普通的可疑的实验，这类实验我们不知道自然赋予了它们什么，什么其他的因素在起作用；而另一类实验，我们则十分确切地知道其作用因素是什么。但是我并不能发现，这位尊敬的波义

耳阁下已经向我说明了在这类实验中起作用的事物的本性，如我们所讨论的硝石盐和硝精的本性。虽然这两者在我们看来就如同我所引为例证的物质即普通石灰和水（这两者结合就产生热）一样的清楚。关于木头，我承认这是一种比硝石更复杂的物体。但是，只要我不知道木头或硝石的本性，以及热是怎样从这两种物质中产生出来的，那么我请问，这对于我们的问题又有什么关系呢？我也不知道这位高贵的波义耳阁下究竟根据什么敢于断言，在上面我们说的事情中，他知道自然赋予了东西。我请问，他如何能够向我们证明，热并不是从某些完全纤细的物质中产生呢？或许，这是由于原有的重量失去太少之故？但是如果没有失去什么，那么我就不会认为这是由它推导出来的结论。因为我们知道少量物质很容易使一些东西产生一定颜色，而在感觉上却察觉不出这个东西是重了还是轻了。因此我有权力去怀疑，那些任何感觉都不能觉察到的事物是否也许可以不被表现出来，尤其是当我们不知道这位高贵的波义耳阁下在实验中观察到的所有那些变化是如何从上述物质中产生出来的时候。的确，我相信，热和高贵的波义耳阁下讲到的沸腾是从某种外来的物质中产生。于是我想，较之从我们完全不知道其作用因素的本性，以及热虽然观察到了但却不能知道热是如何产生，从什么原因中产生出来的实验，我们更容易地从水的沸腾（我暂且不说它的运动）中得出这个结论：空气的振动正是产生声音的原因。最后，还有许多那样的事物，它们本来是没有任何嗅味的，但一当我们搅动和热化它们的分子时，它们就会马上发散出一种嗅味，并且一当它们再度冷却下来，嗅味立即消失（至少对于我们的感官是如此），例如琥珀和其他那些我还不知道它们

是否比硝石更为复杂的物质。

我对 § 24 的评注证明了硝精并非一种纯精，而是硝石盐和某种其他东西的一种混合物，因此我怀疑高贵的波义耳阁下是否真是充分谨慎地用天平观察过他所滴进的硝精的重量约等于爆炸时而失去的重量。

最后，纯水虽然看上去是能够更迅速地溶解碱性盐，然而它本身既然足一种比空气更为单纯的物质，因此它就不能像空气那样包含如此多种的微粒（这些微粒能够很容易地渗进每种盐的气孔中），因为水主要是由同一种微粒组成的，它能溶解盐达一定程度，而空气却不然，从而得出这样的结论，在那种程度上说，水溶解盐就大大地快于空气。反之，如果空气是由较粗的和各种各样的较纤细的，以及所有那些能够渗进气孔中去的微粒（这些气孔对于水的微粒是太窄了）所组成，那么空气即使不能像水那样迅速地（因为水不是由如此多种的微粒所组成）溶解硝石盐，然而它的溶解却能更好更为精细，并且使硝石盐带有更多的惰性，因而更能抵抗硝精微粒的运动。因为根据实验，除了硝石微粒处于静止状态，而硝精微粒彼此却在做极迅速的运动之外，到现在我还不能够认识硝精和硝石之间尚存在着任何其他的区别，所以我认为硝精和硝石的区别大概就如同冰和水的区别一样。

但是，我不敢让您过久地耽搁在这个问题上，我怕我已经讲得太冗长了，虽然我已尝试尽可能简短一些。如果我已经使您感到厌倦，那么我恳求您草草看一下就行了。同时望您善意地领会您的朋友坦率而自信的言辞，因为我认为在答复你的信时而对这些观点保持着绝对的沉默，这是一种不明智的行为。反之，如果我向您赞扬推崇我所并不满意的观点，这也是一种谄媚的举动，因为再没有什么东西比这更会损害和危及友谊了。因此我决意以最坦率的方式向您表白我的看法，我认为，再没有别的任何东西会比这更受到哲学家的欢迎了。但是如果您认为把这些思想付之一炬，较之交付给博学的波义耳阁下更是一种明智的行为，那么请您随意处置，唯一请您相信我对您和高贵的波义耳阁下所怀抱的最大的忠诚和挚爱。我很遗憾，没有能力把这一点用文字表白出来。但是，等等。

斯宾诺莎

1663 年 7 月 17/27 日　伏尔堡

【注释】

① 此信见《遗著》，原信是拉丁文，现已阙失。这封信是斯宾诺莎在 1663 年 4 月从莱茵斯堡迁至伏尔堡之后写的。伏尔堡离开海牙很近只有两里路(但是交通并不方便)，斯宾诺莎这次迁居的原因，据一些研究家的意见，可能是想同当时在荷兰执政的德·韦特以及其他人取得更多的联系，这样能在他们的保护之下出版他的著作而不受到迫害。

② 这个青年人即卡则阿留斯，见前面第 8 封信。

③ 斯宾诺莎这里所讲的著作就是《笛卡尔哲学原理(附形而上学思想)》一书，该书拉丁文版于 1663 年在阿姆斯特丹问世，一年后荷兰文译本出版。这是斯宾诺莎生平唯一用自己真名出版的著作，但正如信中所说的，在这部著作中，斯宾诺莎所阐述的，不是他自己的思想，而是他并不完全同意的笛卡尔观点。为此书作序的朋友是梅耶尔，梅耶尔在序里关于此书出版的经过作了这样的叙述："当我听说我们的作者为了向自己的一个学生讲解笛卡尔哲学，用几何学的证明形式对他讲述了笛卡尔《哲学原理》整个第二篇和第三篇的一些原理，以及笛卡尔还没有解决的某些最重要最困难的形而上学问

题，并且在朋友们坚决请求下同意把讲述的东西亲自修订增补，拿去付印的时候，我是非常高兴的。因此我便同他合作，只要是出版这本书所必需的，我都乐于给以帮助。我又请作者用同样的方式叙述笛卡尔《哲学原理》的第一篇，俾使用这种方式表述出来的全部完整的学说，一开始便能得到更好的理解和更多的赞同。作者知道这一切理由都是有根据的，不愿意拒绝朋友的请求和读者的期待，并委托我照管印刷出版事宜，因为他住在乡下，远离城市，所以不能督视此次出版。……但是，首先我想请读者注意，在下面所有的叙述中，即在《哲学原理》第一篇、第二篇和第三篇的残文中，同样也在其《形而上学思想》中，作者所讲述的乃是笛卡尔本人的观点，这些观点的论证就像在笛卡尔著作中所叙述的那样，换言之，这些观点是从笛卡尔所奠定的基本原则中必然得出来的。既然他答应对自己的学生讲授笛卡尔哲学，那么一步也不应离开笛卡尔的观点，不讲述同笛卡尔学说不相符甚至相反的见解，对他来说乃是一个良心问题。因此不要认为他这里所讲的就是他本人的观点，或者只是笛卡尔学说中他所赞同的那些观点。虽然他承认笛卡尔这些观点中有些是真的，有些则如他公开宣布的，是和他正相反对的。这里有许多原理被作者当作错误的思想予以否定，他对这些原理有着完全不同的看法。”(《笛卡尔哲学原理》中译本第 38—40 页)。

④　这里所谓在我们国家占据显赫地位的大人物是指德·韦特兄弟及其同僚，自 1650 年起，德·韦特党取代奥伦治党在荷兰当政。斯宾诺莎此时似乎已认识到他的自由思想与德·韦特的民主主张是一致的，以后事实也证明，斯宾诺莎实际上成了德·韦特的政治代言人，《神学政治论》一书就是在德·韦特的鼓励和支持下撰写和出版的。

⑤　“真实的偶性”(accidentia realia)，经院哲学术语。“偶性”在经院哲学家那里表示任何一种性质，有些偶性是能够离开实体而独立存在的，有些是不能够离开实体而独立存在的，“真实的偶性”就是指那些能够离开实体而独立存在的性质，如颜色、嗅味等这些刺激感官的性质。但斯宾诺莎和笛卡尔一样，不承认这种所谓真实的偶性，在他看来，凡是实在的东西，或者是自我存在的，如实体、属性，或者是依赖他物的，如偶性，样态等。

第 14 封　亨利·奥尔登堡致尊贵的斯宾诺莎阁下[①]

高贵的阁下，尊敬的朋友：

我们再次通信，使我极为高兴。您能料知，我收到您的 7 月 17/27 日的来信是感到何等的欣慰，尤其是因为下面这两点理由：这封信既把您的健康告诉了我，另外也使我更加确信您对我的友谊的恒久性。此外，您还告诉了我，您已把用几何学方式证明的笛卡尔哲学原理第一部分和第二部分拿去付印了，而且会极其慷慨地赠送给我一两本抄本。我极愿领受这份礼物，并且我请求您，如果您愿意，将这部出版的论著让住在阿姆斯特丹的塞拉列乌斯[②]阁下转交给我，我已经委托他去收取这类小包裹，并让他托付一位立即渡海的朋友带给我。

如果您还愿意让我说及一些其他的，那么有一桩事确实使我感到焦急，即您至今还在压住那些您承认是您自己的著作，不让它们出版，尤其是在这样一个自由的共和国内，人们能够想他们所愿的，能够说他们所想的。我希望您打消这种顾虑，您不是可以匿名出版吗，这样您就可以摆脱一切危险的可能了。

高贵的波义耳阁下已旅行去了，一当他回到城里，我就会把您那学识非凡的信中有关他的部分转达给他，并且把他对于您的看法的意见，只要我得着，我就写信告诉您。我想您可能已经看到了他的《怀疑的化学家》一书了，这是用拉丁文写的，已出版一些时候了,在国外得到广泛的传播③。它收集了许多化学-物理学中的荒唐论点,并且对炼金术士的所谓实质基素(Hypostatical Principles)——像他们所称呼的——作了一番透彻的考察④。

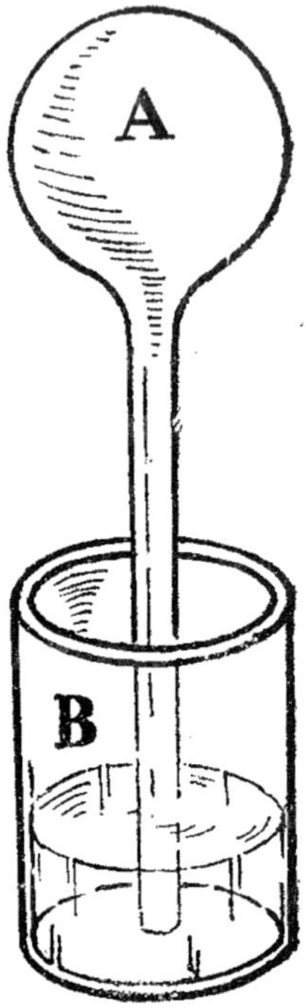

新近,他又出版了一部其他小册子⑤,这本书可能还没有运到你们书商那里,因此我把它随信一块带给您,请您友善地接纳这份小礼品。您将会看到,这本小册子是为了辩护空气弹性学说而反对一位名叫法兰西斯·李鲁斯的人,这个人想方设法用一种狡猾的回避一切理智和常识的方式来解释波义耳阁下在《新物理学——力学实验》中所提到的现象。请您通读全书,作一般考察,并把您对它的意见告诉我。

我们的"皇家学会"正在辛勤而热诚地追求它的目标,把它自身限制在实验和观察的范围之内,以避免一切意见纷纭的争论。

最近我们正在进行一次精湛的实验,这个实验把那些相信真空的人逼入窘境,而使主张实空的人感到万分高兴。它是这样进行的:管形玻璃瓶 A 注满了水,倒置在盛有水的玻璃杯 B 中,并置于波义耳阁下的新抽气机(即空气唧筒)容器内。现在抽出容器的空气,我们就看到大量气泡由水中上升,进入 A 瓶中,并把 A 瓶中的水压到 B 杯中,处于 B 杯中的水面之下,让这两个器皿这样搁置一两天,经过屡次的抽气,使空气从容器中抽出去了,然后我们再把这两个器皿从容器中取出,让 A 瓶再灌满水,使空气排斥出去，倒置在 B 杯中，再将它们置于容器内，又经过必需的几次抽气，容器内的空气又抽出去了，也许我们会看到有些小气泡从 A 瓶瓶颈那里上升，在瓶顶出现，由于继续抽气，它们扩张开来，又把瓶中的水全部压出去了，正如前面情形一样。这样我们再把瓶从容器内取出，又灌满水，使空气排斥出去，又像以前一样把它倒置起来，置于容器内，让容器内的空气完全抽出去，这样，当容器完全没有空气了，水将会保持在瓶中，不再下降。在这个实验里，据波义耳看来，那个在托里拆利实验中假定为支持水的原因（也就是那压在 B 杯水上的空气）似乎是完全被排出了，然而瓶中的水并不下降。我本打算在这里多补充一些，但我的朋友们和事务阻止了我，所以我只能谈到这里结束。如果您想赠送我一些您已经出版了的东西，那么请照下列地址寄出您的信和包裹。等等。

不再次催逼您让那些您曾经思考过的东西公之于世，我是不能结束这封信的。我将永无休止地劝告您，直到您满足了我的要求。并且如果您愿意让我知道它们内容的某些章节，那我将会多么敬爱您，我将会认为自己与您的联系多么紧密啊！再见，祝您健康，请继续保持对我的爱。

您的最忠实的最亲爱的

亨利·奥尔登堡

1663 年 7 月 31 日　伦敦

【注释】

① 此信见《遗著》，原信是拉丁文，现已阙失。《遗著》荷兰文版本的写

信日期是 8 月 10 日。

② 塞拉列乌斯(Peter Sarrarius)是比利时人,当时住在阿姆斯特丹,经常去英国,故奥尔登堡托他传递信件和包裹。塞拉列乌斯笃信宗教,相信所谓基督再临和至福一千年说教,在 1677 年曾就梅耶尔的《哲学是圣经的解释者》一书出版一本《答辩》小册子。

③ 波义耳的《怀疑的化学家》(*Chymista Scepticus*)出版于 1662 年。

④ 炼金术士指当时一些拥护帕拉塞尔梭(Paracelsus,1490—1541)观点的人。我们知道,在帕氏以前的欧洲,关于物质结构的观点是四元素说,即一切物质都是由土、气、火和水四种元素组成,最早提出这一学说的是古希腊哲学家恩培多克勒(公元前 490—前 430),后由于亚里士多德的著作,这一学说得到广泛传播,以至后来那些主张四元素说的人也被称之为亚里士多德派或逍遥学派。帕拉塞尔梭反对这种观点,他另外提出一种所谓三基素说,即盐、硫和汞组成万物,他们把这三种基素称之为 hypostatical principles(即实质基素)。波义耳当然也反对这样一种观点,他认为,无论是四元素说,还是三基素说,部是没有实验根据的推测。

⑤ 这本小册子即《辩护空气弹性和重力学说,反对法兰西斯·李普斯》(*Defensio doctrinae de elatere et gravitate aeris, adversus Franc. Lini objectiones*),1663 年出版。斯宾诺莎图书里有这本书的抄本。

第 15 封 斯宾诺莎向 L. 梅耶尔阁下致以真挚的敬礼①

最亲爱的朋友:

您托我们的友人德·福里转交给我的序言,②我已托他送回。正如您将会看到的,我在页边只作了一些注释,但是我认为有一些话用信来告诉您,将更为适当。

首先,您在第 4 页上告诉读者,我是在怎样情况下撰成第一部分,我想请您在那里或者您认为合适的其他地方再补充一点：我是在两个星期之内把这部分写出来的。这样经预先一说明，人们就不会认为这篇著作已陈述得如此清楚，不再需要更清晰地加以说明了，他们也将不会为著作中或许会发现的一两处晦涩的文字而踌躇不前。

其次，我想请您告诉人们，我之所以用了一种有别于笛卡尔的证明方式来证明许多事物，并不是为了修正笛卡尔，而仅仅是为了更多地保留我自己的秩序，不要把公理的数目增加得过多，正因为这个缘故，我证明了许多笛卡尔尚未证明仅只断言的东西，而且我还不得不补充一些笛卡尔所忽略的其他东西。

最后，最亲爱的朋友，我诚恳地请求您，把您在末尾写来反对那个〔微不足道的〕人的话省略掉，或者完全删去。虽然有许多理由使我作这样的请求，但我只想谈一点。我希望所有人都能够极其容易地确信，这本书的问世是为了所有人的利益。在出版这本小册子时，您唯一的动机是为传播真理，您正在尽力所做的一切，都是为了使这本小册子得到所有人们的欢迎，用一种仁慈而友善的方式劝导人们去从事于真正的哲学研究，追求普遍的善③。当他们看到在这本书内，任何人都未受到伤害，任何对人即使是最轻微的攻击也都被去掉，那他们每个人将会很容易确信这一点的。即使在以后，那个人或别的人表现了他的怀有恶意的思想，那么您也能够刻画他的生活和性格而不会受到人们的非难，因此，我请求您忍耐一下，接受我的劝告，相信我是您的最忠实的朋友。

B. de 斯宾诺莎

1663年8月3日　伏尔堡

友人德·福里本已允诺携带这封信，但是他不知道他何时能回到您那里，所以我只好另托人送给您了。

同时我附带把从第 75 页开始的第二部分命题 27 的附释交给您，这样您可以让出版者将它重新付印。

这里我递交的东西必须重新刊印，第 14 或 15 规则一定要补充，这是很容易加进去的。

【注释】

① 此信在《遗著》里未见，它是后来被 Victor Cousin 发现的，并发表在他的《哲学残篇》第三卷中。1880 年波洛克（F. Pollock）在其《斯宾诺莎的一生及其哲学》一书第 448 页上发表了此信的英文译文。

② 指梅耶尔为斯宾诺莎的《笛卡尔哲学原理》一书所写的序言。

③ 斯宾诺莎在这里要梅耶尔删掉对那个人的攻击一语，现在已无法考察了，那个人究竟是谁，也不得而知。从现存的梅耶尔所写的序言来看，最后一段话似乎是完全按照斯宾诺莎这里的意思重新补写的："最后，我们想提醒读者注意，我们不应当忽略，把这一切研究心得发表出来，只是为了发现和传播真理，以及鼓励人们去研究真正的和笃实的哲学。"

第 16 封　亨利·奥尔登堡致尊贵的斯宾诺莎阁下[①]

卓绝的阁下，尊敬的朋友：

我从普通邮局寄给您的一封信，已有三、四天了，在那封信里，我提到了应当赠送给您的一本波义耳阁下所写的小册子，当时我还未想到立刻会找到一位朋友把书带给您。可是出乎我的意料之外，这样一位朋友却来了，因此现在您就可以收到当时还不能送给您的东西，同时也可以收到波义耳阁下的最真诚的问候，他现在已从乡间回到城里。他请您阅读一下他为他的那本关于硝石实验著作所写的序言，这样您就会理解了他在这本书中为自己所制定的真正的目的了，也就是说，他想指明新的更为坚实的哲学原理是由清晰的实验来阐明的，而且这些〔实验〕可以不借经院学派的形式、性质等等烦琐概念，而得到更好的说明。但无论如何，他自己绝不想去讲授什么硝石的本性，或者去反驳人们关于物质的同质性或物体仅由于运动和形状等等才引起的差异所能够说的东西。他说，他的意图只在于指出物体的各种不同的结构产生了它们之间各种不同的差异，从这些差异才产生极其不同的结果，因此只要最初的元素尚未分析出来，那么为哲学家们和其他人所推断的某种异质性就会是正确的。我不应当想，在这基本方面您和波义耳阁下之间会存在着意见的分歧。

但是，当您说，任何矿渣由于它的气孔太窄而不能容纳硝石微粒，它的壁层又柔软不结实，所以能够抵抗硝石微粒的运动，因而还原了硝石，而波义耳阁下却回答说，即使硝精是和其他种类的矿渣混合在一起，它也不能同它们结合起来形成真正的硝石。

关于您用来反驳真空存在的论据，波义耳说，他知道，在以前也看到过，但绝不表赞同，他说，他将会有机会在其他地方来讨论这个问题。

他要我问您，您是否能供给他一个例子，说明两个不同嗅味的物体，当它们结合在一起时就可以构成一个完全没有任何嗅味的物体（即硝石）。他说，这些是硝石的分子，因为硝精是发散一种极难闻的嗅味，而不挥发的硝石则完全没有嗅味。

而且他请您全面地考察一下，您把硝石和硝精比作冰和水是否恰当，因为所有冰都只溶化为水，而无嗅味的冰，当它再溶化为水时，仍旧是没有嗅味的，但是我们将会发现，硝精与其不挥发的盐的性质却是不同的，正如已出版的著作所充分说明的那样。

这些意见以及类似的意见是我从卓越的作者关于这个问题的谈话中收集起来的，但是我相信，由于我的记忆力差，我复述它们与其说为作者增益，毋宁说有损于他。既然在问题的基本方面你们是一致的，所以我将不再进一步讨论它了。但愿我能够使您集中您的天才去辛勤地培植真正的和坚实的哲学，尤其是能让我劝告您，用您的敏锐的数学精神继续不懈地去探究事物的真髓，正如我不断地鼓励我的高贵的朋友波义耳用多次的和精确的实验和观察去证实和阐明它们一样。②

我最亲爱的朋友，您是明白我的宗旨，我所努力追求的目标的。我相信，我们民族的哲学家在这个国家内是不会丢弃他们的实验的任务，同样我也确信，您也会〔在您的乡土上〕不屈不挠的活动，而不管那伙哲学家或神学家们将会发出怎样的狂号和哀叫来。这样做的目的，我已在前几封信中告诫过您了，现在我不得不抑制一下，否则将会使您感到厌倦。我只请求您，尽快地让塞拉列乌斯阁下把已交付出版的东西带给我，不论它是您对笛卡尔的评述，还是从您自己的知性宝库中拿出的东西。这样您会使我更紧密地和您联系在一起，同时您也会发现无论什么时候我都是

您的最忠顺的仆人

亨利・奥尔登堡

第 17 封　斯宾诺莎致巴林

1663 年 8 月 4 日　伦敦

【注释】

① 此信见《遗著》,原信是拉丁文,现已阙失。

② 这里非常有趣的是,奥尔登堡所描述的波义耳和斯宾诺莎两人之间的差别,就如同英国经验论和大陆理性派之间的差别一样,波义耳注重观察和实验,代表英国经验论的要求,斯宾诺莎主张数学思维,代表大陆理性派的倾向。从奥尔登堡这封信看来,当时这两种倾向已比较明显。这封信以及斯宾诺莎其他有关的信件可以为我们研究这两派之间的关系提供历史的资料。

第 17 封　斯宾诺莎致博学而睿智的彼得·巴林阁下①

亲爱的朋友:

您的前封信,如果我没记错的话,是在上月 26 日平安收悉的。它带给我不少的悲哀和忧虑。虽然当我思量到您的高尚品格和坚强意志时,这些哀愁确实会减损一些,因为您的这种品格和意志会使您在这些哀愁以最强有力的武器攻击您的非常时刻知道如何去鄙视命运的逆境,或者宁可说,幻觉的逆境。但是我的忧虑仍然与日俱增,因此凭借我们的友谊,我恳求和坚请您,不要忘了把情况详细写信告诉我。

关于您提及的那个预兆,即当您的孩子还是健康和强壮时,您就听到如同他在病中或死前不久发出的那种呜咽,那么我想,这绝不是真正的呜咽,而只是您的想象。既然您说,当您醒时注意去倾听时,您并没有像再度熟睡之前或之后听到的那样清晰,这就证明,那些呜咽纯粹只是您的想象,想象是自由不羁的,它能够表现一个确定的呜咽,比您在苏醒时把您的听觉指向某一确定位置时更来得强烈和生动。

我上面所说的这些话,我可以用去年冬天在莱茵斯堡我所碰到的一桩事情来证明和解释。[②]一天清晨,苍穹已朝霞初放,当我从熟睡中苏醒过来时,一些在我睡梦中出现的形象浮现在我的眼前,它们是如此之生动,仿佛是真实的事物一样,特别是一个黧黑的和长满疥癣的巴西人的形象,这种巴西人在以前我是从未看到过的。当我为了转移视线,把我的眼睛引向一本书或某种其他的事物时,这个形象大部分就消失了。但是,当我再从这些事物转移视线,对任何事物漫不注视时,这个黑人的形象又再度同样生动地显现出来,直到他逐渐从我的眼前消失为止。我认为发生在我的内在视觉器官上的这种情形同您听觉器官上所发生的情形是一样的。但两者的原因是极其不同的,您的情形是一个预兆,而我的却不是。不过,根据我下面还要告诉您的,您将会清楚地理解这点。

我们想象的结果或者是由身体组织或者是由心灵组织产生的。为了避免过于冗长,我暂且仅由经验来证明这一点。我们看到,热狂病和其他生理的障碍是神经错乱的原因,那些具有多血质的人只能想象争斗、愤怒、格杀诸如此类的东西。同时我们也看到,想象在很大程度上也是为心灵的组织所决定,因为经验告诉我们,在一切事情上面,想象是跟随理智的踪迹的,用一定的秩序把它的形象和语言联结起来,并使它们彼此相互结合,这一点正如知性所证明了的。并且更进一步说,几乎不存在这东西,我们能够理解它，但想象却不能直接从它形成一个形象。既然是这样，所以我认为，所有由生理原因引起的想象结果永远也不能成为未来事件的预兆，因为它们的原因并不包含有未来的事件。反之，那些在心灵组织里有其原因的想象结果或者想象形象却很可以成为某个未来事件的预兆，因为心灵能够模糊地预感到某个未来的事件，所以我们就能够如此确定地和生动地想象它们，仿佛那些真实存在于眼前的事物一样。③

某一位父亲（举一个类似您的情况的例子）爱他的儿子是如此之深，以至他和他所爱的儿子好像是同一个人。既然（根据在别的地方我所曾经证明了的）在思想里必然存在着儿子本质状态的观念，以及伴随这观念而来的东西，既然这位父亲由于同他的儿子结合在一起，所以有一部分就是他的儿子，那么正如我在其他地方所充分证明的，父亲的心灵必然就分有了儿子的观念本质及其状态，以及由此而来的东西。而且，因为父亲的心灵在观念上分有了由儿子的本质而来的东西，那么他（像我曾经说过的）就能够如此生动地想象由儿子本质而引起的事件，有如它们是眼前的事物一样。当然这需要具备下列这些条件：1. 在儿子生活过程中所发生的事件是有意义的；2. 这个事件是我们能够易于想象的；3. 事件所出现的时间不要过于辽远；4. 最后，身体的组织不仅健康强壮，而且也是自由的，摆脱了一切从外界而来的、扰乱感官的忧虑和烦恼。并且还有一点也是重要的，即当我们去思想这些事物时，能唤起同它们相类似的一些观念，例如，如果我们同这个人或那个人交谈时，听到了一种呜咽，那么当我们再想起了这个人时，我们的耳朵曾经感觉到的呜咽又再度会出现在我们的记忆里，仿佛当时我们同他

交谈时一样。

亲爱的朋友，这就是我对于您的问题的看法，当然我说得过于简短了，但是我力求供给您材料，这样，一有机会您就能写信给我。等等。

斯宾诺莎

1664 年 7 月 20 日　伏尔堡

【注释】

① 此信最初是荷兰文写的，但早已阙失。《遗著》所载拉丁文（据出版者说）是斯宾诺莎自己翻译的，因此可以视作原件。《遗著》荷兰文版所载乃是从拉丁文重新迻译的。收信人巴林见第 8 封信。

② 斯宾诺莎是在 1663 年 4 月从莱茵斯堡迁至伏尔堡的，这里说他在去年（即 1663 年）冬天在莱茵斯堡，据一些斯宾诺莎考证家的意见，可能不确，斯宾诺莎在这里可能是说前年（即 1662 年）冬天在莱茵斯堡。究竟斯宾诺莎在 1663 年末或 1664 年初是否去过莱茵斯堡终成悬案。

③ 斯宾诺莎在这里区分了两种想象，一种想象是由身体生理组织引起的，它们不能成为未来事件的预兆；另一种想象是由心灵心理组织引起的，它们能模糊地预感某种未来事件。按照斯宾诺莎这里的看法，后一种想象能跟随理智的踪迹，按照一定的秩序（ex ordine）结合它的形象和语言，这就是他后来在《伦理学》中所说的按理智的次序结合观念，因而这种想象能预感某种未来事件。所以斯宾诺莎在这里所说明的两种想象，我们可以认为是后来他在《伦理学》中所说的“依照人身中情状或情感的次序”而发生的观念的联系和“依照理智次序”而产生的观念的联系（参见《伦理学》第二部分命题十八附释）。

第 18 封　威廉·凡·布林堡致尊贵的斯宾诺莎阁下[①]

阁下、不熟识的朋友：

我已经给予自己这样的荣欣，让自己反复多次和聚精会神地通读您新近出版的著作及其附录[②]。在我看来，把我在其中所发现的极为可靠的确实性以及从中所获得的愉快，与其告诉您，还不如告诉其他人更为适当些。但是我克制不住自己要向您说，我越是多次仔细地阅读这本书，我就越感到快乐，并且我还继续不断地发现以前读时尚未注意的一些东西。不过，在这封信里，我将不表露太多的对作者的钦佩（否则我就似乎是一个阿谀奉承的人了）：我知道，上帝是按劳论价的。为了不让您过久地惊异这是谁，这个您并不认识的人怎么竟有这样大的自由敢于冒昧地写信给您，我将告诉您，他是怎样的一个人，这个人为追求纯粹真理的赤诚愿望所驱使，力求在这短暂的一生，就人类理智许可的范围去将自己坚固地扎根于知识之中；他是这样的一个人，在他探求真理的过程中，他面前除了真理自身之外，绝无任何其他的目标；他是这样一个人，他研讨科学的目的，并不是为自己获得荣誉和财富，而仅仅是为了纯粹真理，以及伴随真理而来的精神的宁静；他是这样一个人，他认为在一切真理和科学之中，只有形而上学最足以使人获得更大的幸福，即使不是它的所有部门都是这样，至少它的某些部门是这样，并且他发现

他的整个生命的乐趣就在于把他所能享有的闲暇奉献在这种形而上学的研究中。当然，并不是所有的人都是这样的幸运，或者能够像我认为您那样的勤奋，因此并不是每一个人都能达到我在您的著作中所观察到的那种圆满的程度。简言之，如果您是如此仁厚地想识透他的纷乱思想，并为他的思路开启一线光明，那么，他就是您应当很好结识的一个人。

转到您的著作上来吧，正像我在其中发现许多东西使我感到极大的满足一样，我也在其中遇到一些东西，是我尚不能很好玩味理解的。作为一个陌生人向您抱怨这些本已不够尊敬，更何况我还不知道它是否将会使您感到高兴，这就是我为什么要首先把这封信寄给您的理由，并且询问一下，如果在这冬季的夜晚您有时间和兴趣屈尊能答复我在您的著作中所发现的疑难问题的话，那么您是否能让我把它们寄一些给您，当然，这绝不需要您为此而中断您的更为必要和更有兴趣的工作。因为我欲求最强烈的，无非是满心希望实现您书中的那个诺言，即将您的观点全部发展公之于世。如果我能拜访您的话，我就会把我终于用笔写的东西向您口述，但是我却不能够这样，因为首先，我不知道您的住处，其次，传染的疾病拖住了我，最后，我一天天堆积的事务占住了我的全部时间。

但是，为了这封信不至于太空泛，并且想取得您的欢迎，在这里我仅仅提出这样一个问题：在《笛卡尔哲学原理》以及《形而上学思想》里，有许多地方③您为了要说明或者是您自己的观点，或者是您所讲授其哲学的笛卡尔阁下的观点，您就坚持这样一种看法：创造和保存是同一桩事情（对于那些已经把他们的思想导向这一

点的人来说,这自明得可以说是一个基本的概念)。神不仅创造了实体,而且也创造了实体的运动,这就是说,神不仅凭借连续的创造,保持实体在它们的状态中,而且神也保存它们的运动和追求,例如,神凭借了它的直接的意愿或行动(无论人们喜欢怎样称呼它)不仅使灵魂持续存在,保存在它的状态里,而且它也使灵魂以这样一种方式同灵魂的运动发生关联,这就是说,正如神的持续的创造使事物得以持续的存在一样,神也使得事物自身内由于同样的原因产生了自己的运动和追求,因为运动除了以神为因外,绝无任何其他的原因。所以由此推出,神不仅是灵魂实体的原因,而且也是灵魂的每一种运动或追求的原因,而灵魂的这种运动或追求,我们称之为意志,像您在其他地方通常所主张的那样④。从这些话似乎也可以必然推出:或者在灵魂的运动或意志里不存在有恶,或者神本身就是恶的直接原因。因为我们称之为恶的那些事物甚至也是通过灵魂而产生的,因而也就是通过神的这样一种直接的影响和助力而产生的,例如亚当的灵魂要吃禁果这件事,按照上面的说法,亚当的意愿作为神的影响的结果,不仅表现在他意欲,而且正如我们立即要指明的,也表现在他如此意欲,所以,那个禁止亚当的行为或者本身就不是恶,就神不仅激起他的意欲而且也就神是在那种方式下激起他的意欲而言;或者就是神自己似乎做了我们称之为恶的事情。我认为,这种困难并不是您或笛卡尔阁下凭借断言恶不是真实的东西,神并不参与恶所能解决的⑤。因为如果这样,吃的意志或者恶魔的傲慢的意志从何而来呢? 因为,既然(像您正确指出的)意志并不是某种不同于灵魂自身的东西,而是灵魂的这种或那种运动或追求,所以神的助力对于这种或那种

运动都是同样必须的，但是现在，像我从您著作中理解的，神的助力无非只是神的意志在这种或那种方式下对事物的决定，因而可以推出，神赞助，也就是说，神决定恶的意志，就神是恶的而言，正如神赞助或决定善的意志，就它是善的而言一样。因为神的意志既然就实体和追求这两方面说，乃是一切存在事物的绝对的原因，所以它也似乎就是恶的意志的第一原因，就它是恶的而言。而且，照那种说法，我们或者认为自身没有任何神所永远不知道的恶的意志的决定，或者我们就把一种不圆满性归之于神。但是除了通过神的命令外，神又如何知道这种决定呢？因此神的命令就是我们决定的原因，由此似乎再可推出，或者恶的意志并非恶，或者就是神是那个恶的直接原因。在这里应用神学家们关于行为和依附行为的恶所作的区别是无益的，因为神不仅命令行动，而且也命令行动的方式，也就是说，神不仅单纯命令亚当应当吃，而且也命令亚当应当必然地违逆禁令去吃，所以，很显然，或者是亚当抗拒禁令的吃不是恶，或者就是神自身就是这种恶的原因。

尊敬的阁下，这就是我目前在您的著作中所不理解的东西，因为这两种对立的观点是难以同时接受的。我将期待从您那敏锐的判断力和勤奋那里得到一个令人完全满意的回答。并且我希望将来能向您证明，为了您的回答，我将会如何为您效劳。尊敬的阁下，请坚信，我这种请求并无其他目的，唯一就在于对真理的渴望。我没有任何私利，因为我是一个自由而经济独立的人，我以正当的经商为业，余暇的时间我就奉献在这类事情上，我忠顺地恳求您，不要无视我的困惑，如果您有闲暇，情给我一个答复，这是我的最殷切的期望，来信请寄威廉·凡·布林堡，等等。

我的阁下，此际我将是而且永远是

您的最忠顺的仆人

威廉·凡·布林堡

1664 年 12 月 12 日　都德莱希特

【注释】

① 原信是荷兰文，见《遗著》荷兰文版本。通信人威廉·凡·布林堡(William Van Blyenbergh，？—1696)是都德莱希特粮食商人，一个狂热的宗教信徒。他虔诚地信仰神学，把哲学视为神学的侍从，这可以从他在 1663 年出版的一本小册子的冗长的名称上看出：《为反对无神论者观点而捍卫神学和宗教。本书以自然而清晰的论据证明：上帝培植和启示宗教，上帝希望人们采取宗教方式崇拜，基督教不仅与上帝启示的宗教相一致，而且也与上帝在我们心中所培植的宗教相一致》。1674 年他出版了一本反对斯宾诺莎《神学政治论》的书，书名是《对一本名为神学政治论的渎神著作的反驳》，1682 年他又出版了一本反对《伦理学》的小册子。可见，他完全是一个与斯宾诺莎相敌对的人。虽然在这封信里他吹嘘自己是"为追求纯粹真理的赤诚愿望所驱使"，实际上，正如后来的信中所表明的，其用意完全是卑鄙的，想搜寻斯宾诺莎反对神学和宗教的言论。不幸的是，斯宾诺莎当时不知道他那本 1663 年出版的书，对他险恶的用心不了解，加之布林堡这头一封信表面上又伪装得这样虔诚，以至花费不少时间和他通信，到后来终于明白这是一个和自己站在完全不同立场、遵循完全不同原则的人，深感到这样的通信不能再继续下去。

② 指 1663 年出版的《笛卡尔哲学原理》及其附录《形而上学思想》。

③ 这大概指《笛卡尔哲学原理》第 1 篇命题 12；《形而上学思想》第 2 篇第 7、10 和 11 章这几处地方。

④ 见《形而上学思想》第 1 篇第 3 章；第 2 篇第 11 章。

⑤ 见《形而上学思想》第 2 篇第 7、11 章。

第19封　斯宾诺莎致博学而睿智的威廉·凡·布林堡阁下[①]

（复 前 信）

阁下，受欢迎的朋友：

您的12月12日来信因附于12月21日另一封信中，所以在同月26日我才收到，当时，我在雪丹姆。从中我看到了您对真理的伟大的挚爱，以及真理是您的一切追求的唯一目标。这使得我这个和您抱着同样目的的人决意，不仅要完全同意您的请求，即我应当按照我的理解去回答您现在向我提出的或者将来要向我提出的问题，而且我自己也应当去做一切能增进我们的紧密相识和真诚友谊的事情。因为除了同赤诚酷爱真理的人缔结友谊的荣耀之外，再没有任何在我的能力之外的事情会受到我更多的敬重。因为我相信，在世界上除了这样的人外，没有任何在我们能力之外的事物是我们所能宁静热爱的。我们不可能解除相互这样缔结的爱，因为它是建立在彼此对真理知识的热爱的基础之上的，这就和我们不可能一旦掌握了真理，却又拒绝拥抱真理一样。同时，真理是我们在自己能力范围之外所能发现的最伟大和最幸福的东西。因为唯有真理才能融合不同的观点和陶冶不同的情趣。为了不至于使您过久地耽搁在您自己无疑是知道的事情上，我暂且不谈伴随真理而来的极大的裨益。上面我所说的只是为了更好地向您表明，真理现在对于我，以及将来对于我是如何的幸福，如果我有机

会向您证明我已准备下的效劳的话。

为了抓紧目前的时机，我现回答您的问题，问题是集中在这一点上，即根据同神的意志并无区别的神意(Providence)，以及根据神的助力和神对事物的持续创造，似乎可以清楚推出，或者不存在罪和恶，或者神就是罪和恶的原因。但是您并没有说明您所谓恶究竟指什么。就我从亚当的被决定的意志的例子中所看到的，您似乎把恶理解为意志本身，就意志被设想为是这样被决定的，或者是这样同神的禁令相违逆的东西而言。因此，您说，(如果真是这样，我也应当承认的)凡断言这样两种主张——神自身创造了同它的意志相违逆的事物，或者虽然这些事物是同神的意志相违逆，但却是善的——的任何一种，就显得荒谬绝伦了。但是对于我来说，我是不能承认罪和恶是某种肯定的东西，同样也不能承认任何事物能违背神的意志而存在或发生，正相反，我不仅认为，罪不是某种肯定的东西，而且我甚至认为我们只有不恰当地和用人的语言才能说，我们对神犯罪，正如我们说人使神愤怒一样。

因为首先我非常知道，凡存在的事物仅就其自身考察而不同任何其他事物相关而言，都包含了圆满性，而每一事物中的这种圆满性与该事物自身的本质是同样多的，因为它们确实没有什么不同。我也以亚当要吃禁果的决意或被决定的意志为例，这种决意或被决定的意志就其自身考察而言，包含了它表现本质那同样多的圆满性。这一点，我们可以这样来理解，我们不能在事物中设想不圆满性，除非我们考察了具有更多本质的其他事物。因此，当我们只就亚当决意本身考察，而不将它同其他有更多圆满性的或显示了更多圆满状态的事物加以比较时，我们就将不能够在亚当的决意中发现任何不圆满性。的确，我们也可以将它同无数的其他事物加以比较，而这些事物和它比较起来是更多的不圆满，如石头、树木等等。事实上每个人都能承认这一点，因为每个人都可以看到，有些事物如果我们立足于动物立场上去看是赞美和喜爱的，但如果我们用人的眼光去看，则对它感到憎恨和厌恶，如蜜蜂之争斗、鸽子之忌妒等等，这些事物在我们用人的眼光看来是憎恶的，然而当我们立足于动物立场去考察，它们就显得较多的圆满。因此，我们就能由此清楚推出：既然罪孽无非只是指不圆满性，所以罪孽就不能存在于任何表现本质的事物之中，正如不存在于亚当的决意或此决意的实行中一样。

而且，我们也不能说亚当的意志和神的意志是敌对的，或说亚当的意志由于触犯了神所以是恶的，因为这样就证明了神具有极大的不圆满性，某些事物可以违背神的意志而产生，神可以欲求某种它所不能获得的东西，它的本性像它的创造物那样的被决定，使它对某些事物表以同情，而对另一些事物投以憎恨，而且这种说法也完全和神的意志的本性背道而驰的。因为神的意志既然并不是某种和神的理智不同的东西，所以任何事物违背神的意志就如同违背神的理智一样是不可能的，这就是说，任何违背神的意志的事物按本性将必定是同神的理智相违逆，正如方的圆一样。因而，既然亚当的意志或决意就其自身而言不是恶的，或确切地说，不是违背神的意志的，那么可以推知，神能够是，或者按照您所提出的论据，必定是亚当意志的原因，这确实并不在于亚当的意志是恶的这点，亚当意志之所以是恶，无非只是缺乏一种更圆满的状态，这是由于他的那个行动而失去的。真的，这种缺乏并不是某种肯定的东西，但我们只是就人的理智才用这个名词，而不是就神的理智而言。这可以这样来解释，因为我们是根据同一个界说表现同一种类的一切个体，例如表现一切具有人的外在形式的个体，所以我们认为，所有这些个体都能够具有从这个界说中我们可以推出的最高圆满性。现在如果我们发现了一个人，他的行为是和这种圆满性不相容的，那么我们就认为他已丧失了这种圆满性，他背叛了他的本性。但如果我们并没有把他归在这个界说内，没有把这样一种本性归属于他，那么我们就不会这样认为。但是，既然神既不抽象地设想事物，也不做这样一般的界说，而且除了神的理智和神的力量分给和实际授予事物的本质外，没有更多的本质属于事物，那么我们可以明白推出，我们只能就人的理智而言才说这种缺乏，而不是就神的理智而言。

因此我想，问题是完全解答了。但为了进行顺利，扫清障碍起见，我还必须回答下列两个问题：第一，为什么圣经记载说，神要不虔敬的人们去忏悔，当神已经命令了要发生相反的结果，他又为什么禁止亚当去吃树上的果子呢；第二，由我们上面所说的，似乎可以推出不敬神的人是在用他们的傲慢、贪婪、自暴自弃等等服役于神，正如敬神的人用他们的宽仁、容忍、慈爱等等侍奉于神一样，因为不敬神的人也是在实现神的意志。

为了回答第一个问题，我说，因为圣经的对象主要是普通人，所以它不断地用人的方式来说话，因为人是不能够理解高超的事物的。因此我相信，神向先知们启示的所有那些为拯救所必需的事物是用律法的形式写下的，所以先知们杜撰了一个完整的寓言，他们首先因为神启示了拯救和毁灭的手段（神是它们的原因）把神描绘为如同一位国王和立法者，继而又把这些无非只是原因的手段称作为律法，并用律法的形式把它们书写下来。拯救和毁灭本只是这些手段必然而来的结果，而先知们却把这些拯救和毁灭描述为奖赏和惩罚，所有他们的语言是适合于这个寓言，而不是适合于真理。到处，他们把神描绘为如同一个人一样，时而愤怒，时而慈祥，时而欲求未来，时而又充满忌妒和疑虑，甚至为魔鬼所欺骗，所以，哲学家们，以及所有那些凌驾于律法之上的人们，也就是那些遵循德性的人们——他们遵循德性并不是由于德性是律法，而是由于他们认为美德是最高善的东西而对德性的挚爱，——所有这些人们是绝不需要用这些字句来困扰自己的。

因此，对亚当的禁令唯一就在于这里，即神向亚当启示了去吃树上的果子就会死，正如神通过我们的自然的理智向我们启示了毒药会致人于死命的一样。但如果您问，神向亚当启示这个是为什么目的，那么我回答说，这是为了使亚当的知识更圆满。因此去问神为什么不给予亚当一个更圆满的意志，就如同去问它为什么不把所有方形的性质赋予圆一样的背理。这从上面所说的是非常明白的，同时在《几何学方式证明笛卡尔哲学原理》第一部分命题十五的附释里，我也已经证明了这点。

关于第二个问题，的确，不敬神的人是按照他们的尺度来表现神的意志的，但是他们并不因此就能够同敬神的人相媲美。因为任何事物具有的圆满性愈多，它所分享的神性就愈多，它所表现神的圆满性也就愈多，因此既然敬神的人比起不敬神的人具有不可胜数的圆满性，所以他们的德行就无法和不敬神的人的德行比拟，因为不敬神的人缺乏对神的爱，这种爱是从神的知识中源源而来的。因此按照我们人的理智，唯有我们才能称作为神的仆人。的确，不敬神的人由于不认识神，所以只是作为主人手中的工具在不自觉地服役着，并在服役中毁灭，反之，敬神的人是自觉地服役着，并通过他们的服役变得更加圆满。

阁下，这就是为了回答您的问题我现在所能说明的一切，我想这可能是最能使您满意的答复了。但如果您仍发现有所疑难的话，请告诉我，这样我可以知道我是否能解除它。至于您那方面，请不要有任何顾虑，只要您还有什么不满意的地方，可以把理由告诉我，这是我最欢迎的，因为真理最终会认清的。的确，我本想能用一种我所熟识的语言来写，以便把我的思想表露得更清晰②。现在只能请您多加宽容，并予以指正。我是

您的忠顺的朋友和仆人

斯宾诺莎

1665 年 1 月 5 日　长果园

在这果园，我还将逗留三、四个星期，然后我打算返回伏尔堡。我想，在我离开此地之前，我会收到您的回信。如果您的事务不允许的话，那么请寄到伏尔堡，地址教堂巷。

画家但尼尔·铁德曼先生寓。

【注释】

① 原信是荷兰文，现已阙失。《遗著》所载拉丁文乃是斯宾诺莎自己的译文。

② 据英译者 Wolf 意见，斯宾诺莎所说的熟识语言是指西班牙语。奇怪的是，难道荷兰文不是斯宾诺莎熟悉的语言吗？

第20封　威廉·凡·布林堡致尊贵的斯宾诺莎阁下①
（复前信）

阁下、尊敬的朋友：

当我第一次收到您的信，草率地阅读时，我不仅想立刻作答，而且还认为有许多观点不能接受。但当我读的遍数愈多，我发现里面要反对的东西却愈少。正如我想读它的渴望愈强烈，由读它而来的愉快也就愈大。

但是，在我继而恳求您为我解决某些更为疑难的问题之前，有必要让您知道我致力于哲学思考经常所依据的两个基本原则。一个是要为我的理智所清楚而且明晰的理解，另一个是天启的圣经或神的旨意。按照前一个原则，我努力做一个热爱真理的人，但是按照两个原则，我就力求成为一个基督教徒哲学家。经过长久思考以后，不管什么时候，只要我的自然知识与圣经发生矛盾，或是不能很好与之取得一致，我总认为圣经却有更高的权威，使我宁可怀疑我认为是清楚的概念，而绝不信赖它们，反而认为我在那本书里所发现的那个真理对于我来说是失效的。而且，既然我要坚定不移地相信圣经是神的语言，也就是相信圣经是最高的最圆满的神所创造的，神拥有比我所能把握的更多的圆满性，神或许想申明它自身和它的功行具有比我今天用我的有限的理智所能把握的更多的圆满性，那么这一点就更不足为奇了。我说“今天所能把握”，是因为我可能由于自己的行为丧失较多的圆满性。所以，或许当我有了那种由于我自己的行为而丧失的圆满性，我将会理解凡是用圣经陈述和教导我们的一切也会同我的心灵中最坚固的概念相吻合。但是，既然我现在疑心我自身由于我的连续的错误而丧失了我的较好状态，既然像您在［您的《原理》一书中］第一部分命题十五所主张那样，我们的知识即使是最清晰的仍包含有不圆满性，那么，即使没有其他的理由，我也宁可回到圣经。这只是因为圣经是从最圆满的存在而来，因此必为我所承认（关于这一点，现在我认为是理所当然的，由于这里不是证明它的地方，另外也太冗长，所以不谈了）。现在，如果我抛开第二个原则（好像我并没有第二个原则，或第二个原则并不存在），仅在我的第一个原则指导下来评判您的信，那么我就不得不承认许多东西，像我曾经说过的那样，而且我还应当赞美您的一些透彻明了的思想。但是，我的第二个原则却迫使我离开您很远。不过，在这封信的有限范围内，我还要按照上述两个原则，分别对这些思想作一较为广泛的考察。

首先，按照上述第一个原则，我要问：按照您的主张，既然创造和保存是同一桩事情，神不仅使事物，而且还使事物的运动和样态持续存在于自身状态中，也就是赞助它们，那么岂不是可以推出，不存在恶，或神自身是恶的原因吗？按照这个原则，我可以回答说：没有任何东西能违背神的意志而产生，因为否则神就包含了不圆满性，或者神产生的事物（在这些事物中似乎也包括了我们称之为恶的东西）也必定是恶的。但是既然这里也包含了矛盾，而且我自己无论怎么回避也不能摆脱这个矛盾，所以我就求助于您，因为您是您自己思想的最好解释者。在您的答复中，您说，您坚持您的第一个假定，也就是，没有任何东西违背或者能够违背神的意志而产生，但是，当要回答神是否制造恶这个问题时，您却说罪孽不是某种肯定的东西，而且我们除非很不恰当的说话，否则绝不能说我们对神犯罪。在附录第一篇第六章里，您说，绝对的恶是没有的，这是自明之理，因为凡是存在的事物，如果光就其自身而言，而不涉及其他事物，将包含了与该事物自身的本质一样多的圆满性，因此可以清楚推出，那些无非只是表示不圆满性的罪孽并不能存在于表现本质的任何事物中。如果罪孽、邪恶、错误或者人们愿意给它的无论什么名称，无非只是一种较圆满状态的丧失或缺乏，那么，就一定可以推出，存在并不是一种恶，或一种不圆满性，但是恶却能出现在某种存在着的事物中。因为凡是圆满的东西不能由于一种同样圆满的行为而丧失较圆满的状态，它只是由于我们不能最好地发挥给予我们的力量从而使我们转到某种不圆满的事物时才发生。您似乎把这个不叫做恶，而仅仅叫做较少的善。因为事物就其自身而言，包含圆满性。其次，像您说的，除了神的理智和力量分给和实际授予事物的本质之外，没有更多的本质属于事物，因此，除了它们已经得到的本质外，它们就不能在它们的行动中表现出更多的实在性。因为如果我不能够增多或减少我已经得到的本质，那么我们就不可能想到缺乏较圆满的状态。因为如果没有任何东西能违背神的意志而发生，如果出现的仅仅同本质一样多，那么怎么能设想存在有您称之为缺乏较好状态的那种恶呢？任何一个人如何能够由于这样一种性质的和依赖的行为而失去较圆满的状态呢？因此我认为，您不能不主张下面二者之一，或者存在有某种恶的东西，或者如果不存在恶，也就不能有较好状态的缺乏。

因为对于我来说，不存在有恶和缺乏较好的状态是矛盾的。

但是，您会说，由于缺乏较圆满的状态，我们堕入较少的善，而不是陷于绝对的恶中。可是（附录第一篇第三章）您曾经教导我说，人们不应当在字面上争吵。因此我现在不争辩它可以叫做绝对的恶还是不可以这样叫，但这种由好的状态向坏的状态的堕落是否是我们称之为（可能也是正确地）较恶的状态或本身就是恶的状态，我却要争辩。假如您要说，这种恶的状态仍包含了许多善，那么我请问，一个人如果由于他的轻率的行为致使他缺乏较圆满的状态，因而现在比他过去较少圆满，这个人是否不能称之为恶呢？

既然对于这个问题，您已感到似乎有所困难，我们暂且避开上述这些论证，因为您说，恶确实是存在的，恶确实存在于亚当身上，但这不是某种肯定的东西，我们之所以称它为恶仅是就我们的理智而言，而不是就神的理智而言。就我们的理智来说，它是缺乏（但仅就我们自己丧失了那种属于我们本性并为我们所控制的最大的自由而言），但对神来说，它就是否定。但是现在让我们在这里考察一下，您称之为恶的那种东西，如果仅就我们来说才是恶的，是否本身就不是恶。其次，恶，就您所认为是恶的那种东西而言，是否对神来说，它就一定只能称之为否定。

在某种程度上说，我似乎已经回答了上面第一个问题，即使我承认我的存在比他人存在较少圆满，我也不能肯定我有任何的恶，因为我不能向我的造物主要求一个较好的状态，它只是使我在程度上有所不同，然而我不得不承认，如果我现在比我过去更少圆满，并且由于我自己的过失而造成我的不圆满性，那么我们必定要承认我自己是很坏的。我的意思是：如果我把我自己认作是在陷入不圆满性之前的我，将我自己同其他比我有更大圆满性的人加以比较，那么这种较少的圆满性就不是恶，而是一种低级的善。但是，如果我把在我从较圆满状态堕落之后、由于我自己的轻率而丧失这种较圆满状态的现在的我同我从我的创造者的手中得来的并且是较圆满的我以前的本性加以比较，那么我必定要把我自己认为是比以前坏。因为这不是造物主，而是我自己使自己堕落到这个地步，因为我有禁止自己犯错误的能力，像您也承认的那样。

关于第二点，也就是恶是否像您所断言那样在于缺乏一种较好的状态（这种状态是由于亚当以及我们所有人的肆无忌惮的行为而丧失的），这种恶对神来说是否只是否定。但为了透彻地考察这一点，我们必须看一下在人陷入错误之前您是怎样看待人的，是如何使人依赖于神的，以及在人陷入这种错误之后，您又是如何看待这同一个人的。在人陷入这种错误之前，您把人描述为这样一种人，除了神的理智和力量分给和实际授予他的圆满性之外，没有更多圆满性归属于他，也就是说（除非我误解您的意思）那个人能够表现出同神给予他的本质不多不少的圆满性，这就使人如同元素、石头、草木等等东西一样依赖于神。但如果这是您的意见，那么我就不能理解在《原理》第一篇命题十五的论点：因为意志是自由地决定其自身，所以我们有力量限制断定的能力在我们理智范围内，因而我们就有力量限制我们的行动而不至陷于错误。但这样一来，岂不是矛盾吗？一方面使意志这样自由以至能使意志自身避免错误，同时另一方面又使意志这样依附于神以至意志不能表现出比神已给予它的本质更多或更少的圆满性。

关于另一点，即在人陷入其错误之后，您是如何看待人这个问题，您说，人是由于一种太轻率的行为，也即由于不限制他的意志在其理智范围内而丧失了他自身的较圆满状态。但是，在我看来，在这里以及在《原理》里，您本应该更充分地指明这种缺乏的两种极端情形，即人在这种缺乏之前他拥有什么，在失去这种圆满状态（如您所称呼的）之后，他又保留了多少。的确，您讲到了我们已经失去的东西，但没有讲到我们已经保留的东西。《原理》第一部分命题十五：因此错误的全部不圆满性只在于缺乏最大的自由，这就叫做错误。既然您说了这两句话，那就让我们来考察它们一下。您不仅主张我们有一些不同的思想样态，其中某些我们称之为意志，另一些称之为理智，而且您还主张这些思想样态之间存在有这样一条律令，要我们在清楚理解事物之前不应当去意欲这些事物，如果我们常常把我们的意志限制在我们理智的范围内，我们将永远不会犯错误。最后，您还主张，我们是有能力把我们的意志限制在我们理智的范围内的。当我认真地考察这个问题时，我认为我们只能在下面这两点作出选择：即或者所有已经主张的这一切纯粹是虚构，或者神在我们身上已铭刻了这条无上律令。但是如果神已经在我们身上铭刻了这条无上律令，那么说神这样做是没有任何目的的，神并不愿望我们应当知道和服从这条律令，这难道恰当吗？因为这无异就肯定了神有矛盾。如果我们非要知道一下铭刻于我们心中的这条律令，那么我们如何能够继续这样依赖于神呢？因为如果没有一个人能表现出比他已得到的本质更多或更少的圆满性，如果这些力量必定是从它们的结果所得知的，那么，那个让他的意志超出他理智范围的人就不能从神得到这样多的力

量，否则他将使用这种力量从而犯错误，以至不能从神得到不犯错误的圆满性，或者他将永远不会犯错误，因为按照您的主张，常常给予他的本质和他运用的圆满性是同样多的。

第二点，如果神已经给了我们这样多的本质，使我们能保持这条律令，正像您所说我们能够保持它的那样，如果我们总是产生和我们具有的本质同样多的圆满性，那么怎么会使我们违背神的律令，怎么会使我们能够违背神的律令，以及怎样才能使我们不限制我们的意志在我们理智的范围内呢？

第三点，如果我是这样的依赖于神，像我上面已经向您指明的那样，即除非神预先给了我这种充分的本质，除非神通过它的意志预先规定了一个或另一个意欲，否则我既不能够控制我的意志在我的理智范围内，又不能控制在我的理智范围外。如果我们更进一步考察，意志的自由如何能完全有益于我呢？这岂不是主张神有矛盾吗，一方面神授予一个律令使我们把我们的意志限制在我们理智的范围内，另一方面神又不给我们这样多的本质或圆满性使我们能实现这一律令？按照您的主张，如果神已给了我们这样多的圆满性，那么我们确实永不会犯错误，因为我们必定要产生和我们有的本质同样多的圆满性，我们必定要常常在我们的工作中显示出这种已给了我们的力量。但是我们的错误却是一个证明，证明我们没有这样一种依赖于神的力量(像您将会主张的)。所以两者必居其一，或者是我们并不如此依赖于神，或者我们自身并没有不犯错误的力量。但是按照您的主张，我们是有使我们自己不犯错误的力量的，因此我们就不能如此地依赖于神。

由此我认为现在很清楚了，恶，或者丧失较好状态的东西，对

神来说就不可能是否定。因为所谓缺乏或丧失较圆满状态究竟指什么意思呢？它难道不是一种从较大的圆满性向较小的圆满性的过渡，因而是从较大的本质向较小的本质的过渡吗？它难道不是神安置在某种程度的圆满性和本质中的存在吗？它难道不是指我们没有神的圆满知识就不能达到另一种状态，除非神已决意和要求这样做吗？这种创造物，即为那个全知全能和圆满的神所创造的创造物，神本期望它达到这样一种本质状态，难道为了保存它在这种存在状态，神要不断地协助它，就是这样一种创造物没有神的知识，难道能在本质上衰退，圆满性上减少吗？在我看来，这是背理不堪的。一方面讲亚当丧失较圆满状态，因而不能执行神给予他心灵的律令，另一方面又讲神不知道这种丧失和这种不圆满性，不知道亚当丧失圆满性的程度和大小，这难道不荒谬吗？一方面神应当构造一个存在物，这个存在物是这样被动，以至它能产生的仅是这样一种行为，由于这种行为它应当丧失较圆满的状态（这就等于说神不是该存在物的绝对的原因），另一方面神又不应当有关于它的存在物的任何知识，这难道真能设想吗？

我承认，在行为和依附行为的恶之间存在有区别。但是，我不能理解您关于**恶对神来说是否定**的说法。说神知道行为，决定行为和赞助行为，然而又说神不认识行为中的恶，不知道行为造成什么后果，在我看来，这一切对神来说都是不可能的。因为，我认为，神协助我和我的妻子生育孩子，这是一种肯定的事情，因此神关于这种行为有清楚的知识。但是就我违背婚约誓言，和其他女人乱搞关系胡作非为时，这种行为同时就产生了恶，在这里什么是对神来说是否定的东西呢？事实上恶并不在于生育是肯定的事情，神予以协助，我实行生育行为这点上。随行为而出现的恶必定仅在于我们违背了自己的誓言，违反了神的要求，而去和我们不应当与之交往的这种女人发生关系这点上。现在让我们想象一下，一方面神应当知道我们的行动，他应当协助我们的行动，然而另一方面他却不知道我们与谁做这行动，特别是神在我必与之发生关系的女人的行动中予以协助，它却不知道我们和谁做这行动。我认为相信神能这样是困难的。考虑一下杀人的行为吧，就它是肯定的行动而言，神协助这种行动。但按照您的说法，神对于这种行动的后果是无知的，也就是对毁灭存在物和消灭神的创造物是无知的，好像神并不知道它自己的作为。（在这里我怕我不能很好地理解您的意思，因为在我看来，您的思想似乎太怪，致使您犯了这样大的错误。）或许，在这里您要回答说，像我所说的这些行为完全是十分善的东西，没有任何恶伴随它们。但这样一来，我就不能理解您所谓由缺乏较圆满状态而来的恶究竟是指什么了。而且，整个世界将陷于永久的混乱，我们人类也变成如同动物一样。这样一种观点给予世界究竟有什么益处，现在就昭然明白了。

您也反对普通关于人的说法，而把神实际给予人去实施的同样多的行动的圆满性归于每一个人。但是对于这一点，我仅能这样解释：不敬神的人用他们的行为侍奉神正如同敬神的人所做的一样。为什么呢？因为不敬神的人和敬神的人都不能产生比曾经给予他们每个人的本质的数值更圆满的功行。我不认为您在第二次答复中对于这个问题已给了满意的回答，您在第二次答复中是这样说的：事物具有的圆满性愈多，它具有的神性就愈多，它表现神的圆满性就愈多。因此敬神的人就比不敬神的人具有不可胜数的圆满性，他们的德行就无法和不敬神的人的德行比拟。因为这些不敬神的人是作为主人手中的工具在不自觉地服役着，并在服役中毁灭，反之，敬神的人是自觉的服役着[并通过他们的服役变得更加圆满][英译注]。但其实，这两种人都不能做出更多的事来，因为正如敬神的人比不敬神的人具备更多的圆满性，敬神的人也比不敬神的人得到更多的本质。难道不敬神的人以他们少量的圆满性服务于神就不同敬神的人一样吗？因为按照您的主张，神对不敬神的人并不要求更多的东西，否则他就要给予他们更多的本质了，正如从他们的作为中可以看出的，神并没有给他们更多的本质，所以它也不要求他们更多的东西。如果每一个人都按其天性不多不少做了神所要求的事情，那为什么做得少的但仍是照神所要求他的那样去做的人，不受到神对敬神的人那种喜爱呢？

而且，按照您的主张，由于我们行为的轻率而来的恶使我们丧失了较圆满状态，所以在这里，您似乎也是在说，凭借限制我们的意志在我们理智的范围内，我们不仅保存我们现在有的圆满性，而且我们甚至还能够从我们的服役中变得更加圆满。在我看来，这是一个矛盾，因为一方面我们被断定为是这样的依赖于神，以至我们不能产生比我们已得到的本质(即比神所意愿的圆满性)更多或更少的圆满性，另一方面我们又可能因为我们的轻率变得坏些，或者由于谨慎变得好些。所以我只能假定，如果人像您描述的那样，不敬神的人用他们的行为服役神和敬神的人用他们的行为侍奉神一样，那么我们被创造得就如同元素、植物和石头等等一样依赖于

〔英译注〕荷兰文原本误为“在服役中毁灭”，现根据拉丁文译本改正。

神的。这样一来，我们的理智有什么用处呢？我们那种限制我们意志在我们理智范围内的能力又有什么用处呢？这个律令为什么要铭刻在我们心中呢？

另一方面，也要看一下我们究竟丧失的是什么东西，也就是说，按照神的圆满律和神为使我们圆满而铭刻在我们心中的律令，对于如何使我们臻于圆满作一般热切而真挚的考察。我们丧失的是对神的，使我们常感到增加无比的力量的祷告和悲叹。我们丧失的是一切宗教，以及从祷告和宗教想得到的一切希望和欢乐。

因为，如果神没有恶的知识，神要消灭恶确实就很难相信。有什么理由使我不热切地做一切坏事呢（如果除了我能逃避法律的制裁这一点外）？我为什么不借可怕的手段来发财致富呢？我为什么不做恣意妄为的事呢？我为什么不做凡人怂恿我去做的事呢？可能您要说，因为我们是为德行而爱德行，但是我怎样能爱德行呢？因为我一直没有这样多的本质和圆满性。如果我能从一种行为像从另一种行为一样得到同样多的愉快，那我为什么要尽力保留我的意志在我的理智范围内呢？为什么不把我的激情导向其他方面呢？为什么我不秘密杀害在任何方面挡我道的人呢？等等，请看我们给予所有不敬神的人和不敬神的行为是怎样的一种机会。我们使得自己如同圆木头一样，使得所有我们的行动就如同钟表的运动一样。

在我看来，上述很难断定我们只能不恰当地才说我们对神犯罪。因为否则给予我们的能保留我们意志在我们理智范围内的力量有什么意义呢？因为超出这个范围，我们就违背禁令。但您可能要说，这不是对神犯罪，而仅仅是我们自身犯罪。因为如果我们能恰当地说对神犯罪，那么也就一定能说有些事能违背神的意志而产生。但是按照您的意见，这是不可能的，因此犯罪也是不可能的。但两者必居其一，要么神意欲犯罪，要么神不意欲犯罪。如果神意欲犯罪，那么罪孽对我们来说如何能是恶呢？如果神不意欲犯罪，那么按照您的意见，就根本不能有罪孽。虽然，照您的意见，这是背理的，然而我认为，承认上面提及的这种背理更是危险。如果我们更仔细地想一下，有谁认为我们不可以找到某种方便的说法来对这些问题作某种程度的调解呢？

这里我将结束按照我的第一个基本原则对您的信的考察。但是，在我进而按照我的第二个原则考察它之前，我将要讲述一下与您信中这种思想有关的两个观点。这两个观点，您在您的《原理》第一部分命题十五中有过说明。第一个观点是您主张我们能够保留我们的意欲能力和判断能力在我们理智范围之内。对于这一点，我不能完全赞成。因为如果这是真的，那么我们将在无数人中总可以找到这样一个人，这个人最后能表明他有这种力量。然而每个人都能很清楚地从他自己的经验中发现，无论他竭尽多大的力量，他总不能达到这一点。如果还有人对这点怀疑，那么让他考察一下他自己，看看他的感情是如何常常不顾他的理智去克服他的理性的，甚至在他使出最大的力量去克制的时候。但是您会说，我们之所以不能成功的理由并不是它超过了我们的能力，而是我们并没有充分谨慎。对于这一点，我的回答是，如果这是可能，那么从成千上万的人中总可以找到这样一个人。但是在所有的人中，这样一个敢于自夸他不曾陷于错误的人过去不曾有，现在也不会有。对于这些论点，除了举例说明外，还能有什么更可靠的证明

呢？如果至少有一个例证，那将是一个〔证明〕，但现在根本没有一个例证，所以就根本没有证明。但您可能会反驳说：如果我暂时中止我的判断，保留我的意志在我的理智范围内，我能使我有一次不犯错误，那么为什么当我同样谨慎行事而不能长期不犯错误呢？我对此的答复是，我不知道我今天有的力量是否同样能够使我长期继续这样做下去。使尽我所有的力量，我一次可以在一小时内走两公里，但是我却不能常常这样走。所以我以极大的努力可以使我避免错误一次，但是我却没有足够的力量使我能常常避免错误。在我看来，这是清楚的，第一个从那个圆满的卓绝的造物者手中产生出来的人是有这些力量的，但是（这里我同意您的意见），或者由于没有充分利用这种力量，或者由于滥用了这种力量，他因而丧失了那种本可以做以前完全是在他能力之内的事情的圆满状态。如果不是怕太冗长的话，我可以举出许多证据来肯定这一点。我认为圣经的全部本质就在于此，因此我必须赋以极大的注意，因为圣经教导我们的东西是清楚地为我们自然的理智所肯定的，也就是，我们之所以从我们最先的圆满性堕落下来是因为我们自己的轻率所致和造成。除了尽可能多地拯救这种堕落，还有什么更为必要的事情呢？带堕落的人皈依神，这就是圣经的唯一目的。

第二个观点是关于《原理》第一部分命题十五，它是这样主张的：清楚而且明晰地理解事物是违背人的本性的。从这里您最后得出结论说：我们承认本身是模糊的东西，从而锻炼自己的自由，也比永远无动于衷要强得多，即比永远处在自由的低级阶段要强得多。我并不认为这种主张足以清楚使我能同意。因为中止我们的判断是把我们保持在我们被造物主所创造的那种状态，而承认模糊的东西就是承认我们所不理解的东西。如果我们这样主张，那么承认假的东西与承认真的东西是一样的容易。如果(像笛卡尔在有些地方教导我们的)我们不这样主张，而是我们遵照神给予我们的有关我们理智和意志的律令进行承认，即我们只承认我们清楚理解的东西，那么即使我们有时偶然地发现了真理，然而我们却是在犯罪，因为我们并不按照神要求我们应当拥抱真理的那项律令去拥抱真理。因此，正如中止承认是把我们保持在神曾放置我们的那种状态中一样，那么模糊的承认却把我们带到比我们目前的处境还更坏的境况中。因为它给了错误一个基础，通过这个基础，我们因而丧失我们的圆满状态。但是我听您说，与其不承认模糊的事物，常保持在圆满和自由的最低级阶段，还不如承认即使是模糊的事物，从而使我们更圆满，岂不是要更好些吗？但是除了我们曾经否定这点，并且在某种程度上曾经表明这样反而使我们变得更坏的事实外，我们也认为去说神应当扩充为它所决定的事物的知识超过它给予我们的知识，神应当包含有我们错误的绝对原因，这也是不可能的和矛盾的。这正如说我们不能抱怨神，它应当答应我们比它已经答应的要多些一样不可能，因为神绝不会这样做。神确实不会给予我们的要比它已经给予我们的多些，但是神的最高圆满性也肯定由它产生的创造物不应包含矛盾，否则就会出现那种种矛盾。因为我们除了在我们自己的理智内找到知识外，在被创造的自然界里是找不到知识的。除了我们可以直观和认知神的功行外，这种知识能给予我们什么其他目的呢？所以除了我们必定知道的事物和我们的理智之间必须有的符合外，还有什么更明显的东西吗？

但是，如果我要在我的第二个基本原则指导下考察您的信，那么将和我们在第一个基本原则指导下的考察有很大的不同。因为我认为（如果我错了请告诉我），您并不把确实的真理和我相信圣经具有的神圣性归给圣经。您说您相信神向先知们已启示了圣经上的东西，这是真实的，可是您却用了这样一种不完善的方式，使得如照您所说的那样考虑，那么神就会有矛盾。因为，如果神向人们启示了它的语言和它的旨意，那么它把这启示给人们是为了一个确定的目的，这是清楚的。现在，如果先知们用他们得来的那种语言编纂一个寓言，那么神必定或者意愿这样或者不意愿这样。如果神意愿他们应当用它的语言编纂一个寓言，也就是说，他们应当丢掉它的意思，那么神就是错误的原因，于是神就意愿了某种自相矛盾的东西。如果神并不意愿这样，那么先知们能用它的语言编纂一个寓言就不可能。而且似乎可信的，如果我们假定神传授它的语言给先知们，它把它的语言传授给他们，是让他们在得到这种语言时不犯错误。因为神在传授它的语言时必定有一个确定的目的，但是神的目的绝不能是引导人们犯错误的，否则对神是一个矛盾。同样人也不能违背神的旨意而犯错误，因为按照您的意见，这是不可能的。另外，我们不能相信这个最圆满的神，除了它愿把它的语言传授给先知们，让他们向凡人作解释外，还有其他什么意思。因为如果我们说神将它的语言传授给先知们，那就等于说，神用一种非常的方式向先知们显现，或向他们讲话。现在如果说先知们用这种传授来的语言构造了一个寓言，这就等于说，他们给了神的语言以一种不同于神所想的意思，那么神确实就是这样告诉了他们。主张先知们除了神要求他们应当理解的东西之外还能够理解某些其他的东西，这对先知们来说是不可能的，同样对于神来说也是一个矛盾。

我认为，像您主张的神已启示了它的语言，也就是它只是启示拯救和毁灭，指出了达到这个目的的可靠手段，拯救和毁灭无非只是这种指出的手段的结果，这也很少能证明的。因为确实的，如果先知们是在这种意思下得到神的语言，那么他们有什么理由给它另一种意思呢？我不认为您已作了一个简单的证明，能使我们相信这些观点应当优于先知们的观点。但是如果您认为这个证明在于，如果不是这样，这个语言将包含许多不圆满性和矛盾，那么我说这只是一种武断，而不是证明。如果考察这两种意思，有谁能知道哪一种将包含较少的不圆满性呢？最后，无上圆满的存在非常知道普通人所能理解的东西，因而也非常清楚什么是教导普通人的最好手段。

关于您的第一个问题的第二部分，您向自己提出这样一个问题，当神已命定相反的事的时候，为什么又禁止亚当去吃树上的果子呢，您回答说，对亚当的禁令确实在于神向亚当启示去吃这树上的果子就会死这一点上，正如神通过我们的自然理智向我们启示毒药会致人死命的一样。如果神对亚当禁止某些事情是确实的，那么有什么理由强迫我去相信您关于这种禁止方式的说明会比神与之启示了禁止的方式的先知们所说的要高明呢？您可能说，我的禁止的方式是很自然的，因此更接近真理，更适合于神。但是我完全否认这点。我不认为神通过我们的自然理智已经向我们启示了毒药是要致人死命的。如果我在其他的事情上没有看到或听到毒药的恶果，我认为没有理由使我知道任何东西是有毒的。日常的经验教导我们，多少人因为不知道毒药，误吃毒药而致死。但是您可能说，如果人们知道它是毒药，那么他们就会知道它是恶的。但是我回答说，人们除非看到和听到某一个人因为用了毒药而致害外，是不会认识或不能认识毒药的。如果我们假定，直到今天我们从未听到或看到任何一个人由于用了这类东西而致害，那么我们现在不仅不知道，而且还无所畏惧地用它以致使我们受害。每天都有类似这样的事实在教育我们。

在现世的生活中，除了对圆满的神观照外，还有什么能给予正直的知性以极大的愉快呢？因为这种观照的对象是最圆满的存在，所以它就必定包含有我们有限理智所能得到的最高圆满。确实，在我的生活中，我没有任何可以用来交换这种愉快的东西。在这里我长时间地感受了天启的欢乐。但是当我认识到我的有限的理智仅仅要求这些的时候，我也会突然由衷地感到悲哀。但是，这种忧虑可以用我有的希望来安慰，这种希望对于我来说比生命更可爱，我将要再生存下去，继续生存下去，将要比我今天更圆满地观照这种神性。

当我考虑到这种信仰，和这个转瞬即逝的我随时期望去死的生命，如果我一定要相信我应去死、应断绝这种神圣的光荣的观照，那么我确实是比所有那些不知道他们的末日的创造物更悲惨。因为在我死之前，死的恐惧使我悲哀，在我死之后，我将不复存在，因此我将因为我失去了神圣的观照而悲叹。您的意见似乎引导我到这个地步，当我在这里消灭了，我也就永远消灭了。反之，圣经和神的旨意通过它们在我的心灵里的内在的启示却给我以力量，使我认识到在现世生命之后，我将有一个时候在对最圆满的神的观照中使自己享受更圆满状态的欢乐。确实地，即使这种希望万一被发现是虚幻的，然而只要我希望，这种希望就会带给我快乐。这是根本的，只要这个肉体不停止呼吸，我就渴念神，并用祷告、思慕和最真挚的愿望(我还可以用更多的语词来表示)来渴念。也就是说，它可以使神喜爱，通过神性使我幸运，以致当这个肉体消灭了，我仍可以保存能思的存在，因而我可以继续对圆满的神观照。如果我能达到这点，那么对于我来说，人们在这里信仰什么，人们在这里彼此追逐什么目标，是否有任何被自然知性所发现的能够被把握的东西，还是没有，就无关紧要了。神可以使我的心灵坚信这种确实性，唯有这才是我的愿望，我的渴念和我的经常的祝愿。如果我能这样(啊！如果我不能这样，那我将是最悲惨的人了)，我的灵魂将热切地呼喊：正如公鹿寻求溪流一样，我的灵魂也寻求着您，啊，生之神！这日子何时才能到来，我将同您在一起，仰望着您啊？* 如果我达到这步，我的灵魂就有所寄托和目标。但是，在您的关于我们的服役并不使神喜爱的学说中，我没有看到这些希望，如果在我们的服役和赞美中神并不感到快乐，那么我就不能理解神(如果至少我可以用这种人的形式讲到它的话)为什么要创造我们、维持我们。如果我的这些关于您的意见是错误的，我希望您加以解释。

但是，我打扰我自己也打扰您太长久了。因为我看到，我耗尽了我的时间和纸张，我将把它结束。这些问题我希望在您的信中能加以解答。也许这里我从您的信中得出的某些结论并不是您的

* 〔圣咏集，42 篇 1，2，误引〕

主张，但是我希望能听到您关于这些的说明。

最近，我自己忙于考虑神的某些属性。在这方面，您的附录给了我不少帮助。实际上，我只是在意译您的一些我认为有证明力的观点。因此，我很奇怪，梅耶尔在序言中说这不代表您的观点，而是您为了向您的学生讲授您所允诺的笛卡尔哲学时所不得不说的，但是关于神和灵魂，特别是关于灵魂的意志，您有完全不同的见解。在这篇序言中我也看到，不久您将用一种增补的形式出版《形而上学思想》。我非常渴望这两本著作②，因为我期望从它们得到某种特别的东西。但是当面奉承人不是我的习惯。

像您的信中所要求的，我这封信是用真挚的友谊写成，目的是为了发现真理。请原谅我写得如此冗长，大大超过了我原先的打算。如果我能收到您对此信的答复，我将万分感激。至于提到的关于〔您〕著述用的语言，我没有任何反对意见。至少是拉丁文或法文吧。但是我恳求您仍用同一种语言来作答，因为这种语言已使我很好理解您的意思，或许用拉丁文，我将不会这样清楚理解。这样，我将是而且永远是

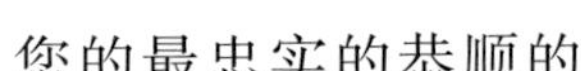
您的最忠实的恭顺的

威廉·凡·布林堡

1665 年 1 月 16 日　都德莱希特

我希望在您的答复中更多地说明您所谓神的否定究竟是指什么意思。

【注释】

① 原信荷兰文，载于《遗著》荷兰文版本里。原件为阿姆斯特丹统一浸礼会所有。

② 这里所说两部著作，是指(1)斯宾诺莎自己观点的著作，(2)《形而上学思想》增补的版本。

第 21 封　斯宾诺莎致博学而杰出的威廉·凡·布林堡阁下①

（复 前 信）

阁下和朋友：

当我读到您的第一封信时，我以为我们的观点几乎一致。但本月 21 日收悉的您的第二封信，却使我感到根本不是这回事。我很清楚，我们的分歧不仅在于那些最终可以从第一原则推出的结论方面，而且也在于这些原则本身。我几乎不相信我们的通信能增进我们相互的了解。因为我感到，不管按照证明规则是怎样稳妥的证明，对于您来说都是徒劳无益的，除非这种证明是符合您或您所知的其他神学家们对于圣经的那种解释。如果您认为，神通过圣经比通过自然理智之光——这也是神授予我们的，并继续坚实而不可动摇地保存在它的神圣的智慧中——更能清楚和更有效他讲话，那么您完全有理由按照您归给圣经的意见去塑造您的理智。而我自己是无能为力的。就我自己来说，虽然我研究圣经多年，但我却坦白直率地承认，我对圣经还是不理解的。既然我也注意到，假如我有充足的论证，我是不会对圣经有所怀疑的，所以我就完全默认我的理智显示给我的东西，而绝不怀疑我会受骗上当，或怀疑我未能探究的圣经会与它相抵牾。因为真理与真理是不矛盾的。像我以前已经在我的附录里（由于在乡村手边没有书，所以我不能指明章节[②]）所清楚表明的。即使我一旦发现我的自然理智的硕果是不真实的，它们也使我喜悦，因为我享受了它们，而且我努力使我的生活不是在忧虑和悲伤中，而是在宁静、欢乐和愉快中度过，因此我能达到较高的境界。同时，我也认识到（这给了我最大的满足和精神的宁静），一切事物都是凭借最圆满的存在的力量及其永恒的意旨而发生的。[③]

回到您的信上来吧。对于您及时向我表白您的哲学思考方法，我表示衷心的谢意。但是对于您把那些认为是从我的信中推出的意见强加于我，我表示遗憾。我很想知道，我的信究竟供给了什么材料，促使您把这些观点强加于我，如人完全像动物一样，人按照动物的方式死亡和毁灭，我们的作为并不使神喜爱等等？（在最后这一点上，我们可能完全持不同的看法，因为我不能不认为，您把神想象为好像一个人实现了他的目的那样能在我们的作为中取得快乐，因为我们有些事是按照神的愿望而进行的。）就我来说，我确实明白地说过，善良的人服役于神，并由于他们继续不断的服役使他们愈益圆满和爱神。这难道能使他们像动物那样吗，或说他们像动物那样毁灭吗，或最后，他们的作为不使神喜爱吗？

假如您是极其仔细地读了我的信，那么您会清楚地感到，我们的分歧仅在于此，即按照我的主张，善良的人得到的圆满性是神作为神，即完全没有我们附加给它的任何人的性质，授予他们的，而您所主张的却是，那些圆满性被授予善良的人，是神作为一个审判者授予的。因此您极力为邪恶的人开脱，说什么他们和善良的人是一样多地服役于神，因为他们所做的是他们按照神的旨意所能做的。但是按照我的主张，就绝不能这样认为，因为我并不把神设想为一个审判者，因此我评价人的作为，是按照作为的性质，而不是按照作为者的能力。作为的报酬是必然由作为本身而来，如同三角形三内角之和必等于两直角是从三角形的本性而来一样。只要每一个人考虑到我们最大的幸福在于对神的爱，这种爱必然是来自如此强烈地被赋予我们的神的知识，那么他们对于上面这点是会很容易理解的。一般来说，只要我们注意一下神的意旨的本性，这一点也是容易证明的，像我在我的附录里所说明的。但是我承认，所有那些把神的本性同人的本性混为一谈的人是完全不能理解这点的。

我本打算在这里结束这封信，免得使您对那些只会引起谈笑资料而无实际用处的问题感到厌烦（从您在信的最后所热切补充的东西看来是清楚的）。但是我不完全想拒绝您的请求，我将进而说明一下否定（Negation）和缺乏（Privation）这两个名词，并简短地补充一些必要的东西，以使我上封信的意思更为明了。

首先，我说缺乏并不是一种真正的丧失行为，而只是一种本身什么也不是的单纯的缺少：因为它只是一种我们在把事物彼此加以比较时所形成的思想存在物，或一种思维的方式。例如，我们说，盲人丧失了视觉，这是因为我们容易想象他能看，这种想象或者是因为我们将他同其他看得见的人加以比较，或者是因为我们将他的现状同他过去未瞎的时候加以比较所产生的。当我们这样来考虑这个人时，也就是通过将他的本性同其他人的本性加以比较，或者将他现时的本性同他过去的本性加以比较，我们肯定视觉是属于他的本性，因而我们就说他丧失了视觉。但是当我们考虑到神的意旨和神的本性时，我们就不能说那个人比石头更多地丧失视觉，因为那时视觉属于那个人同属于石头是同样不合理的，因为除了神的理智和意志属于那个人外，没有更多的东西属于或归属于他。因此神是盲人不能看的原因，就如同神是石头不能看的原因一样。不看就是纯粹的否定。所以在我考察一个受感官快乐欲望支配的人的本性时，当我们把他现时的欲望同存在于善良的人心中的欲望加以比较，或者同在别的时候存在于他自己身上的欲望加以比较时，我们就说他丧失了较好的欲望。因为我们认为欲求高尚德行的欲望本是属于他的。但如果我们考虑到神的意旨和神的理智的本性时，我们就不能这样说了。因为就这方面而言，好的欲望在那时不属于那个人的本性，就如同它不属于魔鬼的本性或石头的本性一样，因此，在这方面，好的欲望不是缺乏，而是否定。所以缺乏无非只是否认事物具有那种我们认为是属于它的本性的东西，而否定无非只是否认事物具有那种我们认为不属于它的本性的东西。因此，很清楚，亚当欲求尘世东西的欲望仅就我们的理智而言才是恶的，而不是就神的理智而言。因为虽然神知道亚当的过去状态和现在状态，它却不因此认为亚当丧失了过去的状态，也就是说，它不认为过去的状态是属于亚当的本性，否则神就会设想某种违背它的意志，即违背他自己的理智的东西了。④

如果您正确地理解这点，并且知道我不承认笛卡尔给予心灵的那种自由，像梅耶尔以我的名义在序里所表明的，那么您就不会在我的话里发现丝毫的矛盾。但是，我看到，如果在我的第一封信里，我要是用笛卡尔的话答复您的话，那么我将做得更好，我们可以说，我们不能知道我们的自由和基于这种自由的无论什么东西是如何与神的预见和自由相一致的（像我在《笛卡尔哲学原理》一书的“附录”中许多地方所做的⑤），所以我们在神的创造里面不会发现任何东西与我们的自由相矛盾，因为我们不能理解神是怎样创造万物，并且（这是一回事）神是怎样保存万物的。但是我想您已读过这篇序言，并且如果我不按照我心灵里的真实思想答复您，那么我就有损于我衷心奉献的友谊的义务。但这是无关紧要的。

既然我认为您至今还不曾正确理解笛卡尔的思想，我请求您注意一下以下两点：

第一，笛卡尔和我都没有说过，限制我们的意志在我们的理智范围内是属于我们的本性。我们只是说神授予我们一个有限制的理智和一个无限制的意志，以致我们不知道神创造我们是什么目的。而且这种无限制的意志或圆满的意志不仅使我们臻于圆满，而且也更为我们所必需，像我在下面要说明的。

第二，我们的自由并不是某种偶然的东西，或某种可有可无的东西，而是肯定或否定的样式，所以我们肯定或否定某物愈少偶然性，我们的自由就愈多。例如，如果我们知道神的本性，那么从我们自己的本性断言神必然存在，就如同从三角形的本性断言三角形三内角之和等于两直角一样⑥。然而我们这样断言事物，我们并没有更多的自由。但既然这种必然性无非只是神的意旨，像我在我的《笛卡尔哲学原理·附录》里所清楚表明的，那么我们是如何自由地做事，我们如何是这件事情的原因，在某种程度上就可以理解了，虽然按照神的意旨来说，我们是必然这样做的。我说，我们在某种程度上可以理解，是指我们肯定的是我们清楚而且明晰地知觉的事物。但当我们肯定的不是我们清楚而且明晰地理解的事物时，也就是当我们容忍我们的意志飞翔在我们理智范围之外时，那么我们就不能这样感知到这种必然性和神的意旨，而只感知到我们的自由，这自由是常常包含在我们的意志之中（仅就这方面而言，我们的行为才被称之为善或恶）。如果我们试图把我们的自由同神的意旨和神的持续的创造调和起来，那么我们就把我们清楚而且明晰理解的事物同我们并不感知的事物混淆了起来，因此我们的努力是徒劳的。所以，对于我们来说，这是足够清楚的：尽管有神的意旨，我们仍知道我们是自由的，仍知道我们能够是这样自由的，并且仍知道我们是恶的原因，因为任何行为除非只就我们的自由来说，否则都不能称作恶的。关于笛卡尔，就说到这里，所以我可以表明，他的话如果这样来理解，并不包含任何矛盾。

现在，我将转到有关我自己的问题上来。首先我要简略地谈一下由我的观点而来的裨益，这种裨益特别表现在：我们的理智不假任何迷信就能将灵魂和肉体奉献于神。我并不否认祷告对于我们是很有用的：因为我的理智是太渺小了，不能决定所有那些神用来指导人们爱神即得救的手段。所以，我的观点是完全无害的，正相反，对于那些并不为偏见和幼稚迷信所预先沾染的人来说，这是达到最高福祉的唯一手段。

至于您说我使人这样依赖于神，以致使他们成为如同元素、植物和石头一样，这充分证明您是完全误解了我的意思，把想象同属于理智的事物混为一谈。因为，如果您用您的纯粹的理智认识了什么是依赖于神，那么您确实不会认为，事物就它们依赖神而言，是死的、有形的和不圆满的(谁敢用如此污秽的语言去说最圆满的存在呢?),您反而会认识到,正因为这个理由,即事物依赖于神,它们才是圆满的。更何况我们所考虑的不是木头和植物,而是最有智慧和最圆满的被造物,我们所理解的是这种最高的依赖性和神的意旨的必然作用,像我在上面关于笛卡尔的意思提请您注意的第二点中说的话所清楚表明的。

我不得不说,我是非常惊异的,当您说:如果神不惩罚犯罪(这就是说,神像个审判者使用了一个和罪行本身并无内在联系的惩罚。因为问题的症结就在这里)那么怎能防止我想犯一切的罪行呢?确实的,凡是仅仅因为害怕惩罚而不犯罪的人(我希望这不是您的看法)绝不是出于爱的行动,而是极不酷爱德行的。就我来说,我避免或力求避免犯罪,是因为罪对于我的特殊的本性来说是水火不相容的,它使我远离神的爱和神的知识,走上邪道。

而且,如果您稍为注意一下人的本性,并且认识了神的意旨的本性,像我在我的附录中所解释的⑦,如果您在达到结论之前就知道推理是怎样进行的,那么您就不会如此大胆地说,这种观点会使我们像木头等一样,您也不会把您认为是荒谬不堪的许多东西归罪于我。

关于您在谈到您的第二个原则之前所说的您不能理解的那两点,我首先回答说,笛卡尔完全能使您达到您的那个结论,即只要您注意一下您自己的本性,您就会有您能中止您的判断的经验。但是如果您说,在您自己的经验中您并没有发现,我们今天有这样多的超过理性的力量,以使我们能永远继续这样,那么在笛卡尔看来,这就等于说,今天我们不能看到,只要我们存在,我们将永远是能思的事物，或保存能思事物的本性，这确实是一个矛盾。

对于您的第二点，我和笛卡尔一样认为，如果我们不能把我们的意志扩大到我们的极受限制的理智范围之外，那么我们将是极其可怜，连吃一块面包，运动一步或存在，将都不在我们的能力之内，因为万物是不确实的，充满了危险。⑧

现在我进而考察您的第二个原则，我承认，我确实认为我并没有把那种您认为圣经具有的真理加给圣经，然而我认为，我可是把同样多的（如果不是更多的话）权威给予了圣经，而且比别人更为慎重，我小心翼翼地不把某种幼稚的荒谬的观点加给圣经，这一点，任何人除非他很好地理解了哲学或者有了神的启示，否则是不会做得到的。所以普通神学家提供的关于圣经的解释对我影响很小，特别是他们那种常常按照字面和外在意义对圣经所作的解释。然而除了索西奴斯教徒（Socinians）⑨外，我还从未看到有哪一个神学家会如此愚蠢地不能看到圣经最经常的是用人的形象讲到神，用寓言表示圣经的意思。至于您所竭力表明的矛盾是徒然的（至少就我看来是如此）。我认为您所谓寓言的意思与平常的意思完全不同，因为谁曾经听到有哪个用寓言来说明其思想的人会背离他自己的意思呢？当弥迦⑩对亚哈王⑪讲到他曾经看到上帝坐在它的宝座上，天兵立在左右，上帝问他们是谁要欺骗亚伯，这确实是一个寓言，先知用这个寓言来充分说明他必定要利用这个机会以神的名义来启示的东西（当然这并不是一种教导神学最高教义的方式），所以他用这个寓言并没有背离他的意思。其他先知们也是照神的命令，用这种方式向人们启示了神的语言（虽然不是像神所吩咐的那样），作为指导人们理解圣经原始意义的最好手段，

这种原始意义，用基督教徒的话来说，当然就是要人超过一切地爱神和爱邻人，像爱自己一样。我认为最高的观照并不在圣经。就我而言，从圣经那里我既没有学到也不能学到任何神的永恒属性。

关于您的第五个论据（即先知们用这种方式把神的话明显地表现出来了），既然真理与真理是不矛盾的，所以我只要表明（任何一个人只要理解了证明的方法都可以知道的）圣经本身就是上帝的真正的启示的语言。关于这，我不能有任何数学的证明，唯一只能靠神圣的启示。正由于这个理由，我才说："我是信仰，而不是用数学来认识，一切被上帝启示给先知的东西，等等"，既然我是坚决地信仰，而不是用数学来认识，先知们是上帝亲密的顾问和忠实的使者，所以我所主张的一切观点并没有和他们所说的发生矛盾，反而从他们那里可以找到不少的论据。

关于您信上提到的其他问题，如您说，"最后，最圆满的存在认识……"，再，您引证毒药例子所作的反驳，以及最后关于附录和其他什么，我认为都和现在的问题无关。

至于梅耶尔的序言，的确，它是指出了笛卡尔为要稳妥地证实意志自由还应当加以证明一些论点，并且它还补充说我主张相反的看法，以及我是怎样会这样主张的。关于这些，我也许在适当的时候要作解释，但现在我不准备这样做。

不过，我现在已不把思想放在这本论笛卡尔的著作上了，自从它译成荷兰文以来⑫，我就没有对它作进一步的考虑。这并不是没有理由。但说来话长，所以还是不说了吧，我是等等。

斯宾诺莎

〔1665年1月28日　雪丹姆〕

【注释】

① 原信是荷兰文，早已遗失，《遗著》拉丁文译文据说是斯宾诺莎自己所译，《遗著》荷兰文版本所载乃是以拉丁文重新迻译的。

② 见《笛卡尔哲学原理》第二篇第八章。在那里斯宾诺莎主张“圣经不教导和自然之光相违背的东西”。

③ 从信中开始这段话可见，斯宾诺莎此时已认识了布林堡这人面目了，已感到他们之间的通信无益于增进相互的了解，因为他们是遵循不同的原则的，按照斯宾诺莎的看法，布林堡只相信圣经而不相信人的自然理智之光，但对于他自己来说，则只相信人的自然理智之光，因为“虽然我研究圣经多年，但我却坦白直率地承认，我对圣经还是不理解的”，这种说法和他后来在《神学政治论》的讲法完全一致，可见此时斯宾诺莎反对神学的观点已经成熟，这可能是他早期被逐出犹太教会的根本原因。特别有趣的是最后一段话：“即使我一旦发现我的自然理智的硕果是不真实的，它们也使我喜悦”，这说明斯宾诺莎对人的自然理智的信心，对追求真理的热望，它使我们想起了莱辛的一段话：假如上帝要我在享有真理和只追求真理之间作一选择，我将宁愿选择后者。

④ 这段关于“缺乏”和“否定”的讨论相当重要，表明斯宾诺莎观看事物的自然主义方式。所谓“当我们考虑到神的意旨和神的理智时”，就是斯宾诺莎在《伦理学》以及其他著作中所特有的习惯语言“就神而言”，“就神的本性而言”，实际上就是说“当我们从自然的立场来看”。按照这种自然主义观点，善恶、美丑、圆满和不圆满皆是相对的概念，一切自然事物存在的状态都有其必然的性质，我们绝不能站在人的立场妄加评价和褒贬，譬如盲人和石头，都是没有视觉的，我们为什么非要对盲人说他丧失了视觉呢，要知道盲人之所以没有视觉，和石头之所以没有视觉完全一样，皆是大自然必然的结果。斯宾诺莎把这些站在人的立场来评价事物的相对语词统称之为思想存在物(eng rationio)，即一种在把事物彼此加以比较时所形成的思想概念，其自身完全没有实在性质。关于思想存在物可参阅《笛卡尔哲学原理》附录《形而上学思想》第一篇第一章。

⑤ 见《笛卡尔哲学原理》附录《形而上学思想》第一篇第三章、第二篇第

十一章。在那里斯宾诺莎用笛卡尔口吻说："我们的意志自由同神的预先决定的和谐是超出人的理智范围的。"

⑥ 斯宾诺莎说这句话的意思是：有限的依赖的有条件的事物（如人）的存在一定包含有我们称之为神的无限的、无条件的根据的实在。

⑦ 参看《形而上学思想》第二篇第七至九章。

⑧ 这里有一个很重要的观点，即斯宾诺莎似乎主张人的意志不应完全保留在有限的理智范围之内，人对生活和现实的态度不应完全纯粹是理智的，而应当有所冒险、信仰和希望。

⑨ 索西奴斯教是十六世纪意大利神学家 Faustus Socinus 创立的，其教义是否定三位一体、基督的神性、魔鬼的人格和人类的原罪等。

⑩ 弥迦（Micah）公元前八世纪希伯来先知，见《旧约·弥迦书》。

⑪ 亚哈（Ahab）王是以色列第七代王，见《圣经·列王纪》上篇第十六章至二十二章。

⑫ 这是指《笛卡尔哲学原理》一书，其荷兰文译本是 1664 年出版的，译者巴林。

第 22 封　威廉·凡·布林堡致尊贵的斯宾诺莎阁下①

阁下、尊敬的朋友：

您 1 月 28 日的来信，我及时收悉了。但由于别的事务我没有立刻作答。您的信里通篇表露了极其尖锐的指责，我几乎不知道对它作何想法。在您 1 月 5 日第一封信里，您坚决而诚恳地给我以友谊，并说不仅我那封信得到了您的欢迎，而且以后的信同样也能受到您的珍爱。您确实友好地要求我自由地提出我可能有的某些其他的疑难。这一点我在 1 月 16 日的信里极其粗鲁地做了，根据您自己的请求和许诺,我本期望您对于这能给予一个友好而有益的答复。可是相反,我收到的信里丝毫没有这种友谊。在这封信里您说:任何证明,不管怎么清楚,对于我来说,都是徒劳无益的;我并不理解笛卡尔的意思;我太多地把物质的东西和精神的东西混为一谈,等等,所以我们的通信不再能有益于我们相互的了解。对于这一切,我很友善地作这样的答复:我确实是相信,您关于上述问题的理解比我强,您是很善于区分形体的东西和精神的东西。因为在形而上学方面,我现在仅仅是开始学步,而您已经攀登到至高点,所以我尽力想巴结您,以便使我得到教益。不过,我从不会为耿直的反驳所生气,我倒衷心地感谢您百忙中给我写的两封信,特别是第二封信,这封信比前一封信使我更清楚地掌握了您的思想。然而除非我在其中仍然发现的困难为我解决了,否则我是不能对它表示同意的。这个既不一定是,也不可能是生气的根据。断言真理而没有任何作这种断言的必然根据,这是我们理智的一大缺陷。

即使您的想法是正确的,只要我仍有理由怀疑和不解,我也不能承认它们的,即便是这些怀疑不来自您说的那些事情,而是来自我们理智的不圆满性。既然您完全知道这点,所以我再提出某些反对的意见,请您别生气,因为只要我不能清楚理解,我就不得不这样做。我这样做,除了发现真理外,别无其他目的,我并不是想歪曲您的意思来反对您的观点。因此我恳求您关于这些问题给予我一个友好的答复。

您说,除了神的意志和力量允诺和实际授予的外,没有任何东西有更多的本质。在我们考察一个欲求感官快乐的人的本性时,当我们将他的现时的欲望同敬神的人的欲望或他在另一个时候的欲望加以比较时，我们就说那人丧失了较好的欲望。因为我们认为欲求高尚德行的欲望本是属于他的。但如果我们考虑到神的意旨和理智的本性，我们就不能这样说了。因为就这方面而言，好的欲望并不属于那个时候那个人的本性，就如同它不属于魔鬼的本性或石头的本性等等一样，因为虽然神能知道亚当的过去和现在状态，但它并不因此认为亚当丧失了过去的状态，也就是说，它不认为过去的状态属于亚当的现时的本性等等。在我看来，这些话似乎可以推出(虽然需加修改)：按照您的意见，除了存在物被理解的那一时刻它所有的东西外，没有其他的东西可以归属于它。这就是说，如果我有一个贪求感官快乐的欲望，那么这个欲望在我欲求的那个时候是属于我的本质的，如果我没有贪求感官快乐的欲望，那么这个不欲望在我不欲求的时候也是属于我的本质的。因此也必定可以无错误地推出：就神这方面而言，我行为中所包含的圆满性，不论是在我有感官快乐欲望时，还是没有感官快乐欲望时，不论是在我做各种卑鄙丑恶事情时，还是在做正义道德事情时，它都是一样多的(区别仅在于程度上不同)。因为按照您的观点，在那个时候属于我的本质的东西与自那时以后我所有的东西是一样多的，我既不能做多于又不能做少于相应我实际上已有的本质的事情。现在既然贪求感官快乐和邪恶事的欲望在我贪求它们的时候，和我从神的力量得到那同样多本质的时候一样，都是属于我的本质，所以神的力量只需要我这样行动。因此我认为，从您的话里可以清楚推出，神同样欲求邪恶，如同它欲求那些您称之为德行的东西一样。现在让我们假定，神作为神，而不是作为审判

者，给予敬神的人和不敬神的人就是这样的本质，而且仅仅是神所愿望他们有的那一样多的本质，那么有什么理由说神不应当以同样方式欲求这一人的行为和那一人的行为呢？因为，既然神给予每一个人的都是符合于他的行为的性质，那么无疑可以推出，神也同样以同样方式欲求那些它给予较少本质的人的行为，如同欲求那些它给予较多本质的人的行为一样。所以神就自身而言，在我们的行为中同样意欲或多或少的圆满性，不论是贪求感官快乐的欲望，还是追求高尚德行的欲望，神所意欲的完全是一样的。因此那些为恶的人必然为恶，因为那时没有其他的东西属于他们的本质，正如行善的人必然行善一样，因为神的力量已经意欲到这种善行应当在那时属于他的本质。因此，我不能不认为神是同样而且以同样方式意欲恶和善的。正因为神同样意欲这两者，所以神同样就是这两者的原因，既是恶的原因，又是善的原因。就这点论，两者一定同样使神喜爱。对于我来说，对神持这种看法是太困难了。

的确，我明白，您说敬神的人服役于神，但是从您的著作里，我只能理解服务于神仅仅是做那种神所意欲我们去做的行为。您写道，邪恶的人和放肆的人也同样进行这样服役。那么，就神而言，敬神的人的服役和不敬神的人的服役又有什么区别呢？您也说，敬神的人服役于神，并通过服役逐渐臻于圆满，但是我既不能理解您所谓“臻于圆满”是什么意思，也不能理解什么是“逐渐臻于圆满”。因为不敬神的人和敬神的人都是同样从神作为神，而不是作为审判者那里得到他们的存在、他们的保存或持续创造他们的存在，这两种人同样是实现神的意志，也就是说，遵照神的意旨行事。

这两种本质就神而言能有什么区别呢？因为“逐渐臻于圆满”并不来自他们的行动，而是来自神的意志，所以，如果不敬神的人通过他们的行动变得更不圆满，这并不是由于他们的行动，而只是由于神的意志。这两种人只是实现神的意志。所以这两种存在物就神而言是不能有所区别的，那么有什么理由说，这一种人通过他们的行为而逐渐臻于圆满，而另一种人却在他们的服役中毁灭呢？

但是，您似乎把这一种人的行为同另一种人的行为的区别放在这里，即一种人比另一种人包含更多的圆满性。我坚信这里或者潜伏了我的错误或者潜伏了您的错误，因为在您的著作中，除了说事物有较多或较少的本质外，我不能找到任何原则能说明事物为什么称为较多或较小圆满的。如果以事物有较多或较少本质为圆满性的标准，那么就神的意志而言，犯罪行为就如同敬神的人的行为一样，总是为神所承认的。因为神作为神，即就它自身而言，同样是意欲这两种行为的，因为这两种行为都是按照神的意旨行事的。如果这就是圆满性的唯一标准，那么错误只能是不恰当的说法，实际上并没有错误。实际上也并没有罪孽，每一事物只具有神给予它的这种或那种本质，不管这种本质可能是什么，它总包含圆满性。我承认我不能清楚地理解这一点。您必定要原谅我，如果我问谋杀是否和善举同样使神高兴，对神来说偷窃是否和合法行为同样是善的行为。如果不是，那有什么理由呢？如果是的，那么，为什么使我宁可去做您称为善的事，而不做不是善的事？什么法律或规则禁止我做这而不做那？如果您说，是德行本身的律则，那么我确实要承认，在您的话里我没有发现什么律则，可以来规范或认识德行，因为万物都是不可分割地依赖于神的意志，因此一种

行为同另一种行为是一样道德的。我确实不能理解您关于人们的行为必定来自对德行的爱这种说法，正如我不能理解什么是您所谓的德行或德行的律则一样。的确，您说过，您之所以避开不道德或邪恶之事，是因为它们为您的特殊本性所厌恶，会使您离开神的知识和爱而走入歧途。但是，在所有您的著作里，我找不到有关这一看法的一个简单的规则或证明。的确请您原谅我，我一定要说，相反的观点倒能从您的著作里推得。您避免那些我叫做邪恶的事物，是因为它们为您的特殊本性所厌恶，而不是因为它们包含了邪恶，② 您躲开做这些事，正如我们躲开吃那些为我们本性所憎恶的食物一样。的确那个仅因为邪恶之事为他的本性所厌恶而避免邪恶之事的人是很少会有人夸耀他有什么德行的。

这里还有一个问题，如果有这样一个人，他的特殊本性对追求感官快乐和邪恶事并不感到厌恶，反而感到喜爱，那么有什么理由非要把趋善避恶这一德行归给他呢？而且，如果贪求感官快乐的欲望在某个时候是属于一个人的本质，并且这个人实际上是从神那里得到这种欲望，因而不能放弃这种欲望，那么他又如何能够在那个时候放弃这种欲望呢？

在您的著作里我也不能明白这个结论：即那些我叫做邪恶的行为会引诱您离开神的知识和对神的爱。既然您所做的只是神所意愿的事，您不能做得更多，因为现时神的力量和意志没有给予您的本质以更多的东西，那么这样一种性质的和被动的行为如何能使您离弃神的爱而误入迷途呢？误入迷途就是被搞混了，不是被动的，而按照您的主张，这是不可能的。因为无论我们做这件事或那件事，无论我们履行多少圆满性，我们始终都是因为我们的本质而这样做,也就是直接按照神意这样做。这样,我们如何能误入迷途呢?或者,我难道不理解错误是什么意思吗?所以,这里一定或者是您错了,或者是我误解了。

这里我还要提出许多问题。第一,能思的实体是否以一种不同于无生命实体的方式依赖于神?因为虽然能思的东西比无生命的东西包含有更多的本质,然而它们难道都不是以神和神的意旨作为它们一般运动的源泉和某些特殊运动的源泉吗?因此,只要它们是依赖的,它们难道不是在同一种方式下依赖吗?第二,既然您不允许心灵有笛卡尔归给心灵的那种自由,那么能思实体的依赖性和无心灵实体的依赖性又有什么区别呢?如果它们都没有意志自由,那么您怎么设想对神的依赖性呢?第三,如果我们的心灵没有自由,那么我们的行动岂不就是神的行动,我们的意志岂不就是神的意志吗?

我本还可以问许多其他的问题,但是我不敢求您太多。我首先只期待您对于上述问题的回答。或许通过您的答复,我更能理解您的观点,如果有时间同您当面交谈,那就更会清楚了。

如果我收到您的回信,那时我要去莱登几个星期,所以,只要您同意,我将荣欣顺便而拜访您一下,请放心。顺致敬礼,我永远是

您的忠顺的仆人

威廉·凡·布林堡

1665 年 2 月 19 日　都德莱希特

如果您不准备把给我写的信转交他人的话,就请写大教堂附

近的粮商威廉·凡·布林堡收。

再，匆匆忘了问这样一个问题：即如果我们小心提防，我们是否也不能避免要发生的事情呢？

【注释】

① 原信荷兰文，现保存在阿姆斯特丹统一浸礼会档案馆。《遗著》拉丁文乃是出版者根据原件翻译的。

② 这里布林堡歪曲了斯宾诺莎的话，斯宾诺莎本是说他之所以避开恶，是因为恶这种东西为他的本性所厌恶而不只是因为害怕惩罚，布林堡却把最后这句话改成“而不是因为它们包含了邪恶”，这种手法是相当恶劣的。

第 23 封　斯宾诺莎致博学而睿智的威廉·凡·布林堡阁下[①]

（复 前 信）

阁下和朋友：

我本星期收到了您两封信，一封 3 月 9 日的信只是告诉我，2 月 19 日您有一封信从雪丹姆寄给我了。在最后这封信里，我看到您对于我说“任何证明对于您来说都是徒劳无益的”等话，感到很生气，好像是因为我的论证没有直接使您满意，我才这样说的。这完全误解了我的意思。我说这话是根据您的话来的，您是这样说的：“经过长久思考以后，不管什么时候，只要我的自然知识与圣经发生矛盾，或者不完全……，我总认为圣经却有更高的权威，使我宁可怀疑我认为是清楚的概念，而不……”。因此我不过是简短地重复您的话，我绝不认为我提供有任何使您生气的最轻微的理由。特别是我说那些话仅仅是作为一个论据，表明我们之间存在有很大的分歧。

而且，既然在您的第二封信末尾，您写过：您唯一的愿望是继续信仰和希望，对于我们自然理智所确信的其他东西，您是无动于衷的，所以我过去认为，至今仍然认为，我写信是无用的。对于我来说，更为明智的办法就是不要为这种无用的事情而荒废我的研究（否则的话，我就要把这种研究中断很长时间）。这并不和我的第一封信有什么矛盾。因为那时我把您认为是这样一位单纯的哲学家，他（如许多自认为是基督教徒的人所认为的）只把自然理智，而不是把神学，作为真理的试金石。但是您现在给我的印象完全不同，使我认识到，我原想缔结我们友谊的基础并不是像我原先所想的那样建立起来了。

最后，关于其他的话，那是在争论过程中通常容易发生的，并没有因而超出礼节的范围，为此，我没有理睬您第二封信里类似的话。对于这一封信，我也将采取同样的态度。关于您的不愉快，就说这些，只是为了表明我并没有提供任何使您不愉快的理由，也不要认为我是出尔反尔。现在我进而答复您的反对意见。

首先，我说，神是一切具有本质的事物的绝对的和致动的原因，而不管事物可能是什么。现在，如果您能证明邪恶、错误或罪恶等等是某种表现本质的东西，那么我完全同意您的说法，即神是罪恶、邪恶、错误等等的原因。我认为我已经充分指明了，那些构成邪恶、错误或罪恶形式[2]的东西并不存在于任何表现本质的事物里，因而我们不能说神是它们的原因。例如，尼禄弑母这件事，就其包含有某些肯定的东西而言，并不是一种犯罪行为，因为奥雷斯特也做了同样明显的行为，并有同样的弑他母的意图。然而他并没有被谴责，至少没有受到和尼禄同样程度的谴责。那么尼禄的罪在哪里呢？这无非只是说，尼禄由于这种行为表明他是忘恩负义的，残忍无情的，大逆不孝的。这些东西确实没有一个是表现本质的，因此神绝不是这些东西的原因，虽然它是尼禄的行为和意图的原因。

其次，我想在这里指出，当我们作哲学讲话时，我们绝不能采用神学上的表达方式。因为神学通常把神表现为一个完人（虽然不是没有理由）。因此，说神欲望某些东西，神对不敬神的人的行为感到厌恶，而对敬神的人的行为感到喜爱，这是完全适合于神学的。但是在哲学里，我们清楚认识到，把使人臻于圆满的属性应用于神，其荒谬就如同想把使象或驴臻于圆满的属性应用于人一样。这些以及诸如此类的话在哲学里是没有市场的。在这里应用它们，我们不会不使我们的概念陷于完全的混乱，因此当我们作哲学的讲话时，我们是不能说神要求某人做某事，或者某事使神感到厌恶或喜爱，因为所有这些都是人的属性，而神是根本没有这些属性的。

最后，我也想指出，敬神的人的行为（这就是说，那些对神有一个清楚的观念，所有他们的行为和思想都是根据这一观念所决定的人的行为）和不敬神的人的行为（这就是说，那些没有神的观念，只有尘世事物的混淆观念，所有他们的行为和思想都是根据这些混淆观念所决定的人的行为），最后以及所有存在的事物的行为，虽然它们都是按照神的永恒律则和意旨进行的，它们都持续地依

赖于神，然而它们不仅在程度上而且在本质上彼此都是各不相同的。因为，老鼠虽然同天使一样，疯狂虽然同快乐一样，都是依赖于神，然而老鼠却不能因此而成为天使，疯狂不能因此而成为快乐。因此，我认为我已答复了您的反对意见。（如果我已正确地理解了您的这些意见的话。因为我有时怀疑您得出的结论同您答应要证明的命题是否是一样的。）

然而，假如我根据这些基本思想来回答您向我提出的那些问题的话，这将是极其明了的。第一个问题是杀人行为是否与善举行为一样得到神的同意；第二个问题是就神而言，偷盗行为是否与守法行为一样的善；第三个问题是假如有一种人，其特殊本性对于追求感官快乐和犯罪非但不厌恶而且还允许，那么是否有理由认为他具有使他必然趋善避恶的德行呢？

对于第一个问题，我回答说（作哲学讲话），我并不知道您所谓“得到神的同意”是指什么意思，如果这问题是指神是否恨一种行为，爱另一种行为，或者一种行为是否有害于神，另一种行为有益于神，那么我回答是否定的。如果这个问题是指那些杀人的人是否与那些施善的人同样的善或圆满，那么我还是回答否定的。

关于您的第二个问题，我要说：如果善就神而言，是指守法的人给神做了某些好事，偷盗的人给神做了某些恶事，那么我回答说，守法的人和偷盗的人都不能使神感到喜爱或厌恶。但是，如果问题是他们两者的行为，就它们都是真实的并且以神为因而言，是否同样的圆满，那么我回答说，如果我们单独考虑行为，就这而言，我们可以说它们是同样圆满的。如果您追问偷盗的人和守法的人是否同样的圆满和完善，那么我回答是否定的。因为所谓守法的人我理解为那种坚决欲望每一个人都能保存自己的人，在我的《伦理学》中（这书还未出版）③我曾指出，敬神的人的这种欲望必然是从他们关于他们自身和神的清晰知识而来的。因为偷盗的人没有这种欲望，他必然缺少这种关于神和他自己的知识，也就是说，他必然没有这种使我们成为人的主要东西。如果您再追问是什么能促使您只做我称之为高尚德行的行为，而不做其他行为，那么我回答说，我不知道神从无限多个方法中选取哪一种方法来决定您如此行为。神可能是在您身上铭刻了它自身清晰的观念，以使您忘怀尘世而爱神，如爱自己一样去爱其他人类。很清楚，这样一种人的性质是同其他称之为恶的东西对立的，因此它们不能在同一个主体里存在。但这里不是解释《伦理学》基本原理的地方，或者证明我所说这一切的地方。因为我现在的目的只是答复您的反驳，防御它们对我的攻击。

最后，关于您的第三个问题，它假设了一个矛盾，正如有人问我，如果某人的本性很适合于自缢，那么他为什么不自缢呢？无论如何，假设有这样一种本性是可能的，那么我说（不管我是否承认意志自由与否），如果某人看到他能在绞台上比在他自己的餐桌上生活得好，那么如果他不去绞杀自己，真是太愚蠢了。一个人如果清楚看到，通过追求罪恶，不遵循德行，他事实上可以享受更大的圆满或较好的生活或本质，那么他不去追求罪恶也就是一个蠢蛋。因为就这样一种堕落的人的本性来说，罪恶就是德行。

至于您在信的最后所补充的其他问题，既然这样的问题我们在一小时内能毫无结果地提问一百来次，既然您自己也不急待答复，那么我将不作任何回答。

现在我只要说，我等待着您的来访，我将热烈欢迎您。不过我希望快一些，因为我打算到阿姆斯特丹去一两个星期。此际，致以热诚的敬礼。我是

您的忠实的仆人

B. de 斯宾诺莎

1665 年 3 月 13 日　伏尔堡

【注释】

① 原信荷兰文，现保存在柏林国家图书馆。《遗著》拉丁文信据说是斯宾诺莎自己的译文。

② 这里“形式”(Form)一词指本质，斯宾诺莎沿用中世纪用法。

③ 斯宾诺莎大约在 1662 年就开始着手撰写《伦理学》，我们可以从《知性改进论》里找到证据，此书是斯宾诺莎在 1661 冬至 1662 年春写就的(见第 6 封信)，书中屡次谈到“我将于我的哲学中加以说明”，就是指《伦理学》。所以斯宾诺莎在这里引证了《伦理学》的观点。不过，斯宾诺莎这里实际上指《伦理学》哪一章节，倒颇费解，根据所说的内容推测，可能是指《伦理学》第四部分命题三十七附释二和命题七十二。

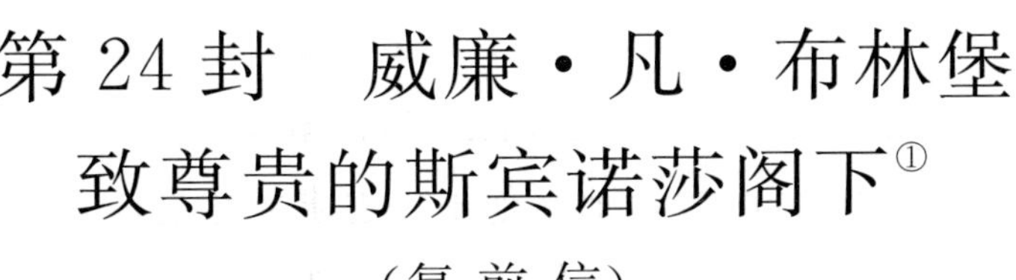

第 24 封　威廉·凡·布林堡致尊贵的斯宾诺莎阁下[①]

(复 前 信)

阁下和朋友：

这次荣幸拜访您，遗憾是时间不允许我逗留太久。虽然一离

开您，我就集中我所有的思想，力求保留我所受益的东西，但我的记忆对我们所讨论的内容却保留得寥寥无几。为此，我每到一个下榻处，就努力写下您的观点，但终于发现，关于我们所讨论的问题甚至连四分之一都记不起来。因此，如果我再一次请教您的那些我所不清楚理解的观点，或我没有很好记住的观点，请您一定要谅解，为这种打扰，我想通过一些效劳来报答。我的这些问题是：

第一，每当我阅读您的《原理》和《形而上学思想》时，我怎样才能把您按照笛卡尔观点讲述的东西同您按照您自己观点讲述的东西区分开来？

第二，错误这东西实际上有没有，它究竟是什么？

第三，您为什么说意志不是自由的？

第四，您为什么让梅耶尔在“序言”里说：您确实承认在自然界里存在有能思的实体，然而您否认这种实体构成人的心灵的本质；您只是认为，正如广延是无限的一样，思想也不是有限的，因此，正如人的身体不是绝对的，它只是以某种方式按照广延的自然规律为运动和静止所限制的广延一样，人的心灵也不是绝对的，而只是以某种方式按照思想的自然规律为观念所限制的思想。因此我们可以得出结论说，只要人的身体开始存在，人的心灵也就必然存在。在我看来，上述这些话可以推出，正如人的身体是由千千万万物粒所组成一样，人的精神也是由千千万万思想所组成的；正如人的身体当它毁灭时，再分解为千千万万的为其组成要素的物粒一样，我们的精神当它离开了身体也分解为各种各样的为其组成要素的思想；正如我们人体的各分离的物粒彼此之间不总是结合在一起的，而是有别的物粒介于它们之间一样，我们也似乎可以推出，当我们的精神消灭时，作为其组成分子的无数思想也不是常常结合在一起的，而是分离的；正如我们的身体当它们分解了仍保存许多物粒（当然这些物粒不是人的身体）一样，我们的思想实体死亡分解后也保存了许多我们的思想或思想实体（当然这些思想或思想实体的本质却不同于平常所说的人的精神）。因此，我将继续认为，即使您说人的思想实体像有形实体一样被改变或被分解，然而确实有些人（如果我没有记错的话）像您所讲的邪恶的人那样，完全被消灭了，而没有保留任何的思想。按照梅耶尔的说法，因为笛卡尔仅仅假设了心灵是一个绝对的思想实体，那么我认为您和梅耶尔两人绝大部分只是在做假设，因此我很不清楚地理解您关于这些问题的意思。

第五，在我们的谈话和您的 3 月 13 日最后一封来信中，您说，从我们关于神和我们自身的知识可以推知我们是坚决地欲望每一个人应当继续保存自己，但是您仍需要解释，我们关于神和我们自身的知识究竟怎样才使我们有这个想法，每一个人应当保存他自己的坚决欲望，这也就是说，神的知识究竟怎样推出或迫使我们去爱德行和避免那些我们称之为邪恶的行为，因此可以说（因为按照您的说法，谋杀和偷盗包含了某些肯定的东西，正如施舍善举一样），杀人并不包含有同样的圆满、幸福和快乐，有如施舍善举那样。但是您或许会说，像您在 3 月 13 日的来信中所说，这个问题是属于《伦理学》的，在那里您才讨论这个问题，如果是这样，那么对于这个问题，以及前面那些我不能清楚理解您的意思的和我不能不认为是荒谬的问题，您就没有解释，既然如此，所以我仁慈地请求您对于这些问题给我一个完满的答复，特别是说明一下作为

您的《伦理学》，尤其是这个问题基础的基本界说、公设和公理。或许您会感到烦恼，但这要怪您，我求您满足我这一次的请求吧，因为这根本的问题没有解决，我将永不能理解您的真正意思。但愿我能为您做某些事来报答您，我并不敢限您一个或两个星期，我只恳求您在到阿姆斯特丹之前让我能收到您的回信。阁下，如果您这样做了，我将万分感激您，我现在是而且永远是

您的最忠顺的仆人

威廉・凡・布林堡

1665 年 3 月 27 日　都德莱希特

致居住于伏尔堡的别涅狄克特・德・斯宾诺莎

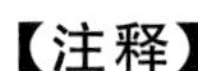

【注释】

① 原信荷兰文，现保存在阿姆斯特丹统一浸礼会档案馆。《遗著》所载拉丁文乃是编者所译。

第 25 封　亨利・奥尔登堡致尊贵的斯宾诺莎阁下①

尊贵的阁下、我亲爱的朋友：

当我从塞拉列乌斯先生② 最近的信中得悉您还健康，并惦记着您的奥尔登堡，我感到非常的高兴。但同时我极大地责怪我的命运（如果可以用这个字眼的话），它使我数月以来失去了过去我

所享有的同您极其幸福的交往。这必须归咎于我的事务的繁杂以及我国内的过多的灾难,因为我对您的无限忠诚和崇高友谊是永远坚定绝不动摇的。波义耳阁下和我屡次讲到您,讲到您的学识和您的深邃的思想。我们期望您的思想取得新成果,引起知识界的注意,我们相信,您将不会辜负我们的这种期望。

没有理由要在您们国家出版波义耳阁下关于硝石以及凝固性与流动性的论文,因为这里已刊行了拉丁文版本,只是没有机会将印刷本寄给您。因此,我恳求您不要让您们国内的出版家作这种打算。另外,波义耳用英文和拉丁文发表了他卓异的关于颜色的论文以及关于冷和温度等的实验报告③,其中有很多真知灼见,包含不少新的观点。要不是这场不幸的战争阻挠的话④,这些文章都可以寄给您。这里也有一部关于用显微镜进行六十次观察的卓越论著⑤,大胆地提出了许多论点,不过是哲理性的(确实是按照力学原理写的)。我希望我们的书商能找到一条能将所有这类书籍火速发往您国的通道。我渴望收到您的亲笔来信,告知您新近的打算,或最近的工作。我是

您的最忠诚的和亲爱的

亨利·奥尔登堡

1665 年 4 月 28 日 伦敦

【注释】

① 此信见《遗著》,原信是拉丁文写的,现已阙失。

② 塞拉列乌斯见第 14 封信注。

③ 指波义耳1664年出版的《关于颜色的实验和思考》和1665年出版的《对冷的新实验和观察》(*New Experiments and Observations upon Cold*)两本书。

④ 不幸的战争指1665年1月英国向荷兰宣战。

⑤ 这部关于显微镜60次观察的论著指虎克(R. Hooke, 1635—1703)的《显微术》(*Micrographia*)一书，该书出版于1665年。虎克曾做过波义耳的助手，1677年奥尔登堡死后，他接替奥尔登堡担任英国皇家学会秘书。

第26封 斯宾诺莎致高贵而博学的亨利·奥尔登堡阁下①

(复前信)

尊敬的朋友：

几天前我的一位朋友告诉我，有个阿姆斯特丹书商交给他一封您4月28日写来的信，这书商无疑是从塞拉列乌斯阁下那里收到的。我非常高兴终于能从您自己那里得知您的健康和一如既往的对我的关怀。而我这方面，只要有机会，我总是会向塞拉列乌斯阁下和克里斯蒂安·惠更斯，Z. D.②阁下打听您的情况和健康状况，因为惠更斯告诉我，他也认识您。也是从惠更斯阁下那里，我知道了博学的波义耳阁下还活着，并用英文出版了他的关于颜色的卓越论著，这本书如果我通晓英文的话，他将赠送我一本。因此我高兴地从您那里得知这本论著以及其他我原先未听到的关于冷和温度的著作已经用拉丁文版本刊行问世。关于用显微镜观察的那篇著作也是惠更斯阁下告知的，如果我未弄错的话，它是用英文写的。惠更斯阁下告诉我许多有关这类显微镜和意大利制造的某些望远镜的有趣的事情③，意大利人使用了这种望远镜，能观察到木星上由于它的卫星的干扰所引起的蚀现象，以及土星上的某种阴影，这阴影好像成一环带④。在这类事情方面，我不能不对笛卡尔的轻率感到十分惊讶，他说，土星后面的行星（因为他认为行星是土星的投影，也许因为他从未看到它们接触土星）之所以不运动的理由可能是因为土星并不围绕它的轴心旋转⑤。因为这不符合他的原理，假如他不在投影上下工夫的话，他就可以很容易地从他的原理中解释了这种投影的原因，等等。

斯宾诺莎

〔1665 年 5 月　伏尔堡〕

【注释】

① 此信见《遗著》，原信是拉丁文，现已阙失。

② Z. D. 即 Zeelhemi Dominum 的缩写，即采尔黑姆（或楚里兴）庄园主。因为惠更斯的父亲康斯坦丁·惠更斯在采尔黑姆有一大片庄园，所以在英国皇家学会的《哲学学报》里，惠更斯的全名通常是“楚里兴的克里斯蒂安·惠更斯”。

③ 意大利制造的某些望远镜，即罗马的 Giuseppe Compani 所造。惠更斯自己尽力在寻求怎样制造这样大的透镜，但都失败。不过惠更斯对于他自己在透镜方面的工作相当保密，曾警告他的兄弟不要把他工作的情况告知斯宾诺莎或胡德。

④ 木星的卫星首先是由伽利略发现的，他曾观察过四个卫星。第五个卫星是在 1892 年发现的，1904 年又发现两个。木星的卫星引起蚀现象，第一次是在 1665 年由一个名叫 Dominico Cassini 的天文学家在罗马观察到的。土星环是在 1656 年第一次由惠更斯发现的，虽然在以前伽利略也观察到某

些情况，但由于他的望远镜不当，误把环认为是投影或行星。

⑤ 参看笛卡尔:《哲学原理》第三章原理154。

第27封 斯宾诺莎致谦恭而尊贵的威廉·凡·布林堡阁下[①]

（复第24封信）

阁下和朋友：

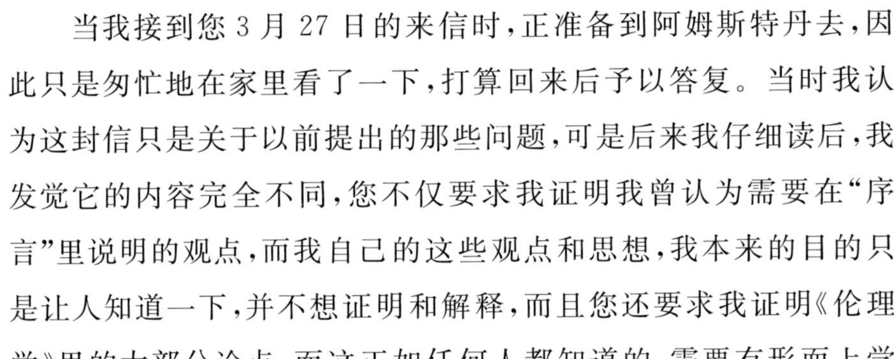

当我接到您3月27日的来信时，正准备到阿姆斯特丹去，因此只是匆忙地在家里看了一下，打算回来后予以答复。当时我认为这封信只是关于以前提出的那些问题，可是后来我仔细读后，我发觉它的内容完全不同，您不仅要求我证明我曾认为需要在“序言”里说明的观点，而我自己的这些观点和思想，我本来的目的只是让人知道一下，并不想证明和解释，而且您还要求我证明《伦理学》里的大部分论点，而这正如任何人都知道的，需要有形而上学和物理学的基础，因此，我无论如何不能满足您的这种请求。但我想有一个当面交谈的机会，以最友好的方式请求您放弃您的要求，那样我就会同时告知您，我之所以拒绝的理由，并最后可以向您指明这些问题并不有助于解决您的第一个问题，正相反，这些问题极大部分却依赖于第一个问题。所以，如果认为不先解决这类新的问题，我关于事物必然性的观点就不能被理解，那是完全不正确的，因为解决诸如此类的问题，除非首先理解了事物的必然性，否则是不能把握的。而事物的必然性，正如您所知道的，是属于形而上学问题，这种知识必须首先建立。但是在我尚未得到这个欲想的机会之前，本星期我从我的房东那里又收到您的另一封信，信中似乎对我长期的延宕有某些抱怨，因此我不得不写下这几行，把我现在所说的决定和打算简单地告诉您。我希望您看过后，将会自愿放弃您的请求，而并不埋怨我。我自己也将尽一切力量表明我永远是

您的善意的朋友和仆人

斯宾诺莎

都德莱希特　大教堂附近

粮商威廉·凡·布林堡先生收

寄自伏尔堡 1665 年 6 月 3 日

【注释】

① 原信是荷兰文，现保存在莱登大学图书馆。《遗著》所载拉丁文据说是斯宾诺莎自己的译文。

第 28 封　斯宾诺莎致博学而精明的约翰·鲍麦斯特阁下[①]

卓绝的朋友：

我不知道您是否已完全把我忘了，但许多事情暗示了这种疑虑。首先，当我正要出发旅行时，想同您告别，并且认为您既然邀请我，那无疑定能在家碰见您，可是我发现您却到海牙去了。我回

到伏尔堡，料想您至少一定会顺便来看我一下，可是天不从人愿，您却不告而别。最后我等了三个星期，一直也未见到您的一封信。因此，如果您想消除我的这种看法，那很容易，只要您写封信给我，告知我们今后如何进行通信联系，如过去在您家里我们所说的那样。另外，我衷心地想请求您，或者更确切地说，凭靠我们的友谊，我乞求和恳求您，以真正的热诚自觉从事于某种严肃认真的工作，将您生命的最好时刻奉献于培养您自己的理智和心灵上。我说这些，是要您珍惜时间，不要虚度光阴，以致将来懊悔。

关于我们计划的通信，为了使您能更自由地给我写信，有些事需要说一下。您必须知道，我以前还犹豫现在几乎确定的看法，即您对自己的能力太缺乏自信了，更确切地说，您是害怕探问或主张某种有失学者身份的观点，但是，这并不使我当面赞扬您，我不认为这是您的天才。如果您害怕我将您的信泄露给他人，使您变成他们谈笑的资料的话，那么我向您保证，我一定严守秘密，没有您的同意，我绝不将它们泄露给任何人。有了这些条件，您可以开始给我写信了，除非您还怀疑我的忠诚，当然这种忠诚我自己是不认为有的。但是我期望您第一封信能告知您关于这一点的看法，我也希望您所允诺的红玫瑰蜜饯②给我一些，虽然我的身体在这段长时间还算健康。在我离开那里之后，我放了一次血，但发烧不止(虽然我比以前未放血时更精神了些，我认为，这是由于空气的改变)，而且我有两三次被隔日热所折磨，虽然最后靠良好的饮食已把它驱逐给魔鬼了，但却不知道它的去向，我现正注意不让它再反复。

关于我的哲学第三部分③，如果您要翻译它的话，我将立即寄一些给您或我的朋友德·福里，虽然我曾打算在完稿之前不再寄给您们，但是时间之长超出了我的预料之外，我不想让您们期待太久，我将把大约前八十个命题先寄给您们。④

我听到许多有关英国的事情，但不确切，大众是不会停止评价一切邪恶事情的，任何人也不会找到舰队为什么不起航的理由⑤。的确，事情并不是安然无危险的。我怕我们的统治者想得太天真烂漫了，但事件的过程本身将最后表明他们在想什么、他们将企图什么——愿上帝保佑。我希望听到我国人民在那里想什么，他们确实知道什么，但首要的，请您惦念我，等等。

斯宾诺莎

〔1665 年 6 月　伏尔堡〕

【注释】

①　《遗著》未收这封信，最早是由范·伏洛顿(Van Vloten)在其《斯宾诺莎著作增补》(1860)里发表的，原件(拉丁文)现保存在阿姆斯特丹统一浸礼会。在原件背后有一个批示(大概是《遗著》出版者写的)："此信无价值"，可能因此而未收入《遗著》中。原信未注明日期，但从信中最后一段提到荷兰舰队，很可能是 1665 年 6 月初写的，因为荷兰舰队是在 1665 年 6 月 13 日被击退。收信人约翰·鲍麦斯特(John Bouwmeester，1630—1680)，阿姆斯特丹医生，曾在莱登大学研究哲学和医学。他是梅耶尔的好友，曾在 1663 年为斯宾诺莎的《笛卡尔哲学原理》写了一首题辞。

②　玫瑰蜜饯，是玫瑰花芽加糖水制成的糖浆，在当时认为是一种治疗肺病的药方。此信告诉了我们有关斯宾诺莎早期肺病的情况，十二年后斯宾诺莎就是死于这种病。

③　指《伦理学》第三部分，这里说明斯宾诺莎在 1665 年已完成了《伦理学》大部分内容了。

④　奇怪的是，在现存的《伦理学》第三部分里，一共只有 59 个命题，而

此信却说他将寄出前 80 个命题。据英译者沃尔夫推测，斯宾诺莎当时计划《伦理学》共三部分，即现有的第三、四和五部分合为第三部分，可见此信说第三部分前 80 个命题，已指现存的《伦理学》第四部分内容了。

⑤ 这里斯宾诺莎表达了荷兰人民对他们海军的不主动的急躁情绪。实际上当时荷兰海军正准备在近 Harwich 海岸发动一场对英国的攻击，不幸的是，1665 年 6 月 13 日发动的这场攻击却以荷兰的失败而告终。

第 29 封　亨利·奥尔登堡致尊贵的斯宾诺莎阁下①

卓绝的阁下、最高贵的朋友：

从您 9 月 4 日写给我的最后一封信中可以清楚看出，您对于我们的事业深为关怀，而不只是一种偶然的兴趣。您不仅使我，而且也使我们最高贵的波义耳都感恩不尽。对此他要我向您表示深深的谢意，一有机会，对于您的仁慈和柔情，他将以他所能及的一切效劳予以报答。您也可以坚信我也是同样的态度。至于那位太爱管闲事的人，虽然这里已有了那本关于颜色的论著的译本，他却偏要想出另一种译本，或许他将会认识到，他那种反常的热情反而使他错打了算盘。因为，如果作者还想用许多在英文译本中尚未有的实验来扩充拉丁文译本，并准备在英国出版的话，那么他的翻译有什么意思呢？我们的译本短期内就可以分发，必然会完全胜过他的，而且一定会得到明智人士更高的评价。但是让他自己去庆贺他自己吧，如果他愿意的话。我们将考虑我们自己认为是最恰当的事情。

基席尔的《地底世界》尚未在我们英国发行[②]，因为时疫盛行，差不多中断了一切交通。另外，这是一场极其可怕的战争，后果是带来了伊里亚特的灾难，所有这些只是把一切人类的仁慈从世界上扫除干净。[③]

而且，虽然我们的哲学学会在这危险的时期没有举行公开的会议，然而它的各地成员却没有忘记他们自己的责任，因此有些人私下进行了流体静力学的实验，有些人从事解剖学的实验，有些人进行力学实验，还有一些人从事于别的实验。波义耳先生已经对形式和性质的起源问题作了考察，这个问题至今仍在学院里为学究们所研讨，他关于这个问题已撰写了一篇论文（无疑是卓异的），可能短期内发表。[④]

我觉得，如果我可以这么说的话，与其说您是在进行哲学家思考，还不如说您是在做神学家工作；因为您现在正在撰写您关于天使、预言和奇迹的想法。但也许您是在运用一种哲学的方式这样做。但不管怎么，我确信，这个工作对于您来说是有价值的，特别为我所期望。既然这段极为困难的时期阻止了自由的交往，所以我恳求您至少在下次来信中不要忘了告诉我在这项工作中您的计划和打算。

这里我天天等待有关第二次海战的消息，除非您们的舰队已退回到港口[⑤]。您用来暗示您国人们打仗的勇敢是野蛮无人道的。因为如果人们遵照理性而行动，那么他们绝不会使另一国人们遭受如此的苦难，这是任何人都清楚的。但我为什么要抱怨呢？只要有人类，就会有邪恶。但这并不是不可救治的，可以通过灌输美好的事物来加以平衡。

正当我写这封信的时候，我接到了但泽的卓越天文学家约翰·海维纳斯先生写来的一封信。信中除了别的事外，他还告诉我，他的十二卷本《彗星志》已准备全年刊印完毕，而且有四百页即前九卷现已完成。他还说他已经给我寄了几本他的《彗星序论》印刷本，在这本书里他全面描述了两颗新近出现的彗星中的第一颗彗星，但这几本书尚未到我手里。另外他还讲到他正准备出版另一本讲述第二颗彗星的书，现正让学者们审阅。⑥

我恳求您告诉我，贵国人们对于惠更斯的摆，特别是对于那种据说可以精确表示时间量度，能用来在海上找出经度的摆有什么意见？也求您告诉我一些有关惠更斯的屈光学和论运动的论文的事情，这两篇文章我们一直期待了很长时间。我相信他不是等闲之辈，我只是想知道他正从事些什么工作。⑦

再见，永远敬爱您，

您的最忠诚的

亨利·奥尔登堡

〔1665 年 9 月　伦敦〕

海牙　亚当和夏娃街

画家但尼尔先生寓

转 Baggyne 街

别涅狄克特·斯宾诺莎阁下收

【注释】

①　此信《遗著》未收入，最初是由 Van Vloten 在其《斯宾诺莎著作补

遗》(1860)里刊载的。原件(拉丁文)现存阿姆斯特丹统一浸礼会。按信中所说,斯宾诺莎在这年 9 月 4 日曾给奥尔登堡写去一信,不幸这封信现已佚失。从奥尔登堡这封信第四段看来,斯宾诺莎在那封信中谈到了他当时主要致力于《神学政治论》的撰写工作。斯宾诺莎为什么要在这时中断他的《伦理学》,而改写《神学政治论》呢?这可能要从当时荷兰的政治形势找寻答案。我们知道,荷兰在成立尼德兰联邦之后,虽然以德·韦特为首的共和派掌了大权,但以奥伦治亲王为首的君主派在各地仍拥有很大势力,他们利用荷兰农民和水手对皇室的感恩情绪以及加尔文教、反对民主派的各项政治实施,特别是反对德·韦特的政教分离、思想自由、信仰自由的主张。为了反驳反对派的攻击,德·韦特曾鼓励斯宾诺莎著书讨论政教问题,以佐自己政见,斯宾诺莎也深感到有必要在反对宗教偏执和不容异说的战斗中尽到他自己应尽的责任,为此,他暂把《伦理学》停顿一下,而集中全力著述《神学政治论》一书,由于加尔文教在反对共和派的宣传中经常援引圣经,所以斯宾诺莎不得不以对圣经作科学的历史的解释来回击,也正是这个缘故,奥尔登堡才在信中诙谐地说:“我觉得,如果我可以这么说的话,您与其说是在进行哲学家的思考,还不如说是在做神学家的工作,因为您现在正在撰写您关于天使、预言和奇迹的想法。”

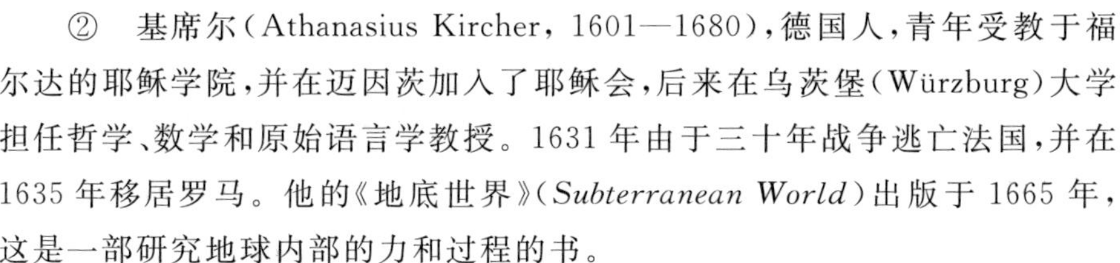

② 基席尔(Athanasius Kircher, 1601—1680),德国人,青年受教于福尔达的耶稣学院,并在迈因茨加入了耶稣会,后来在乌茨堡(Würzburg)大学担任哲学、数学和原始语言学教授。1631 年由于三十年战争逃亡法国,并在 1635 年移居罗马。他的《地底世界》(*Subterranean World*)出版于 1665 年,这是一部研究地球内部的力和过程的书。

③ 这是指英国伦敦在 1665 年发生的一场大瘟疫,死了近七万人。

④ 指波义耳的《根据原子哲学看形式和性质的起源》(*Origine of Formes and Qualities according to the Corpuscular Philosophy*),该书出版于 1666 年。此处形式和性质仍指中世纪经院学说。

⑤ 第二次海战指休整的荷兰舰队在 1665 年 8 月 14 日再次反攻英国舰队,由于气候不利,荷兰这次反攻仍遭失败。至此,英国舰队两次击败荷兰舰队,荷兰的海上霸权地位遭到根本的动摇。

⑥ 海维纳斯(Johann Hevelius, 1611—1687),早年曾在莱登大学研究

法律,后定居但泽(波兰港口)。他的主要兴趣在于天文学。1641年他建立了一座私人天文台,装置了一台焦距为150英尺的大望远镜,曾观察了潮汐现象和四颗彗星,他的《彗星序论》(*Prodromus Cometicus*)出版于1665年,主要谈1664年观察的彗星。他的《彗星志》(*Cometography*)出版于1668年。

⑦ 1656年惠更斯曾发明了一架摆钟,他在1658年发表的《摆钟论》(*Horologium Oscillatorium*)就是论述这架摆钟的。他的《屈光学》(*Dioptrics*)和《论物体运动》(*De Motu Corporum*)均在1700年他死后发表。

第30封 斯宾诺莎致高贵而博学的亨利·奥尔登堡阁下①

(复前信)

……我很高兴,您们的哲学家们还活着,还惦念着他们自己和他们的共和国。当武士们饱尝了血液,准备休整一下以便重整旗鼓的时候,②我将期待有关这些哲学家最近活动的消息。如果那位有名的嘲笑家今天还在世,那么他保险会笑死。面临这场骚乱,我既不笑,也不哭,而是进行哲学思考,更切近地观察一下人类的本性。③我不认为嘲笑自然是正确的,更不要说悲叹自然了,因为我认为人类如同其他东西一样,只是自然的一部分,我不知道自然的每一部分是怎样同整个自然,以及同自然的其他部分进行联系的。我觉得正由于缺乏这样一种知识,所以自然中的某些事物早先在我看来常常是虚浮的、纷乱的和悖理的,因为我只是部分地支离地感知它们,它们同我们的哲学精神不符合。但现在,我要让每一个人都按照他们自己的想法生活。只要允许我为真理而生,那么谁如果愿意的话，就让他们为了他们的幸福而死去。

我现正撰写一本解释圣经的论著。④ 我这样做有下列几个理由：1. 神学家的偏见；因为我认为这些偏见是阻碍人们思想通往哲学的主要障碍，因此我全力揭露他们，在比较谨慎的人们的思想中肃清他们的影响。2. 普通群众对于我的意见，他们不断地错误地谴责我在搞无神论。只要有可能的话，我也不得不反驳这种责难。⑤ 3. 哲学思考的自由，以及我们想什么就说什么的自由。我要全力为这种自由辩护，因为在我们这里由于传教士的淫威和无耻，这种自由常常是被禁止的。⑥

关于新近出现的彗星现象，我并未听到笛卡尔派人按照笛卡尔的假设作任何说明，我怀疑他们是否能正确地这样加以解释。……

斯宾诺莎

〔1665 年 9 月或 10 月　伏尔堡〕

【注释】

① 此信是从奥尔登堡 1665 年 10 月 10 日写给波义耳的信中摘出来的（发表在 1772 年伦敦出版的《波义耳全集》第 6 卷第 200 页以下），故不全。《遗著》未收入。

② 这里指 1665 年开始的英荷战争。

③ 有名的嘲笑家即德谟克利特（公元前 460—前 370），据说他经常嘲笑人类的自负和愚蠢。斯宾诺莎的态度正好与德谟克利特相反，正如他在《政治论》中所说的：“我力求理解人的行为，而不是嘲笑、哀叹或咒骂人的行为。因此我并不把人类的激情，诸如爱、憎、愤怒、忌妒、骄傲、怜悯和扰乱心灵的其他情绪看作人性的邪恶，而是看作人性所固有的一些特性，这正如同

热、冷、暴风雨、雷鸣以及诸如此类的现象属于大气的本性一样，这些现象虽然不利于人的活动，但它们是必然的特性。”（《政治论》第一章第四节）

④ 指《神学政治论》一书。

⑤ 斯宾诺莎既然主张神即自然，为什么他又拒绝无神论者这一光荣称号呢？这在我们现在看来是相当奇怪的，其实只要了解一下十七世纪所谓无神论是指一种不道德的放荡不羁的思想，就很容易理解的。正如斯宾诺莎在第43封信里所明确表明的：“如果他知道了这一点（指斯宾诺莎生活方式），他就绝不会轻易相信我在讲授无神论。因为无神论者惯于对荣誉和财富孜孜以求，而这些正如所有认识我的人所知道的，我却历来都嗤之以鼻。”

⑥ 这里传教士指加尔文教徒。当时加尔文教站在奥伦治一边，反对德·韦特的民主政治、反对言论和思想自由。斯宾诺莎《神学政治论》一书就是反对他们的说教，全力为自由思想辩护，正如他在该书序言中所说的：“自由比任何事物都为珍贵，我有鉴于此，欲证明容纳自由，不但于社会的治安没有妨害，而且，若无此自由，则敬神之心无由而兴，社会治安也不巩固。我相信我做此事，也非无益之举。这是我在本书中所要得出的主要结论。”（见《神学政治论》，商务印书馆，1963年版，第12页）

第31封 亨利·奥尔登堡致尊贵的斯宾诺莎阁下①

（复前信）

卓绝的阁下、高贵的朋友：

您的作为犹如一位智者和哲学家，您酷爱善良的人们。您也无须怀疑善良的人们也热爱您，如实地评价您的功绩。波义耳阁下和我一起对您表示衷心的感谢，他要我鼓励您在哲学方面坚毅不懈、勇往直前。特别是当您在我们如何认识自然的每一部分同自然整体一致，与所有其他部分相联系这个极为困惑的问题上有所创见时，我们热切地恳求您告诉我们。

我完全赞同您提到的那些促使您论述圣经的理由，我非常渴望能亲眼看到您这方面的思想。塞拉列乌斯先生或许最近能寄给我一个小包裹，如果您认为合适的话，您尽可以放心地将您这方面的论著委托给他，您也可以确信我们会迅速报答您的。

我已读了基席尔的《地底世界》一部分。虽然他的推理和理论并不表明有什么伟大的思想，然而其中告诉我们的观察和实验却深深说明了作者的勤奋，他的尝试应受哲学家的理想国的赞赏。因此您看到我对他几乎是虔敬的，您也会很容易地看清用这种圣水浇灌他的那些人的精神面貌。

当您提到惠更斯关于运动的论文时，您明确表示笛卡尔的运动定律几乎完全是错误的。我现在手头没有您以前出版的《几何学证明笛卡尔原理》这本小册子，我想不起在这本书里您是否指出了这种错误，还是为了某种别的原因您紧随笛卡尔。我希望您最后有您自己思想研究的成果，交给哲学世界去抚育和培养。我还记得您在有些地方指出过，笛卡尔解释的许多事情是超出人的理解之外的，即使他还有一些是卓越而敏锐的、能够为人们清楚理解和最明晰说明的[②]。我的朋友，您为什么要踌躇呢，您怕什么？请大胆尝试、勇往直前，完成这项伟大的重任。您将看到整个真正哲学家的合唱队将会为您高唱赞歌。我敢于这样的发誓，如果对这我还有丝毫的怀疑的话，我是不会这样发誓的。我完全不相信您有任何触犯神的存在和天意的思想，只要这些思想保持完整无缺，宗教就有坚实的基础，一切哲学思考也就很容易受到保护和宽恕。

所以不要再犹豫了，不要让您的斗篷被扯碎。

我想您不久就会听到有关最近彗星的议论。但泽的海维纳斯和法人阿查特③，这两位学识渊博的人和数学家，就观测报告正展开辩论。这场争论现正进行，一当辩论结束，我相信，我会得知整个情况，并转告您。眼下我能说的，就是所有的天文学家，至少是我所熟悉的那些天文学家都认为这不是一颗彗星，而是两颗彗星。我还未碰见有哪一个人试图用笛卡尔的假设来解释这两颗彗星现象。

如果您得知有关惠更斯阁下的研究和工作，他的摆在确定经度方面的成功，以及他再去法国的任何消息时，我求您尽可能早地让我知道。同时我也恳求您告知一些贵国对和平谈判，送往德国的瑞典陆军的计划④，以及明斯特主教的巡行⑤的反应。我相信明年夏天全欧将爆发一场战争，一切事物似乎都有一次异常的改变。

让我们以纯洁的心灵服役于最高的上帝，并培育真正的、坚实的和有用的哲学。我们有些随国王去牛津的哲学家在那里经常举行会议，都关心要加强物理学研究。除研究别的外，他们最近开始探讨了声音的本性。我相信他们将做实验去发现在绷弦时，没有任何其他的力量的帮助，重力一定要按什么比例增加，才能产生下一阶与以前的声音相和谐的更高的音调。关于这更详细的情况以后再谈。

再见，记住您的最忠顺的

亨利·奥尔登堡

1665 年 10 月 12 日　伦敦

【注释】

① 此信见《遗著》，原信是拉丁文，现已阙失。

② 在《笛卡尔哲学原理》序言里，梅耶尔就说过类似的话："在某些地方所使用的这一点或那一点超出了人的认识范围一语，也应当这样看待……在作者看来，只要我们的理智沿着笛卡尔所创导和经历的道路去研究真理和事物，所有这些东西，以及更高超更精致的东西，不仅都能清楚明白地为我们理解，而且甚至能够毫不费力地加以说明。"

③ 阿查特(Adrien Auzout，？—1691)，巴黎科学院院士。他和海维纳斯曾就 1664 年观察到的彗星展开了争论。

④ 在荷英战争期间，英国曾有打算劝说瑞典政府出兵攻击荷兰，但这计划并未实现。

⑤ 明斯特主教即德国的封・加伦(Christoph Bernhard von Galen，1606—1678)他在 1665 年 9 月 23 日协同英国侵入荷兰。

第 32 封　斯宾诺莎致高贵而博学的亨利・奥尔登堡阁下[①]

(复前信)

高贵的阁下：

对于您和高贵的波义耳阁下亲切地鼓励我在哲学方面勇往直前，我深表谢意。只要我脆弱的力量允许的话，我一定继续努力，同时我深信，您们会给以友好的帮助。

当您问我在自然的每一部分如何与整个自然相一致，与其他的部分相联系这一认识问题上作何考虑时，我认为您的意思是问我们根据什么理由相信自然的每一部分与整个自然相一致，与其他部分相联系。因为在我以前的信中我说过，我不知道各个部分是如何真实联系起来的，每一部分是怎样与整体一致的，因为要知道这一点，我们就必须认识整个自然及其所有部分。

因此，我将试图指出使我坚持这种主张的理由，但我首先要提醒您一点，就是我绝不把美或丑、和谐或纷乱归给自然，因为事物本身除非就我们的想象而言，是不能称之为美的或丑的、和谐的或紊乱的。

我所谓部分相联系，无非只是指一部分的规律或本性与另一部分的规律或本性相适应，以致它们很少可能产生对立。至于整体和部分，我是把事物看作为某个整体的部分，这是就它们的本性是这样相互适应，以致它们彼此之间尽可能一致而言。但是就事物彼此之间的差别而言，每一事物在我们心灵中产生一个不同于得自其他事物的观念，因而它们又被认为是整体，而不是部分。例如淋巴、乳糜等等微粒的运动，在大小和形式方面彼此之间非常适应，因而它们完全相互一致，共同形成一种液体，仅就这方面而言，淋巴、乳糜等等就被认为是血液的各个部分。但当我们考虑到淋巴微粒在形式和运动方面不同于乳糜微粒时，就这方面来说，我们就认为它们是整体，而不是部分。

如果您愿意，现在让我们想象一下，假定有个寄生虫活在血液里，它的视觉相当敏锐，足以区分血的微粒、淋巴微粒等等，并且也有理性，可以观察每一部分在同另一部分相碰撞时，是怎样失去或增加它自己一部分运动的，等等。这个寄生虫生活在这种血液里，就如同我们生活在宇宙这部分中一样，它将会把血液的每一微粒认作是一个整体，而不是部分，并且不能知道所有的部分是如何为

血液的一般本性所支配，彼此之间如何按照血液的一般本性的要求而不得不相互适应，以便相互处于某种和谐的关系中。因为，如果我们想象在血液之外，没有任何原因将新的运动传给血液，血液之外没有空间、没有其他的物体能接收血液微粒的运动，那么血液一定永远保持它的状态，除了那些可以认为是由于血液对淋巴、乳糜等等的某种运动关系所引起的改变外，血液微粒将无任何别的改变，所以血液就必定总被认为是一个整体，而不是部分。但是既然有许多其他的原因以某种方式支配血液本性的规律，因而反受血液所控制，所以在血液里也存在有其他的运动和变化，这些运动和变化不仅是由于血液的各部分彼此之间的运动关系所引起，而且也是由于血液的运动关系和外来原因彼此间的运动关系所引起，在这种情况下，血液就具有部分的性质，而不具有整体的性质。我谈的仅仅是整体和部分的关系。

对自然界中的所有物体，我们可以而且也应当用像我们这里考察血液的同样方式来加以考虑。因为自然中的所有的物体都被其他的物体所围绕，它们相互间被规定以一种确定的方式存在和动作，而在它们的全部总和中，也就是在整个宇宙中，却保持同一种运动和静止的比例。因此我们可以推知，每一个物体，就它们以某种限定的方式存在而言，必定被认为是整个宇宙的一部分，与宇宙的整体相一致，并且与其他的部分相联系。因为宇宙的本性并不像血液的本性那样受限制的，而是绝对无限的，所以宇宙的各个部分被这种无限力量的本性以无限多的方式所控制，而不得不发生无限多的变化。但就实体而言，我认为其每一部分与其整体有更紧密的结合，因为，正如我仍在莱茵斯堡时写给您的第一封信中所力求表明的，既然实体的本性是无限的，所以推知，每一部分皆属于有形实体的本性，没有实体，它们既不能存在，又不能被设想。

这样，您就明白了我是怎样以及为什么要认为人的身体是自然的一部分。关于人的心灵，我认为同样也是自然的一部分。因为我讲过，在自然界中存在有一无限的思想力，这思想力就其是无限的而言，本身就观念地（subjectively）包含有自然的全体，其思想的进程与作为其对象（ideatum）的自然的进程是一样的。

我主张人的心灵是这同一种思想力，但不是就其是无限的和感知自然的全体而言，而是就其是有限的和只感知人的身体而言，在这种意义下，我主张人的心灵是某一无限理智的一部分。

但是精确地解释和证明所有这些观点以及与之相关的看法将是一桩太费时间的工作，我不认为现在您要求我这样做。的确，我很怀疑我是否正确理解了您的意思，我答复的问题是否不是您问的问题，我很想您能告诉我。

至于您接下来说，我明确表示了笛卡尔的运动定律几乎完全是错误的，如果我没有记错的话，我是说惠更斯先生有这样的意见，我并没有说笛卡尔的所有运动定律都是错误的，我只是说他的第六运动定律是错误的，而且我还认为，在这方面甚至惠更斯也是错误的。当时我还请求您把您们在皇家学会里关于这个假说所做的实验告诉我。但我想您们可能未得到允许这样做，因为关于这个问题您并没有给我任何答复。②

刚提到的惠更斯现在和过去一样，全力从事于磨制光学镜片。

为了这个目的，他还发明了一部机器，用来转动磨刀壳，这部机器确实是相当精巧的。但是他以此取得了什么成就，我还不知道，说实话，我也不想去知道，因为经验已充分告诉了我，用球形的刀壳去磨制镜片，自由的手工操作要比任何机器操纵更精致更保险。至于他的摆所取得的成功，以及他去法国的日期，我尚不能提供任何确实的消息。

明斯特的主教在愚蠢地进入弗里斯兰之后，就像伊索寓言里的山羊一样掉进了井里，而无法再前进了。除非冬季很早到来，否则他将不会没有重大损失而离开弗里斯兰[③]。无疑地，他敢于这样的冒险是由于某个叛徒或其他人的劝诱。但这作为新闻来说，是太过时了，在这一两个星期内并没有什么薪的消息值得向您报道。这里似乎还没有什么与英国和谈的希望。最近有一种谣传，揣猜荷兰大使去到法国的意图，奥弗赖塞尔的人民极力引进奥伦治王子，这像许多人所想那样，与其说是给荷兰增添不便，还不如说是为了他们自己的利益，他们还梦想将奥伦治王子送到英国作斡旋人质。但事实显然不是这样。今日之荷兰即使在梦中也不想和平。除非情况变得使他们能够以买到和平来赚钱。关于瑞典人的计划，人们仍有所怀疑。许多人认为瑞典人的目标是美因茨，另一些人认为是荷兰。但这些都只是猜测。

上星期我就写好这封信，但因为大风阻挡我去海牙，故没有能寄出。这就是生活在这个乡村的不幸。除非我侥幸按时在这里寄出信，否则很少能预期收到回信的，往往会延宕一两个星期之久，但经常我很难于按时寄出信件。因此当您看到我未能及时答复您，您绝不要认为这是因为我忘了您。好了，时间已不允许我再写

了，其他的事情另找机会函告。现在我没有什么要说，只是请您代我向高贵的波义耳阁下致以亲切的问候。请惦记我，我是

最敬爱您的

B. de 斯宾诺莎

1665 年 11 月 20 日　伏尔堡

我很想知道所有的天文学家是否都认为双彗星现象是由于它们运动的缘故，或者只是为了坚持开普勒的假设。再见。

伦敦，圣詹姆士广场，巴尔玛尔街

皇家学会秘书

亨利·奥尔登堡阁下收

【注释】

① 原信拉丁文，现存英国伦敦皇家科学院。《遗著》所载是斯宾诺莎的草稿，内容略有不同。从现在看来，斯宾诺莎这封信对于理解斯宾诺莎哲学具有相当重要的意义，本世纪国外研究斯宾诺莎的专著和论文无不引用这封信的材料，因为它表明斯宾诺莎哲学的真正出发点，乃是一种我们现在可以称之为系统论的认识论观点，这种观点的特征在于把整个宇宙不是看成一簇疏松的孤立不发生联系的个别事物的堆积，而是把它看成是由所有存在事物所组成的一个庞大有机系统，它不是以个别对象或个别现象作为研究的中心，而是以个别对象或个别现象所构成的整体或系统作为认识的中心，它否认那种以个别事物或个别现象本身来进行孤立研究和认识的实物中心论观点，而是主张把个别事物或个别现象当成它们所构成的整体的体现者来认识，把事物当作它们所隶属的那个系统的一个部分来加以揭示的系统中心论观点，它认为只把一种现象和所有其他与之相关的现象的共同性质弄清楚，把该现象所隶属的那一系统的根本规律弄清楚，才能真正认识这一现象的个别性和独特性。

另外，从当时的一些材料也可看出此信已引起了人们的注意。1665 年 11 月 21 日，奥尔登堡曾给波义耳的一封信谈到了这封信的思想。他写道："我最近从斯宾诺莎先生那里接到一封信，这人对您非常尊敬。他把他关于世界的各部分与世界整体相符合和相一致的观点告诉了我，我认为，这绝不是什么非哲学的讨论……"，奥尔登堡曾经想把这封信在皇家学会的哲学学报里发表，曾就此事和波义耳商量过，可见当时对此信已经重视，认为包含有很重要的哲学意义。

② 笛卡尔第六运动定律是："如果物体 C 静止不动，其大小与向它运动来的物体 B 大小全等，则物体 C 将部分地被 B 推动，部分地反抗这种运动。所以，如果 B 以 4 倍速度碰撞 C，则它一定以一倍速度给予 C，而以其余 3 倍速度向来的方向做反向运动。"参见笛卡尔《哲学原理》第二章原理 51。

③ 这里引用伊索寓言来讽刺明斯特主教封・加伦是非常巧妙的，封・加伦自从 1665 年 9 月 23 日侵入荷兰，就被沼泽地所困，最后不得已，于 1666 年 4 月 18 日与荷兰和谈。他这次入侵完全是愚蠢的举动，正如伊索寓言中的山羊，为了逃避狐狸的追赶，跳进井里，却未想到它将来怎样再跳出来。

第 33 封　亨利・奥尔登堡致尊贵的斯宾诺莎阁下[①]

（复 前 信）

卓绝的阁下、高贵的朋友：

您关于自然的各部分与整体相一致和相联系的哲学思考，引起了我极大的兴趣，虽然我并不完全懂得由此我们如何能排斥自然的次序和匀称，有如您所做的那样。特别是当您自己承认，所有自然的物体都被其他物体所围绕，相互被决定以一种确定的恒常的方式存在和动作，而在一切事物里永远保持同一种运动和静止的比例，后面这一点在我看来，本身就似乎是一种真实次序的充分根据。但是在这里，或许我并没有完全理解您，正如我没有完全理解您以前关于笛卡尔的定律所写的东西一样。请您不要怕麻烦，告诉我，您为什么认为笛卡尔和惠更斯两人关于运动定律都是错误的，只有这样，才能使我对您百倍感激，竭尽全力为您效劳。

当惠更斯阁下在伦敦这里进行实验来证实他的假设的时候②，我正好不在。过后我听说，其中有一个实验是这样：他按摆的方式悬挂了一个一磅重的球，当它失去了支撑，就撞击在同样方式悬挂的另一个球上，这个球重半磅，并与原来的球线成 40 度角。利用简单的代数运算，惠更斯先预测了结果，然后实验的结果证实了他的推测。可惜一位卓绝的人物走了，这个人曾经提出了许多据说惠更斯也曾经要做的这类实验③，只要我能再碰见这个现已不在这里的人，我或许能向您提供更全面更精确的说明。此际，我再一次恳求您，不要拒绝我上面的请求，更不要忘记把您所能知道的有关惠更斯在磨制望远镜方面的成就告诉我。现在既然蒙上帝之恩，瘟疫已显著减退，我希望，我们的皇家学会迅速回到伦敦，恢复它的每周例会。您可以确信，我将会向您汇报它的任何值得告知的进展。

以前我曾提到某些解剖学的观察。波义耳阁下(他衷心地问候您)不久前写信告诉我，牛津大学几位优秀的解剖学家已使他确信，他们已经发现羊和牛的气管里塞满了青草。几星期前，所说的这几位解剖学家被请去观察一头牛，这头牛在死前两三天，脖颈几乎一直僵直，它的主人完全不知道它是得什么病死去的。当这几位解剖学家切开了和脖子、咽喉相连的部分时，惊异地发现，它躯干右边的气管几乎完全塞满了青草，好像是有人硬塞进去似的④。这个事例提供了一个很好的理由，要我们去探究如此大量的青草怎样会到那里以及动物当气管塞满了那样多青草如何能活这样一段长的时间。

而且，这位朋友也告诉我，牛津大学还有一位有钻研精神的医生已经在人的血液里发现了奶质⑤。他谈到一个女孩，在她七岁的一个早晨，突然食量大增，十一岁的同一天，她的腿进行放血时，第一次流的血盛在碟子里，稍停了一会儿，呈白颜色，后来流出的血让淌进一个小器皿里，如果我未弄错的话，这器皿他们称为髋臼(英语是盘子)，这血就立即凝结成奶糕形式。五、六个小时以后，医生再回来检查这两堆血。盛在碟子里的血是半血半乳状态，乳质浮在血液里如同乳精浮在牛奶里一样，而聚在盘子里的血则完全是乳糜，没有任何血的痕迹。当他分别将它们放在火上加热，这两种液体就凝固起来。但这个女孩却完全健康，只是需要放血，因为她从不来月经，她健康并有很好的颜色。

转到政治上来吧，在这里到处流传了一个谣言，散居了两千多年的犹太人将要返回他们的祖国。在这里少数人相信，多数人只是愿望这样。请告诉您的朋友，您关于这件事听到了什么，以及您的看法。至于我的看法，只要这不是来自君士坦丁堡(它是与这件事最有关系的)可信任的人们所报道，我是绝不相信的⑥。我很想知道阿姆斯特丹的犹太人关于这些事听到了什么，他们对这个重要消息有什么反应。这消息如果是真的，整个世界将面临一场大祸。

这里至今仍未有英国和尼德兰之间调停的任何希望。

如果能够的话，请告诉我，瑞典人和白兰登堡人正在希求什么。请相信我是

您的最忠顺的

亨利·奥尔登堡

1665年12月8日　伦敦

另外——如果上帝允许的话，我将把我们的哲学家关于新近出现的彗星的想法立即告诉您。

【注释】

① 此信见《遗著》，原信拉丁文，现已阙失。

② 据英国伦敦皇家科学院《哲学学报》第46期(1669年4月12日)报道，惠更斯在伦敦皇家学会的实验是在1663年夏季进行的。

③ 这位曾经提出许多这类实验的卓越的人大概是英国数学家当时任皇家学会会长的布洛克勋爵(Lord Brouncker，1620—1684)。

④ 这个报道在伦敦皇家学会的《哲学学报》第6期(1665年11月6日)上也作了同样的记载，那里说是两个解剖学家作出这个观察报告的，即J. Clark和R. Lower两位医生。并说这是一个“相当奇怪的观察报告”。

⑤ 这位医生据皇家学会《哲学学报》第6期第117页所记载，是R. Lower医生，他曾经向波义耳报告了信中那个小女孩的情况，但据英译者沃尔夫说，R. Lower医生的报道是间接的，实际进行这个调查的是T. Clarke医生，他是皇家学会的研究员，并是当时皇宫的御医，死于1672年。

⑥ 关于犹太人重返耶路撒冷的谣传，当时是有这样一个运动，领导人是S. 萨维(Zevi，1626—1676)。奥尔登堡在1666年3月6日给波义耳的信中说：“最近一些从荷兰来的信中提到，君士坦丁堡写信来的基督教徒和犹太人证实了原先那个重建以色列国家的报道，犹太人对迅速建立他们的国家抱很大希望。”至于斯宾诺莎对这件事的看法和态度，由于他给奥尔

登堡的回信已逸失，很难明确作出答案。不过从《神学政治论》里，我们可以认为，斯宾诺莎并不反对，因为他说："我甚至相信，若是他们（指犹太人）的宗教的基础没有把他们的心灵变得无力，人事是易变的，一有机会，他们可以重新振兴他们的王国，而且上帝也许再一次选拔他们。"（《神学政治论》中译本第 64 页）

第 34 封　斯宾诺莎致尊敬而谦逊的胡德阁下①

尊敬的阁下：

您曾要求我根据神的本性包含必然存在来证明神的唯一性，我原答应过，但由于某些事情，我不能在此以前答复您。为了证明这个问题，我将假设：

1. 每一事物的真正界说无非只包含被界说事物的单纯性质，因此推出：

2. 任何界说不包含或表现许多或一定数目的个体。因为界说所包含或表现的无非只是事物自身的性质，例如三角形的界说只包含三角形的单纯性质，而不包含一定数目的三角形。同样，心灵的界说，即它是能思想的东西，或神的界说，即它是圆满的存在，无非只包含心灵的性质和神的性质，而不包含一定数目的心灵或神。

3. 对于每一个存在的事物必然有一个肯定的原因，通过这个原因，它才存在。

4. 这个原因一定是，或者存在于事物自身的本性和界说之内

(即因为存在属于这个事物的本性，或这个事物的本性必然包含存在)，或者存在于事物之外。

根据这些假设，可以推出，如果自然界中有一定数目的个体，那么就必定有一个或多个能够产生这同样多数目(不多不少)个体的原因。例如，如果自然界中存在有二十个人(为了避免混乱起见，我假设他们同时存在，而且是自然界中第一批存在的人)，为了找出为什么有这二十个人存在的理由，光一般研究人的本性的原因是不够的，我们必须研究为什么不多不少恰有二十个人存在的理由。因为(根据第三个假设)，每一个人的存在必须有一个理由和原因。但是这个原因(根据第二个和第三个假设)不能包含在人自身的本性内，因为人的真正界说并不包含二十个人的数目。所以(根据我的第四个假设)这二十个人存在的原因，以及这二十人中每一个人存在的原因必须在他们之外找出。因此我们可以绝对地得出结论说，凡是能设想数目很多的存在的事物必然为外来的原因所产生，而不为它们自己本性的力量所产生。但是既然(根据假设)必然存在属于神的本性，所以神的真正界说也就必定包含必然存在，因此神的必然存在必定是由神的真正界说推出。但是由神的真正界说(正如我刚才已经从我的第二个和第三个假设证明的)却不能推出许多神的必然存在，所以由此可知，只有一个唯一的神存在。这就是所要证明的论题。②

尊敬的阁下，这就是我现在认为证明这个命题的最好方法。以前我曾用另一种方式，即应用本质和存在的区别证明过这同一个命题。但是考虑到您向我指出的问题，现在我宁愿向您提供这一证明。我希望它能使您满意,并且我期待您的评判。

此致

B. de. 斯宾诺莎

1666 年 1 月 7 日　伏尔堡

【注释】

① 原信是荷兰文,早已阙失,《遗著》所载大概是斯宾诺莎自己的拉丁文翻译,而《遗著》荷兰文版乃是从拉丁文重新迻译的。

收信人胡德(Johan Hudde, 1628—1704)生于阿姆斯特丹,1654 年入莱登大学研究医学,1667 年参加阿姆斯特丹行政管理工作,以后几年担任阿姆斯特丹行政司法长官,1672 年被选为市长。他对物理学和数学,特别是对光学和概率计算产生兴趣,这种兴趣使他结识了惠更斯,并通过惠更斯认识了斯宾诺莎。他曾经利用去海牙的公务拜访了斯宾诺莎数次。胡德不像惠更斯,他不仅对科学感兴趣,而且对哲学也产生浓厚的兴趣。斯宾诺莎三封给他的信,主要是探讨神的概念。

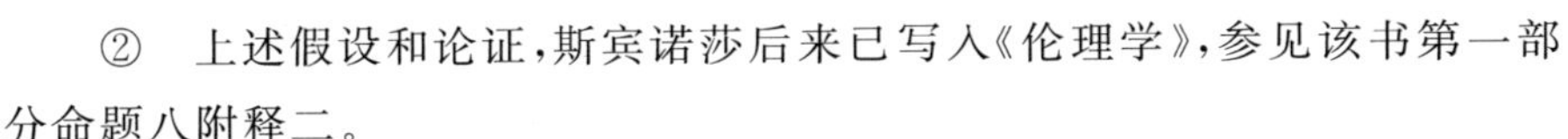

② 上述假设和论证,斯宾诺莎后来已写入《伦理学》,参见该书第一部分命题八附释二。

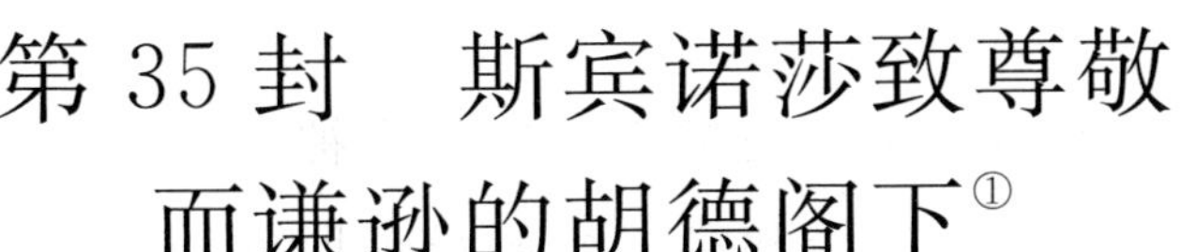

第 35 封　斯宾诺莎致尊敬而谦逊的胡德阁下[①]

尊敬的阁下:

您 3 月 30 日的最近来信,把您 2 月 10 日信中我还有点搞不清的问题完全讲清楚了[②]。既然现在我明白了您的真正看法,所以我就按照您所想的方式来提出问题,也就是,是否只能有一个靠自己能力或力量而存在的存在。我不仅肯定这一点，而且我还要对它作出证明，即从其本性包含必然存在来证明。这一点从神的理智更能容易得以证明（像我在我的《几何学证明笛卡尔原理》一书命题十一里所作的③），或者从神的其他属性也能够证明。为了解决这个问题，让我首先简略地指出这个包含必然存在的存在究竟具有哪些性质：

1. 它一定是永恒的。因为如果把一个有限的绵延归给它，那么这个存在在这个有限的绵延之外就能被设想为不存在，或不包含必然存在。这是同其界说相矛盾的。

2. 它一定是单一的，不是由部分组成的。因为在自然界和我们的知识中，事物的组成部分一定是先于其组成的事物。但按其本性是永恒的事物绝不能是这样。

3. 它不能被认为是限定了的，而只能被认为是无限的。因为，假如这个存在的性质是限定了的，并且被认为是限定了的，那么在这些限定之外，那种性质就会被认为不存在，而这又同其界说相矛盾。

4. 它一定是不可分的。因为假如它是可分的，那么它或者分成同一种性质的诸部分，或者分成不同性质的诸部分。如果是后者，它就被毁坏，因而不存在，这是与界说相违背；如果是前者，每一部分自身就会包含必然存在，一部分离开另一部分而能够存在和被设想，那么自然（Nature）就会被理解为有限的，根据上述的理由，这是与界说矛盾的。因此，我们可以看到，如果我们要把任何一种不圆满性归给这个存在，那么我们直接就陷入矛盾之中。因为我们想归给这个自然的不圆满性，不论是某些缺陷，或是某种加给这个自然的限制，或者是自然因缺少力量而由外来原因所引起的某种变化，我们都总是被带回到这个荒谬论点，即这个包含必然存在的自然不存在或不必然存在。因此我的结论是：

5. 凡是包含必然存在的事物自身不能有任何不圆满性，而必须表现纯粹的圆满性。

6. 而且，既然只有从这种圆满性才能推出这个存在是靠其自身的充足性和力量而存在的，所以可以推知，如果我们假设一个并不表现一切圆满性的存在能靠其自己的本性而存在，那么我们也就必须假设另外存在有一个自身包含一切圆满性的存在，因为如果具有较少力量的存在是通过其自身的充足性而存在的，那么，那个具有较大力量的存在就会在多么大的程度上更必定存在。

最后，为了回到我们的论题，我主张只能有一个其存在属于其本性的存在，这就是说，只能有这样一个自身具有一切圆满性的存在，我把这个存在称之为神。因为如果我们假定一个存在，其存在属于其本性，那么这个存在就一定不包含任何不圆满性，而必定是(根据第五点)表现一切圆满性。因此这个存在的本性必属于神(根据第六点，我必肯定神存在)，因为神自身拥有一切圆满性，绝无任何不圆满性。在神之外，这个存在绝不能存在。因为如果在神之外它能存在，那么同一个包含必然存在的自然就会分为两个存在，根据我们前面的证明，这是荒谬的。因此，神之外无物存在，只有唯一的神才包含必然存在。这就是我们所要证明的。

尊敬的阁下，这些就是我目前对于这个问题所能提出的证明。我也希望同样能证明我是，等等。

斯宾诺莎

1666 年 4 月 10 日　伏尔堡

【注释】

① 原信是荷兰文，早已阙失。《遗著》所载拉丁文大概是斯宾诺莎自己的翻译，《遗著》荷兰文版乃是根据拉丁文重新迻译的。

② 从斯宾诺莎的回信看来，胡德曾给斯宾诺莎多次写过信，但这些信现已找不到的，据西方一些研究斯宾诺莎的专家意见，胡德的信很可能是《遗著》出版者考虑到胡德当时的政治地位而有意销毁的。

③ 《笛卡尔哲学原理》第一篇命题十一利用神的理智来证明不存在有许多神，反证神是唯一的。其证明如下："假如谁要否认此说，试设想一下：存在许多神如 A 和 B 是否可能。这样一来，A 和 B 都必然是全知的。换言之，A 知道一切，既知道自己又知道 B，反过来，B 也知道自己和 A。但是既然 A 和 B 必然存在，则 B 就是在 A 中的 B 观念的真理和必然性的原因，反过来 A 也就是在 B 中的 A 观念的真理和必然性的原因。因此 A 就有一种圆满性并非来自它自身，B 也有一种圆满性并非来自它自身，因而两者都不会是神。故不存在许多神。此证。"

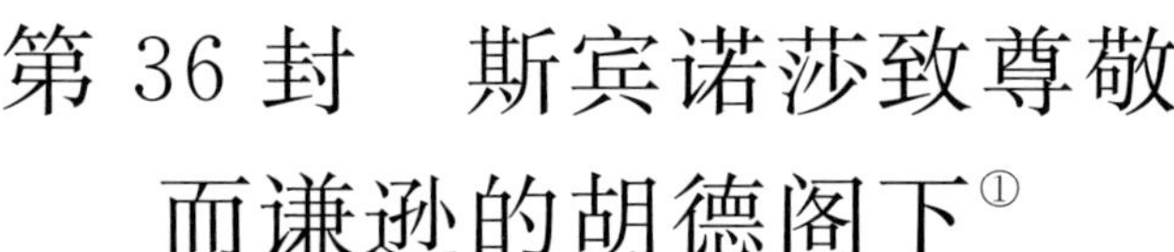

第 36 封　斯宾诺莎致尊敬而谦逊的胡德阁下①

尊敬的阁下：

我不能（由于某种障碍）及早地答复您 5 月 19 日的来信。但因为看到您的批评大部分是集中在我给您的证明上（我想这是由于您对我的证明未明了的缘故），所以在这里我力图对我的证明的意思作更清晰的解释。

首先，我列举了因自身的充足性或力量而存在的存在所必具的四种性质。这四种性质以及其他类似的性质我在第五点里归结为一种性质。然后，为了从简单的假设演绎出一切对我的证明是必然的结论，我在第六点里，力求从给定的假设证明神的存在。最后，不假定任何超出语词简单意思之外的东西(正如您所知道的)，我就达到了我们所要的结论。

简言之，这就是我的意图、我的目的。现在我逐点解释它们的意思。首先我从所假设的性质开始。

在第一点里，您未发现任何困难。正如第二点一样，它无非只是一个公理。因为所谓单纯，我只是指它不是由不同性质的诸部分或相同性质的诸部分所构成或组成。这个证明确实是普遍有效的。

关于第三点的意思(即，假如这个存在是思想，那么它就不能被认为在思想方面是限定了的，假如它是广延，那么它就不能被认为在广延方面是限定了的)，您理解得很好。但是您说，您不能理解以此为根据的结论，即一个事物，其界说包含存在或(这是同一回事)表明存在，要设想它不存在，这乃是一个矛盾。因为限定了的[②]不是指肯定的东西，而正好是指那种被认为是限定了的性质之缺乏存在；由此可见，一个事物，其定义若是肯定了存在，便不能被认为是限定了的。例如广延一词包含必然存在，那就不可能设想广延不存在，正如不能设想广延没有广延一样。如果我们承认这一点，那么我们就不可能设想限定了的广延。因为，假如广延被设想为限定了的，那么它就必须是由它自身的本性，即广延自身来限定，这样，这种用来限定广延的广延，就必会被设想为存在的否定，而根据上述假定，这是一个明显的矛盾。

在第四点里，我只是想指出，这样一种存在既不可能分成相同性质的诸部分，也不可能分成不同性质的诸部分，而不管这些不同

性质的诸部分是否包含必然存在。因为我讲过,假如是后面一种情况,它就能被破毁,因为破毁一个东西,就是把这个东西分解成部分,使这些部分不表现整体的性质。但假如是前面一种情况,那就与已经说明的那三种性质相矛盾。

在第五点里,我只是假定圆满性在于存在,不圆满性在于缺乏存在。我之所以说缺乏,是因为,例如广延虽然否定自身有思想,但这不是其自身的不圆满性。但假如广延丧失了广延,那么它就自身具有不圆满性,正如广延假如是限定了的,那它自身实际就具有不圆满性一样,同样,假如广延没有绵延、位置等等,亦是这样。

您完全承认第六点,然而您说它仍没有解决您的难题(这难题就是:为什么不能有几个通过其自身而存在的但性质上不同的存在,正如思想和广延是不同的,或许可以由于它们自身的充足性而存在)。对于这,我只能答复,您对这一点的理解完全与我的意思相反。我相信我是明白您是在什么意思上理解这一点的,但为了不浪费时间,我只说明我自己的意思。在第六点里我是说,如果我们假定,只有在其自类中是不受限定的和圆满的事物,才是通过其自身的充足性而存在的,那么我们也就必然承认一个绝对不受限定的和圆满的本质的存在,这个本质,我称之为神。例如,如果我想主张广延或思想(它们两者每一个在其自类中即在某类事物中是圆满的,)是通过其自身的充足性而存在,那么我们也就必然承认绝对圆满的神的存在,也即绝对不受限定的本质的存在。

在这里,我想请您注意一下我刚才关于不圆满性一词所说过的话,即这词是指一个事物缺少某种本来属于其本性的东西。例如，广延只能在绵延、位置或数量方面可以说是不圆满的，因为它不能再长一些，或不能保持它的位置，或不能再大一些。但是我们却绝不能因为它没有思想而说它是不圆满的，因为思想之类的东西不是为它的本性所必需的，它的本性仅在于广延，也就是说，仅在于这样一类东西，只有对于这类东西，它才能说是受限定的或不受限定的、不圆满的或圆满的。既然神的本性不是由这类存在组成的，而是由一个绝对不受限定的存在所构成，所以神的本性需要一切能圆满表现存在的东西；否则它的本性就会是受限定的和欠缺的。既然这个存在是这样，所以可以推知，只能有一个存在，即通过其自身力量而存在的神。例如，如果我们假定广延包含存在，那么它就是永恒的和不受限定的，它也就绝对地不表现不圆满性，而只表现圆满性。所以广延属于神，或者说，广延是某种在某种方式里表现神的本性的东西，因为神不仅是在某个方面而且是在它的本质里绝对地不受限定和全能的存在。我们这里关于广延所说的(任意举了这个例子)也适合于一切其他我们认为有这样一种性质的事物。因此，在我前一封信中，我得出这样的结论：神之外无物存在，只有神通过其自身的充足性而存在。我相信，这已足以解释了我前一封信的意思，不过，对于这个论点，您将是一个很好的评判者。

最后，谈些别的事情，因为我想为自己磨制镜片得到新的器械，很希望听到您关于这方面的消息。我还不能看到磨制凸凹镜片究竟对我们有何益处。反之，如果我们正确计算的话，我认为凸透镜倒是很有用处的。因为，如果(为方便起见)我们取折射率③等于三分之二，并且在附图中标出您在您的《屈光学》小册子里所

使用的字母，那么根据方程式，我们就可以找到

$$NI \text{ 或 } Z=\sqrt{(\frac{9}{4}Z^2-X^2)}-\sqrt{(1-X^2)}$$

由此可以推出，如果 $X=0$，则 $Z=2$，Z 也就是最长的。如桌 $X=\frac{3}{5}$，则 $Z=\frac{43}{25}$，或者更多一点。这就是说，如果我们假设，光线 BI 当从透镜折回到 I 时，没有发生第二次反射。但是现在让我们假设，这条从透镜发出的光线在平面 BF 上被折射，但它不是折射到 I，而是折射到 R，因此如果直线 BI 和 BR 是以同一比率进行折射，即以（如这里假设的）三分之二的比率进行折射，如果我们运用方程式，我们就得到：

$$NR=\sqrt{(Z^2-X^2)}-\sqrt{(1-X^2)}$$

如果我们又像以前那样，设 $X=0$，则 $NR=1$，即等于直径的一半。但如设 $X=\frac{3}{5}$，则 $NR=\frac{20}{25}+\frac{1}{50}$。这个结果表明，虽然望远镜小于整个半径，但焦点的距离却比其他情况都小，所以如果我们要做一架望远镜，只要做半径的 $DI=1\frac{1}{2}$，孔径 BF 仍是原来数值，焦点

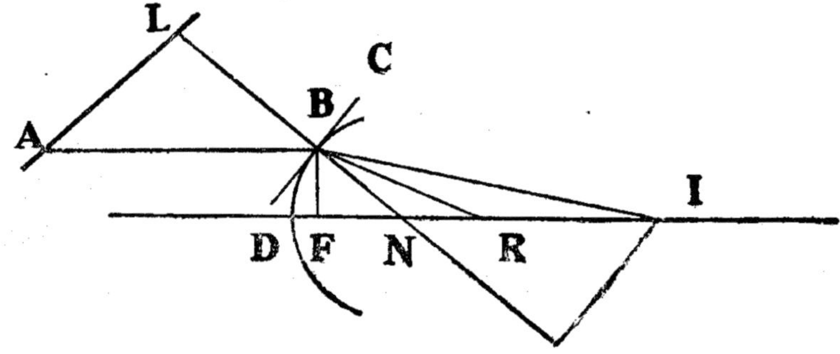

的距离就更短。其次，凸凹镜为什么使人不大满意，除了需双倍劳

动和费用外，还在于光线永不会直接落在凹面上，因为它们并不是完全射在同一点上。但是我不怀疑您已经早就考虑这些事情了，并作了更精确的运算，而且最后也解决了这个问题。我恭听您在这方面的意见和报道。

斯宾诺莎

〔1666 年大约 6 月　伏尔堡〕

【注释】

① 原信是荷兰文，早已阙失，《遗著》所载拉丁文大概是斯宾诺莎自己的释文，《遗著》荷兰文版乃是根据拉丁文重新迻译的。

② 在这里以及在前两封信里，我们把拉丁文 determinatum 译成“限定了的”，需要解释一下，按拉丁文 determinatio 既有规定的意思，又有限制的意思，从这几封给胡德的信以及第 50 封给耶勒斯的信的内容看来，斯宾诺莎多在限制的意思上使用这一词，故我们译为“限定了的”，与之相关的 determinatio 译为“限定”，斯宾诺莎全集德文编译者 C. Gebhardt 一般译为 begrenzt，endlichen，英译者 A. Wolf 译为 limited。

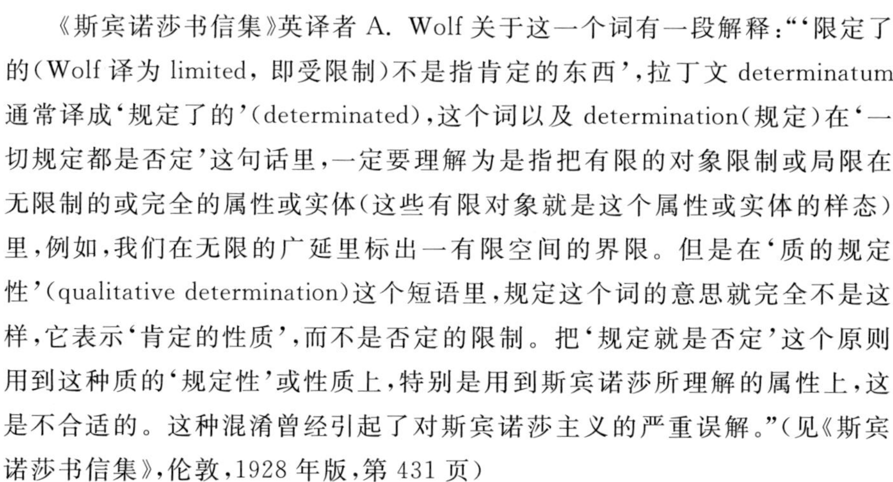

《斯宾诺莎书信集》英译者 A. Wolf 关于这一个词有一段解释：“‘限定了的（Wolf 译为 limited，即受限制）不是指肯定的东西’，拉丁文 determinatum 通常译成‘规定了的’（determinated），这个词以及 determination（规定）在‘一切规定都是否定’这句话里，一定要理解为是指把有限的对象限制或局限在无限制的或完全的属性或实体（这些有限对象就是这个属性或实体的样态）里，例如，我们在无限的广延里标出一有限空间的界限。但是在‘质的规定性’（qualitative determination）这个短语里，规定这个词的意思就完全不是这样，它表示‘肯定的性质’，而不是否定的限制。把‘规定就是否定’这个原则用到这种质的‘规定性’或性质上，特别是用到斯宾诺莎所理解的属性上，这是不合适的。这种混淆曾经引起了对斯宾诺莎主义的严重误解。”（见《斯宾诺莎书信集》，伦敦，1928 年版，第 431 页）

③ 折射率就是光线入射角的正弦与光线反射角的正弦的比率。

第 37 封 斯宾诺莎致博学而精明的约翰·鲍麦斯特阁下①

博学的阁下、卓越的朋友：

您的信早已收悉，可我未能及时答复。因为有许多事要办，还有些麻烦事要操心，我一直未能完全摆脱出来。但是，现在既然多少有点机会能集中我的思虑，我就不愿再忽略自己的职责，我想尽快地对于您给我的热爱和忠诚表示深切的谢意，您这种对我的热爱和忠诚时常表露在您的行动中，现在在您的信中又再一次得到更加充分的证明。

现在我答复您的问题，这问题是这样：是否有或能够有这样一种方法，凭借它，我们在思考最高对象时就能安全可靠地和不厌其烦地向前进行？或者我们的心灵是否也像我们的身体那样，受偶然性所支配，我们的思想与其说受方法指导，还不如说更多地受幸运所主宰？我想，对于这两个问题，如果我能证明必然有这样一种方法，我们凭借它能指导和联结我们那些清楚而且明晰的概念，并且能证明理智不同于身体，它不受偶然性所支配，那么我的回答就一定使您满意了。

为了证明这一点，只要指出：一个清楚而且明晰的概念，或几个清楚而且明晰的概念，无疑能够是其他一个清楚而且明晰概念的原因，或者说，我们所形成的一切清楚而且明晰的概念只能从我们自身所有的其他清楚而且明晰的概念而来，它们绝不依赖我们之外的任何其他原因。因此可以推知：我们所形成的清楚而且明晰的概念只依赖于我们自己的本性和我们本性的固定不变的规律，也就是说，绝对地依赖于我们自身的力量，而不依赖于幸运，即不依赖于那种虽说也是按照固定不变规律行事，然而却不为我们所知、对于我们本性和力量来说是陌生的原因。至于其他的概念，我承认，它们极其可能是依赖于幸运的。因此，真方法究竟是什么，真方法究竟主要在哪里，这一问题就很清楚了，它仅仅在于纯粹理智的知识、纯粹理智本性及其规律的知识。为了获得这种知识，我们首先一定要区分理智和想象，或真观念和其他观念，如虚构观念、错误观念、可疑观念以及所有那些一般只依赖于记忆的观念。要理解这一点，至少就方法所需而言，我们无须通过心灵的第一因去认识心灵的本性，而只要对于心灵或概念按照费罗拉姆教导的方式作一个简单的说明就足够了。②

我想，这样我就简单地向您解释了和证明了真方法，同时也指出了我们可以获得这种方法的途径。不过，您还要注意的是，所有这些都需要有锲而不舍的思想和一个坚毅顽强的心灵和志向，而要做到这一点，首先就需要制定一种确定的生活方式和计划，树立一个坚定的目标③。但现在不必再说了。等等

再见，真诚爱您的

Bened. de 斯宾诺莎

1666 年 6 月 10 日　伏尔堡

【注释】

①　原信拉丁文，早已阙失。阿姆斯特丹统一浸礼会图书馆有一个老的

抄本，与《遗著》所载略有不同，最后一句话就是从这个老的抄本译出的。收信人约翰·鲍麦斯特，参见第28封信注释。

这封信是斯宾诺莎书信里论述认识论方法论的重要材料。斯宾诺莎这时已经完成了《知性改进论》，因此他关于认识论方法论的思想比较成熟，此信比较简短地解释了他的看法。作为唯理主义者，斯宾诺莎首先承认有一种严密联结观念的真方法，凭借这种方法我们能从最初的真观念推出其他一切真观念，而且整个推理过程和推理关系有逻辑的必然性，而不受任何偶然性所影响。在斯宾诺莎看来，这种方法乃是纯粹理智本性及其规律的表现（英译者 Wolf 认为斯宾诺莎这种由纯粹理智本性决定的方法类似于胡塞尔的现象学方法），理智的方法和理智的内容是同一的。另外，为了获得这种方法，我们首先要区分真观念和其他的表象（如虚构观念、错误观念、可疑观念等），此乃方法的第一部分，其次必须建立规则，以便拿真观念作为规范去认识未知的东西，此乃方法的第二部分。要详细了解斯宾诺莎方法论，请参阅《知性改进论》。

② 德译者 C. Gebhardt 认为斯宾诺莎的《知性改进论》受了培根的影响，这里斯宾诺莎又想起了他与培根学说的关系。但英译者 A. Wolf 反对这种看法，他认为斯宾诺莎的方法与培根的方法是完全不同的，斯宾诺莎在第2封信中批判了培根的方法，正是因为培根的方法并不是从那些关于理智本性及其规律的清晰观念出发的。因此我们怎么能说培根对斯宾诺莎的方法有影响呢？此一问题比较复杂，有待我们进一步研究。

③ 在斯宾诺莎看来，为了保证认识顺利进行，我们必须有一套生活规则，既有坚定的目标，又有确定的计划。参阅《知性改进论》第17节。

第38封　斯宾诺莎致尊贵的约翰·范·登·迈尔阁下①

阁下：

当我寂寞地生后在这个乡村的时候，我反复思索您所向我提出的那一问题，发现它是很简单的。它的普遍有效性的证明的根据在于：善于赌博的人在以运气取胜的赌博中，是使他的输赢机会等于他的对手的机会。这种等于（英译注）是指对手用作压注和冒险的预料和金钱这两方面说的。这就是说，如果预料对于双方都是一样的，那么每一方必以同样数目的金钱作压注和冒险。但是如果预料不是一样的，那么赌博者一定是按照他们预料的大小压注多大的钱数。这样一来，双方的机会就变成相等了，这场赌博将是一场好的赌博。比如，A 同 B 玩牌，如果 A 有两个赢的可能和一个输的可能，另一方面，B 仅有一个赢的可能和两个输的可能，那么很清楚，A 为每一种可能所作的冒险必然与 B 为他的每一种可能所作的冒险是一样多的，这就是说，A 必比 B 冒一倍的险。

为了更清楚地证明这点，让我们假设有三个人，A、B、C 在一起玩牌，他们的机会都相等，每一个人压注同样数目的钱。很清楚，因为每一方压注同样数目的钱，所以每一方为了得到两个三分之一，仅仅压注一个三分之一。既然每一方在玩牌时是与其他两方相对，所以每一方只有一个赢的可能对两个输的可能。如果我们假设，这三个人中的一个，例如 C 在玩牌开始前收回不赌了，那么很清楚，他只可以取回他压的赌注，这就是说，他取回三分之一。而 B 呢，如果他要买进 C 的机会，取他的位置，那么他必定要再压注 C 取回的赌注。对这，A 不能反对：因为他仍是一个机会对两个机会，至于这两个机会是两个不同的人的两个机会，还是同一个人的两个机会，对他来说是无所谓的。如果是这样，那么可以推

〔英译注〕根据拉丁文本，荷兰本作“机会”。

知，如果一个人伸出他的手，要另一个人猜两个数字当中的一个数字，如果猜中了，就赢某数目的钱，如果猜不中，就输同样数目的钱，那么机会对于双方都是相等的，即对猜的人和被猜的人都是相等的。再，如果他伸出他的手，要另一人首先去猜三个数字中的一个数字，如果猜中了，就赢一定数目的钱，如果猜错了，就输一半数目的钱，那么，双方都有相等的机会，这情况正如他伸出他的手允许其他人猜两次，条件是如果猜中了，赢一定数目的钱，或者如果猜不中，他就输一倍的钱一样，机会对于双方都是相等的。

如果他允许别人三次去猜四个数字中的一个，如果猜中了，赢一定数目的钱，否则就输三倍的钱，那么机会也是相等的。或者如果他允许别人四次去猜五个数字中的一个，赢一定数目的钱或输四倍的钱，如此类推。由上述一切可以推出，如果猜的人按照他想猜的次数猜多少数字中的一个，只要（以他猜的次数为基准）他压注和冒险的钱数与猜的次数除以数字总和的分数成正比例，则机会对于那个伸出手允许他去猜的人完全是一样的。例如，如果有五个数字，只允许他猜一次，他必定只压注 1/5，与其余 4/5 相对。如果他想猜两次，那他必压注 2/5，与其余 3/5 相对。如果猜三次，那就压注 3/5 对其余的 2/5，照此推类，4/5 对 1/5，5/5 对0/5。所以对于允许他去猜的人，机会是完全一样的。例如，如果他为了赢 5/6，他就只压注总数的 1/6，而不管一个人猜五次，还是五个人轮流猜一次。这就是您的问题的关键。

斯宾诺莎

1666 年 10 月 1 日　伏尔堡

【注释】

① 原信荷兰文，早已阙失。《遗著》荷兰文版所载无疑是后来复制的，拉丁文版是编者根据荷兰文版迻译的。收信人约翰·范·登·迈尔(John van der Meer)据说是一商人，在 1678 年席勒向莱布尼兹告知斯宾诺莎通信人名字时，他还活着。

这封信的内容是讲机遇计算，即现代所谓概率运算。可能当时荷兰赌博相当盛行，从而人们想以数学计算的办法找出一些规律。惠更斯在 1656 年就写过这方面的文章，詹·德·韦特和胡德这些政界人士也非常有兴趣于此问题，所以当时有人向斯宾诺莎提出这一问题是非常可能的，而斯宾诺莎本人也一定对此问题感兴趣。1687 年在荷兰出版了一本匿名的小册子，名为《机遇的计算》(*Reeckening van Kanssen*)，内容也是研讨这一问题的，一方面因为这本小册子同另一本小册子《虹的代数测算》(*Stelkonstige Reeckening van den Reegenboog*)——这是斯宾诺莎的著作——连在一起，另一方面因为该书内容和斯宾诺莎书信集这封信的内容一样，所以一般斯宾诺莎研究家把该书归于斯宾诺莎的著作，不过证据还很薄弱，如弗洛依登塔尔(Freudenthal)就对斯宾诺莎是否真正写了这篇论文发生怀疑。但无论如何，这一封信既然《遗著》两种版本均收入了，这是斯宾诺莎的书信，则是无疑的。

第 39 封　斯宾诺莎致谦恭而谨慎的雅里希·耶勒斯阁下①

尊敬的朋友：

许多障碍阻止我立刻答复您的来信。我已经看了您对于笛卡尔的《屈光学》所提的意见。关于眼睛背后的映象为什么变大或变小，笛卡尔没有提出什么其他的原因，只是说从对象不同点来的光线有个交叉点，即按照光线彼此开始交叉离眼睛近些或远些所决定。当这些光线彼此在眼睛的表面交叉时，笛卡尔并没有考虑这些光线组成的角度的大小。虽然这后一种原因是极其重要的，在制造望远镜时必须要考虑，然而他似乎想对此略而不谈。因为他似乎不知道从不同的点聚集平行来的光线的方法，平行光线有许多不同的聚集点，因此他不能对这个问题作数学的运算。

或许他是为了不任意在他引入的图形上面画圆，他才这样沉默。因为在这里，圆确实是超过所有其他能找到的图形。因为圆在各处都是一样的，都有同样的性质。例如，圆 ABCD 具有这样的性质，凡是平行轴线 AB 的光线，或从 A 方向来的所有光线在圆的表面折射后，所有光线就会集中于 B 点。同样，凡是平行轴线 CD 的光线，以及从 C 方向来的所有光线在表面上折射后，它们就会全部集中于 D 点。其他的图形就不能说有这种性质，虽然双曲线和椭圆也有无穷多个直径。因此，正如您所写的，如果只考虑眼睛的长度或望远镜的长度，那么我们一定要造很长的望远镜，才能把月亮上的东西看得如同看地球上的东西一样的清晰。但是正如我讲过的，关键在于从不同点来的光线当它们彼此交叉时，在眼睛表面形成的角度的大小。这个角度的大小是由望远镜中的透镜的焦点的距离远近所决定的。如果您想了解这点的证明，只要您愿意，我可以

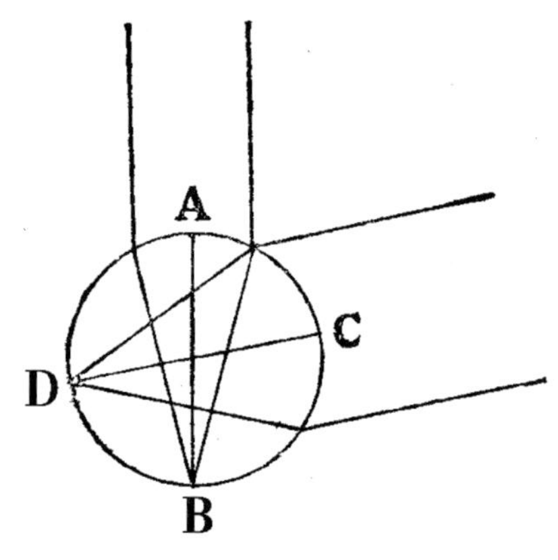

向您提供。

斯宾诺莎

1667 年 3 月 3 日　伏尔堡

【注释】

① 原信是荷兰文，早已阙失。但是，因为耶勒斯是斯宾诺莎《遗著》的出版者之一，故我们可以确信，《遗著》荷兰文版所载一定有很大的真实性，至少是与原信很少出入的。《遗著》拉丁文版所载拉丁文似乎是斯宾诺莎自己的译文。

收信人雅里希・耶勒斯(Jarig Jelles，？—1683)，阿姆斯特丹香料商人，但在 1653 年他把商业事务委托一个管理人，以便有时间研究哲学和科学，他的传记家曾说，他认为追求知识“比追逐金钱更高贵”。他是斯宾诺莎的亲密朋友和他的哲学小组的重要成员，曾经劝告斯宾诺莎出版《笛卡尔哲学原理》。也可能在他的建议和支持下，格拉塞马克(Jan H. Glazemaker)才把刚出版不久的《神学政治论》(拉丁文)译成荷兰文，后来由于斯宾诺莎担忧会因此连同拉丁文本一起遭到禁止，故该译本在斯宾诺莎生前没有出版(见第 44 封信)。耶勒斯一直是斯宾诺莎经济方面的资助人，在 1677 年斯宾诺莎死后，和其他几位斯宾诺莎生前好友主持《遗著》拉丁文版和荷兰文版出版事宜，据说《遗著》荷兰文版的编者序言就是他撰写的，梅耶尔再把它译成拉丁文。从斯宾诺莎给耶勒斯的几封信看来，耶勒斯知识面相当广，既懂哲学、神学，又懂物理学、光学、化学、数学，兴趣颇广，他曾写过一部书，名为《信仰自白》。

第 40 封　斯宾诺莎致谦恭而谨慎的雅里希・耶勒斯阁下①

尊敬的朋友：

我按时收到了您在本月 14 日写来的信，但由于许多障碍，我未能及时答复。有关爱尔维修的事，我曾经同福修斯先生讲过（当然在一封信里是不能把我们彼此谈的所有内容全部讲出来），他曾大加嘲笑，并对我去研究爱尔维修那种浅薄的见解表示惊异。② 然而，尽管这样，我仍去到了一个名叫白莱希特的银匠那里，这人炼过金，但他说的和福修斯所说的完全不同。他说，在冶炼和析离过程中，金变得重了，增加的重量等于他为了进行析离所加进冶炼坩埚内的银的重量。因此他坚信，这种使他的银变成金的金子里含有某些稀有的东西。他不是这个发现的唯一个人，有许多与他同时代的人也同样有此发现。在这之后，我去到了爱尔维修那里，他给我看金和里面仍留有金的坩埚，并对我说，他放进溶解了的铅只有约一粒大麦或一粒芥子的四分之一。他还说，短时间内，他将公布整个的进程，而且说，在阿姆斯特丹有一个人（他认为这个人就是曾经访问过他的人）已经做了同样的实验，这个实验无疑您听到过。这就是我关于此事所能知道的一切。③

您谈的那本小册子的作者（在书中他擅自认为笛卡尔在《沉思集》第三和第五篇内用来证明上帝存在的论据是错误的）确实是和他自己的影子在打架，搬起石头砸自己的脚。我承认，笛卡尔的公理是有些含糊和混乱，像您也说过的，他本可以像下面这样更清楚更真实地加以表述：**思考或理解事物的思想力并不大于存在和行动的自然力**。这是清楚而真实的公理，根据这个公理，就能从神的观念非常清楚而且有效地推出神的存在来。您所解释的上述作者那个论证十分清楚表明，他是完全不理解这个问题。如果我们用它来解决该问题的所有各个细节，那么我们确实会无限继续下去，毫无结果，这是非常愚蠢的。例如，如果有人问究竟什么东西使有限的物体运动，那么可能的回答是，这物体的这种运动是由另一物体所决定，而另一物体又由于另外一物体所决定，如此递推，以至无穷。我说这种回答是可能的，因为这个问题只是关于运动，并且由于每一次都引进另一物体，我们给这种运动指定了一个充足的永恒的原因。但是，如果我在一个普通人的手中看到一本包含有卓越思想的书，文字写得相当优美，我问他，他怎么会有这本书，如果他对此回答说，他是从另一本书抄来的，这另一本书为另一个普通人所有，这人也能写一手好字，这样递推，以至无穷，那么他并未使得我感到满意。因为我问他的，不仅是关于文字的形式和排列，(他回答我的只是这个问题)，而且是关于文字排列起来所表现的思想和意思，这个问题，他靠这种无穷递推的办法并未回答我。这个例子如何能用来论证观念，从我的《数学证明笛卡尔哲学原理》一书公理九我所解释的，是很容易理解的。④

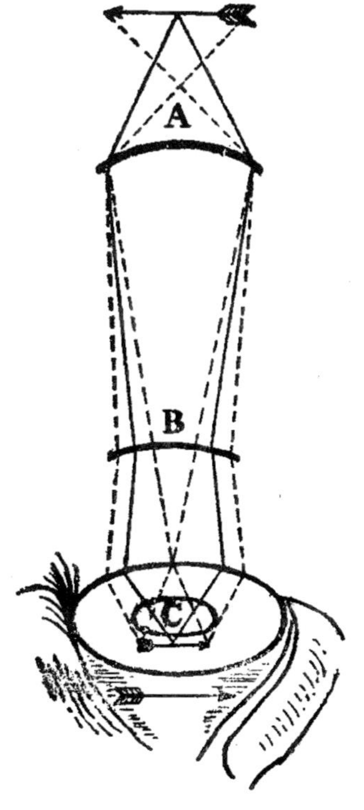

我进而答复您 3 月 9 日写来的另一封信，在这封信内，您要我进一步解释我在前一封信中关于圆形所讲的话。这是很容易理解的，只要您注意一下我们假设平行射到望远镜物镜上的所有光线并不是真正平行的，因为它们全部是从同一个点射来的。但我们之所以这样假设它们，是因为对象距离我们很远，望远镜的孔径与这个

距离比较起来，可以简单地认为是一个点。而且为了看到整个的对象，确实我们不仅需要从一个点来的光线，而且还需要从所有不同点来的所有成锥形的光线。因此当光线穿过透镜时，它们必然有许多不同的焦点。虽然眼睛没有这样精确的构造，以致使所有来自对象不同点的光线在眼睛的背面有精确的许多焦点，然而可以把这描述出来的图形确实必优于所有其他图形。既然圆的一定弧能够使所有来自一点的光线（根据力学来说）聚集在其直径上的另一点上，那么它也能使所有来自不同点的其他光线聚集在许多不同的点上。因为正如您将能够容易明白的，从对象的任一点都能引出一条直线穿过圆心，虽然为此目的，望远镜的孔径必须做得比别的只需要一个焦点的望远镜要小得多。

我在这里关于圆所说的，不能运用于椭圆或双曲线，更不能运用于其它更为复杂的图形，因为只能从对象的一个点引出一条直线穿过它们两者的焦点。这就是我在第一封信中关于这个问题所要讲的。

从附图中，您可以看到这个证明，即来自许多点的光线在眼的表面所形成的角随着焦点之间的距离远或近而大或小。好吧，致以衷心的问候，最后我是等等

B. de 斯宾诺莎

1667 年 3 月 25 日　伏尔堡

【注释】

① 此信同样是荷兰文写的，早已阙失。《遗著》荷兰文版所载可靠性很

大，因为耶勒斯是编者之一。

② 爱尔维修(J. F. Helvetius)是奥伦治亲王的医生，惠更斯曾经嘲笑他是一个“渺小的医生”，在 1680 年，爱尔维修出版了一本书《神学的哲学》(*Philosophia theologica*)，反对笛卡尔和斯宾诺莎。福修斯(I. Vossius，1618—1689)曾经写过《论诗》等著作，1673 年成为温德苏(Windson)教堂的牧师。

③ 十七世纪炼金术流行，人们相信从一些基本的金属中可以提炼出金来，即使现代有些化学家也不完全放弃这种想法。

④ 这里所谈的是所谓本体论证明，即从神的观念证明神的存在，按笛卡尔《形而上学沉思》附录公理五，是说我们观念的客观实在性需要有原因，其中不仅客观地包含同一种实在性，而且形式地或超越地包含这种实在性。斯宾诺莎认为这条公理有些含糊和混乱，最好的表述应当是：思考的思想力并不大于存在和行动的自然力，因此任何观念都应有一个至少和它等于的客观实在性。由于各个观念自身的圆满性有程度的不同，所以各个观念的客观实在性也有程度的差别。两本用同样文字写的书，一本书的意义和内容比另一本书好，那么这本书的作者一定比那一本书的作者优越，由此可以从神的观念的无限圆满性推出无限的上帝的存在。斯宾诺莎在信中指责的那个人(究竟是谁，现已无法查找)，可能反对笛卡尔这种论证，提出从一物的原因推出另一物，再从另一物的原因推出另外一物……这种无穷递推的论证，以此来证明上帝是一个最终的原因，看来斯宾诺莎反对这种论证，认为这只能毫无结果。细究起来，这里实际上是关于无限的问题，那一个不知其名的人是主张恶的无限，而斯宾诺莎则主张真正的无限，真正的无限就不是一直向外跑的永不能达到的无限，而是在任何有限内都能表现出的实在的无限(有关这一问题请参阅黑格尔《哲学史讲演录》斯宾诺莎一章)。

第 41 封　斯宾诺莎致谦恭而谨慎的雅里希·耶勒斯阁下[①]

阁下：

在这里我用不多几句话谈一下关于您先口头后写信问我的那个问题我通过实验所发现的情况，并且补充我目前对这问题的看法。

我自己做了一根木制的管子，长 10 英尺，内径 $1\frac{2}{3}$ 英尺，在上面安插三根垂直的管子，如附图所表示的：

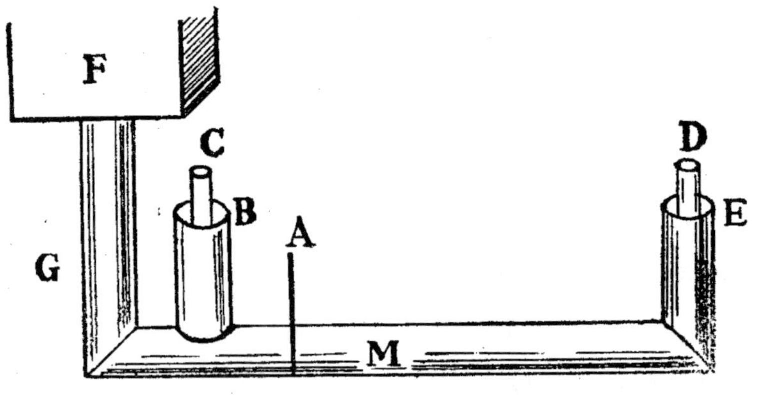

首先，为了发现管子 B 里的水的压力是否与 E 管里一样，我专门做了一块小板，用来关闭管子 M 于 A 点。我把 B 管口做得细窄，使之能塞进细玻璃管 C。通过容器 F 将管子注满了水，我量出水在细管 C 的高度。然后关闭管 B，取掉小板 A，让水流进管 E，E 管我做得同 B 管一样，塞进细玻璃管 D。在整个管道注满水之后，我观察到水在 D 管里高度等于上面在 C 管里的高度。这个结果使我相信，管的长度影响很小，甚至根本没有影响。

为了更深一步研究这个问题，我想发现管 E 是否也能与管 B 一样，在同样短的时间内注满一个一立方米的容器(这个容器也是为这目的设置的)。因为计算时间没有摆钟，我就用一根弯玻璃管 H 来测量。短的那头填满了水，长的那头挂在空气里。当这一切都准备完毕后，我首先让水通过管 B，流径等于管的厚度，直到注满一立方米的容器为止。我精确称了一下有多重的水流进小盒 L，我观察水约有四盎司重。然后我关闭管 B，让水通过管 E 流进一立方米的容器内，流径仍等于管厚。当容器注满了水后，我像以前一样，再称一下流进小盒里的水的重量，我发现它不到半盎司。但因为 B 管和 E 管的水流不是持续地受一样的力，我重复这个试验，首先用我从我们第一次经验中发现必然要有的水量做试验。我们尽可能忙三次，虽然不能达到我所期望的那样精确，我仍准备比以前更精确做上述实验。尽可能使我在某种程度上达到一个充分的结论。因为我发现在第二次试验与第一次试验有同样的区别。考虑这事和这些实验，我不得不得出结论说，管子的长度能造成的区别仅仅在开始时起作用，也就是在水开始流的时候起作用。但是当水继续流一会儿后，水流受的力通过长管和通过短管完全是一样的。这个理由就是高水位的压力总是保持同

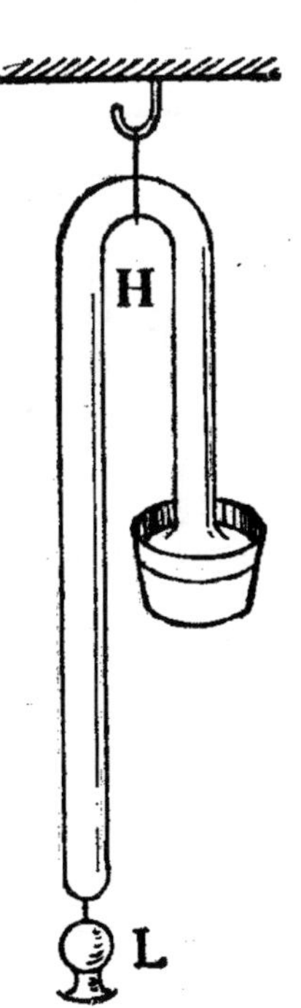

样的力，该力引起一切运动，继而又通过重力作用取回这些运动。因此它继续把这种运动传给管子里的水，直到它获得重心力能给高水位的水同样大的速度为止。因为如果管 G 里的水在第一次实验里，给管 M 里的水某个速率，那么在第二次实验里，如果它保持原来的力，像我们假设那样，它将把四倍的速率传给这水，如此类推，直到长管M里的水正好得到重心力给予管G里的高位的

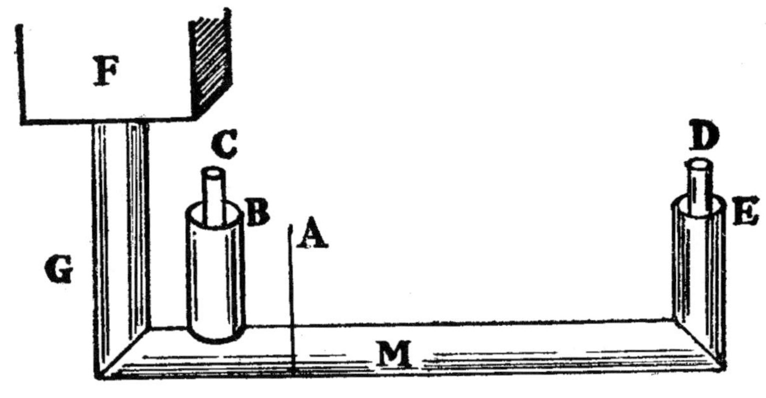

水的同样速度为止。因此通过四万公尺管道的水，仅仅由于高水位的压力，在一个短的时间之后，就能获得仅仅是一公尺长的管道 M 里的水同样的速度。如果我能得到更精确的工具的话，我可以确定长管内的水要获这样大的速度所需要的时间。但是我认为这是不必要的，因为关键的东西已完全把握了。等等。

斯宾诺莎

1669 年 9 月 5 日　伏尔堡

【注释】

① 原信荷兰文，早已阙失，但《遗著》荷兰文版所载很可能是可靠的。

不过，《遗著》拉丁文版所载可能不是斯宾诺莎本人的译文。

这封信是 1667 至 1670 年间唯一保存下来的一封斯宾诺莎的书信。为什么这期间斯宾诺莎的书信这样少，原因可能是多方面的，但有两个原因无论如何是主要的，其一是斯宾诺莎这一时期正紧张投入《神学政治论》的撰写工作，这是一部难度相当大而且时间性较强的著作，斯宾诺莎很少有时间思考别的问题。其二是这时期斯宾诺莎许多亲密朋友相继而死或被监禁。如 1667 年德·福里去世，1669 年巴林去世，1667 年奥尔登堡被监禁伦敦塔狱，考贝夫(A. Koerbagh)——也是斯宾诺莎一位密友——1668 年在阿姆斯特丹被捕。凡被怀疑是自由思想家的人都可能随时被逮捕，因此人们特别注意书信交往，尽可能少地给朋友写信，以免被嫌疑，即使有的信写了，朋友也会为谨慎起见立即烧毁，斯宾诺莎当然更不会例外，所以这时期斯宾诺莎的书信颇少。

第 42 封　朗贝特·德·凡尔底桑致博学而高贵的雅各布·奥斯顿阁下①

博学的阁下：

我终于有闲暇以我的心智来满足您的期望和要求了。您要我把自己对于那本名为《神学政治论》的书的意见和评论告诉您，现在我决定这样做，只要时间和我的能力允许的话。但是我不准备细谈，只是对作者的思想及其宗教观点作一个概略的说明。

我不知道他属于哪个民族，或者遵循什么样的生活方式，甚至我也无兴趣去知道这些。他的这部著作的论证充分表明他不是愚蠢的，他不只是懒散或敷衍地研究和考察欧洲基督教徒之间存在的宗教争论。这部书的作者确信，如果他摒弃和丢掉成见，那么他就会更公正地考察那些使人们分裂成派别斗争的意见。因此，他曾经一再力求使他的思想摆脱任何迷信。在试图表明自己不为迷信所染方面，他走到了极端。为了避免迷信的过失，在我看来，他似乎把一切宗教全部抛弃了。至少，他没有超出在各国——特别在法国——拥有众多信仰者的自然神者的宗教（这是本世纪的邪恶风尚）一步。麦尔生[②]曾发表过一篇反对自然神论者的论文，这篇论文我记得我曾读过。但是我认为自然神论者中几乎没有一个人为了那个极坏的事业，用这样恶毒的思想，如此机敏和巧妙地写过任何书，有如这篇论著的作者那样。而且，除非我的推测是错误的，这个人一定是不会把自己列于自然神论者的队伍中的，他也不允许人们保存任何些微的宗教信仰。

他承认上帝，承认上帝是宇宙的创立者和缔造者。但是他申言世界的形式、现象和次序显然也像上帝的本性一样是必然的，是永恒的真理，他认为这些东西是不依赖于上帝的决定而确立的。因此他也明白地主张万物是根据不可克服的必然性和不可避免的命运而产生的。他断言，在那些正确思考问题的人们那里，是根本没有箴言和神令的，只是由于人们的无知才引进了这类的名词，正如人们的无经验才有了神有情感一类的说法一样。所以当上帝用命令的形式向人们启示那些永恒的真理和其他必然而来的事物时，上帝也使自己适合于人的理解。他还说，那些为规律所支配、被认为与人们意志无关的事物，其必然产生，有如三角形的本性之必然一样，因此那些体现在箴言里的事物是不依赖于人的意志的，它们并不根据它们的显现或隐避而对人呈现任何善或恶，它们也不表明上帝的旨意能为祷告者所影响，或上帝的永恒的绝对的命令能有所改变。所以他教导说，这些箴言和神令之所以需要的理由就在于：人们的无经验和无知使上帝让这些东西在那些不能对上帝形成很完美思想的人中起某种作用，那些人需要这些可怜东西的帮助，以便鼓励他们自己去酷爱美德、憎恨罪恶。所以我们可以看到，作者在他的著作中根本未提祷告的作用，正如他未提到生或死、赏或罚等这些人们借以受到宇宙的审判者的影响的东西。

他是按照他的原则来论述这一切的，这样，基督教的末日审判能有地盘吗？或者，如果万物皆隶属于命运，万物被声称是以不可避免的必然性由上帝而来，或更恰当地说，如果他声称这整个的宇宙就是上帝，那么我们能期望什么样的赏或罚呢？因为我担心我们的作者与这种意见相距并不太远；至少在主张万物皆必然地来自上帝本性和主张宇宙本身就是上帝这两种观点之间并没有多大差别。

但是，他把人的最高幸福看成是德性的培养，他说德性就是德性自身的报酬，并且是一切最重要东西的活动领域。因此他认为，凡是正确理解事物的人们之所以应当献身于德性，并不是因为箴言和神律，或者希求奖赏，惧怕惩罚，而是因为他们为德行的美所鼓舞，为他们在德行实践中所经验到的精神快乐所鼓舞。

所以他主张，上帝通过先知和启示，用希求奖赏和惧怕惩罚这两种在法律上常常是联系在一起的办法向人们揭示德性，只是一种表面的做法，因为凡人的思想是具有这样的性质，是这样坏地受教育，以致除了从法律的本性，从惧怕惩罚和希求奖赏借来的理由之外，他们是不会履行任何德性的；但是，凡是正确思考问题的人却认识到在这些理由里面是没有任何真理或力量的。

他不认为下面这个公理有任何重要性——虽然他事实上却被这个公理所驳斥——即先知、圣师和上帝自身(因为上帝是通过先知和圣师的嘴向人布道的)所用的论据,如果就其本性而言,本身都是错误的。因为只要有机会,他就公开地到处宣扬说,圣经并不企求教导事物的真理和本性,圣经之所以提到和附加这些东西,完全是为了它的那个企图引导人们行善的目的。他否认先知在这些方面是这样博学,以致能用杜撰的论据和想出的理由鼓励人们行善,完全免除民众的错误,虽然他们完全清楚道德和恶德的本性。

因此,作者进而教导说,先知们即使在劝诫那些对他们表示敬意的人时,也完全不会避免错误的判断,不过他们的神圣权威却不因而减弱,因为虽然他们的讲道和论证不是真实的,但却适合于听讲对象的先入之见,因而利用这些能鼓励人们行善,关于这种善人们是绝不怀疑的,也没有任何争论。对于布道的对象来说,先知们只是在人们之间促进善行,而不是传授真理。所以他认为先知这方面的这种错误和无知对于他所鼓励去行善的听众来说并不是有害的。因为他认为,运用什么样的论据鼓励我们行善,这乃是无关紧要的,只要这些论据不排斥先知们努力用来鞭策人们行善的道德。因为他认为被心灵所感知的其他方面的真理对于敬神是不重要的,因为道德的神圣性事实上并不包含在那种真理里面。他认为,真理的知识,甚至神秘的知识是按照它们虔诚的程度而具有不同的必然性。

我想作者是在引证这样一些神学家们的公理,这些神学家区分了两种先知的说教,一种是先知在说明一种理论的说教,一种是先知在单纯地叙述某事的说教。这种区别，如果我未弄错的话，是所有神学家们所承认的，他极其错误地认为他的意见是符合于这一看法的。

因此他认为，所有那些否认理性和哲学是圣经的解释者的人都将信奉他的观点。因为既然所有人都同意，在圣经里有无数的东西被述说给上帝，并不是为了上帝的利益，而是适合于人的理解，从而人们可以为它们所感动，唤醒人们去爱德行，因此他认为，我们必定要主张，圣师是想用这些不真实的论据去教育人们爱德行，或者每一个读圣经的人必定要被允许按照其理性的原则去自由判断圣师的意思和目的。作者完全同那些像那位荒谬的神学家③那样教导理性是圣经的解释者的人一起谴责和拒绝这一见解。因为他认为圣经必须从字义上加以理解，对于那些应当用先知的语言去理解的东西，不允许人们有任意和合理的解释的自由，并且按照他们的理性，按照先知作文字解释和形象解释时他们所获得的事物的知识去决定。但下面有机会再讨论这些。

回到我已离题的那些问题上来吧。作者按照他的万物命定必然性的原理〔附注〕，否认有任何与自然规律相违背的奇迹。因为像我上面指出的，他主张事物的本性及其次序和上帝的本性和永恒真理一样是必然的。因此他教导说，正如三角形的三内角之和不可能不等于两直角一样，任何事物也都不可能违背自然规律；上帝不能使轻的东西举起重的东西，或者使低速运动的物体克服高速

〔附注〕 B. de S(斯宾诺莎)在这里注释道：他这样说是不公正的：因为我曾明白指出，奇迹并不提供任何上帝的知识；但通过自然的稳定次序却能更好地认识上帝。

运动的物体。因此他主张，奇迹是服从自然的一般规律，这种自然一般规律，他说正如事物的本性一样，是不变的，因为事物的本性是包含在自然规律之中。他不承认上帝除了具有通常的按照自然规律行事的能力之外还有什么别的能力，他认为这是不能设想的，因为这将毁灭事物的本性，本身就是自相矛盾。

在作者的思想里，奇迹是那种意外发生的事情，其原因不为普通人所知。所以普通人把奇迹归之于祷告的力量和上帝的特殊旨意。由于及时的祷告，某种燃眉的恶似乎已避开，或某种祈祷的善似乎已得到，但按照作者的意见，上帝已经绝对地永恒地命令了那些事物应当发生，虽然普通人相信这些事物是由于〔特殊的〕干涉和效力发生的。因为祷告不是命令的原因，而命令是祷告的原因。

所有这些有关自然和日常事物的命运和不可避免的必然性的讲法，他都归之于上帝的本性，或者更清楚地讲，归之于上帝的意志和理智的本性，这两者虽然名称不一样，但在上帝那里却是一个东西。因此他主张，上帝命令这个宇宙和世间连续发生的一切，其必然性就如同上帝必然知道这同一个宇宙一样。但是，如果上帝必然知道这个宇宙及其规律，正如它必然知道包含在这些规律中的永恒真理一样，那么他得出结论说：正如上帝不能毁灭事物的本性，使二乘三等于七一样，上帝也不能创造另一个宇宙。因为我们不能设想任何不同于这个宇宙及其规律的东西，万物（尽管我们可以想象它们能毁灭自身）都是按照这个规律而产生和消灭，所以他说：上帝的理智的本性、整个宇宙的本性以及自然所遵循的那些规律的本性都是具有这样的性质，即上帝不能用它的理智设想任何与现存事物不同的事物，正如事物不能立即不同于其本身一样。

所以他结论说：正如上帝不能产生自身毁灭的事物一样，上帝也不能设想或理解与现存本性不同的本性。因为认识和理解这些本性是不可能的(按照作者的见解，它包含矛盾)，就如同产生与现存事物不同的事物一样的不可能。因所有那些本性，如果被认为与那些现存的本性不同，那么它们也必然与现存的那些本性相对立。因为既然包含在今日这个宇宙里的事物的本性(按照作者的观点)是必然的，那么它们之所以有那种必然性就不能是由其自身而来，而只能是由上帝的本性而来，由它们必然从其产生的东西而来。因为他没有笛卡尔那种观点，即因为万物的本性不同于上帝的本性和本质，所以万物的观念是自由地存在于上帝的心灵之中，虽然他曾表示愿意接受笛卡尔的学说。

用我上面讲的这些论点，作者为他在书末所陈述的那些结论铺平了道路，事实上该书以前几章所讲述的一切都是为这些结论作准备。所以他想把下面这个公理逐渐灌输到地方长官和所有人的头脑里去：确立那种在国家内应公开奉行的宗教信仰的权力是属于地方长官，因此地方长官有权允许臣民按照他们精神气质和性格所要求他们的那样去思考和讲述宗教，地方长官有权允许臣民甚至有信仰其他外来宗教的自由，只要这些外来宗教不妨碍道德德行和虔敬精神的培养。并且既然关于这些德行不可能有争议，别的事物的知识和实践并不包含德行，所以他结论说，无论人们采取何种宗教仪式，上帝不能表示不快。但是作者认为那些宗教仪式既不构成德行又不接触德行，它们既不和德行对立，又不和德行相异，人们只是采用和承认它们为工具，借以促进真正的德行。所以通过对这些德行的爱，他们变成为上帝所中意和高兴，因为上帝并不为追求和实践那些无所谓善恶的平凡事物所生气，虽然人们把这些事物同虔诚的实践联系起来，用它们作为培育德行的手段。

为了让人们的思想去接受这些荒唐的观点，作者首先主张整个宗教信仰是由上帝所建立的，而由犹太人，即以色列国家的臣民所传授下来的。其目的就是让他们在他们自己的国家内过幸福生活；但是犹太人并不比其他民族更为上帝所宠爱和满意。他说，上帝常常是通过他的预言家将这种信仰传给犹太人的，如果说上帝谴责他们的无知和错误，那是因为他们把神性与虔诚同上帝所建立的并指定给他们的信仰混为一谈，因为神性和虔诚只应当与爱道德德行，也就是与爱上帝和爱自己的同胞等同的。

既然上帝已经用这些原理以及好像用德行的种子感染了所有民族的精神，使这些民族可以天然地几乎没有任何教导就分清了善与恶的区别，所以他结论说，上帝并不曾使其他民族缺乏那些能获得真正幸福的东西，而是表明它对一切人类是同等的仁爱。

而且他说，为了让〔别的〕民族能和犹太人在所有那些能帮助他们获得真正幸福的事情方面完全处于同等的地位，〔别的〕民族并不是没有真正的预言家的，他打算用例子来证明这一点。进而他暗示，上帝是靠它的至高无上的权力通过善良天使的力量统治其他民族的，按照旧约全书的用法，他把天使称之为诸神。因此，其他民族的宗教仪式只要不为人们的迷信所败坏，使人们与真实的神性疏远，迫使他们在他们的宗教里去做与德行不一致的行为，那么这些宗教仪式是不触犯上帝的。但是因为某种对犹太人的特殊理由，上帝禁止犹太人崇拜〔别的〕民族的神衹，这些〔别的〕民族的神祇是靠上帝的训令和安排为〔别的〕民族所崇拜，其正当性有如基督教天使一样。犹太人国家法定的监护人被犹太人用他们的方法列入神祇的行列，被他们加上神圣的荣光。

既然作者认为，人们一般承认这种外来的信仰不为上帝所中意，所以他认为这种外来的信仰所实行的仪礼也是无关紧要的，只要它们能使人们的思想尊敬上帝，鼓励人们爱德行就行。

于是他认为一切宗教的要旨〔和本质〕是在于培育德行，一切神秘的知识是不必要的，因为这种神秘知识并不天然适合于德行、促进德行，他认为只有那种更有效地教导人们和鼓励人们走向德性的知识才是更有力和更必要的。从这里他得出结论说，我们必须承认，或者至少不排斥，所有那些关于上帝及对其信仰的见解，以及那些属于宗教的事情，这些事情在那些信仰它们的人们的思想里是真实的，立意在于把诚实发扬光大。为了建立这种学说，他引证了预言家作为他的见解的作者和证人，他说这些人曾经相信，人们无论主张什么样的宗教观点对于上帝来说是无关紧要的，只要那种信仰和那些见解是从爱德行、尊敬神而来，就能为神所中意。他们采取这样的宽容态度，以致他们所提出的那样一些鼓励人们走向德行的论据，即使本身确实不是真实的，却也在那些他们与之谈话的人的看法中被认为是真实的，是很自然地适于提供一个刺激、促进人们更加热切地献身于德行。所以他假设，上帝把论据的选择权留给了预言家，因而预言家可以采用那些适合于时代适合于个人思想的论据，以及那些按照他们的理智认为是善的和有效的论据。

因此他认为，不同的圣师是可以使用不同的而且常常是相互

冲突的论点。保罗教导说,人们按照功行是不能得以释罪的,而詹姆士却教授相反的观点,因为作者认为,詹姆士看到了基督徒正误用因信释罪④的学说。所以他在许多地方指出,人是按信仰和功行两方面得以释罪的。因为他认识到,像保罗那样,教授和发表关于信仰的学说,对于他那个时代的基督徒并无用处,因为人们正仰仗着这种学说躺在神恩上心安理得地睡大觉,几乎一点儿也想不到要行善事。而保罗当时却是和那些错误地以神律功行来为自己释罪的犹太人打交道,特别是和那些由摩西引渡的、认为他们处于所有〔别的〕民族之上、上帝单独为他们准备一条通向幸福之路的犹太人打交道,这些人反对用信仰来达到拯救的办法,他们认为这种办法使他们降到与〔别的〕民族同等地位,剥夺了他们所有的特权。因此,既然上述两种观点,即保罗的观点和詹姆士的观点,对于不同的时代和不同的个人,以及相联系的不同具体情况,各自都非常有助于人们走向虔诚,所以作者认为,时而采用一种观点,时而采用另一种观点,这乃是使徒的智慧。

这也是作者为什么认为那种想用理性解释圣文并使之成为圣经解释者,或者想用这一圣师来解释那一位圣师的做法都完全不符合事实的理由之一。因为圣师们都有同样的权威,他们使用的语言都必须要用那些圣师的说话方式和修辞特点来加以解释。所以在研究圣经的真实意义中,我们大可不必注意事物本身的性质,而只要注意语词的意思就行。

因此,既然基督自己和其他圣师都是用例子和箴言指点和教导人们只有通过爱德行去达到幸福,其余的都是无关紧要的,所以作者想证明地方长官的唯一事务应当是在国内伸张正义和诚实,至于服务于何种宗教，何种理论是最符合真理，却几乎不是他们职权内之事，但是他们必须注意，如果它们阻碍德行实现，那就不应采用，即使它们符合于那些信仰它们的人的观点。

这样，地方长官可以在他们的国内很容易地容忍各种不同的宗教机构，而不触犯神。为了使我们相信这点，他采取了下面这样的做法：他主张有一种道德德行盛行于社会团体内，并表现在外在的行为中，对于这样一种道德德行，任何人都不能按照他私人的判断和决定去实施它们，但是，培养、实施和修改这些德行却依赖于地方长官的权威和力量，这一方面是因为外在的德行的性质来自环境，一方面是因为人实行这种外在行为的职责是按照这些行为的得或失来加以判断的。所以，这些外在的行为如果在适当的时代没有实行，就失去它们的德行的性质，而与它们相对立的行为却成了德行。作者认为在心灵内部还有另外一种德行，这些德行永远保持它们的本性不变，绝不依赖于环境的改变。

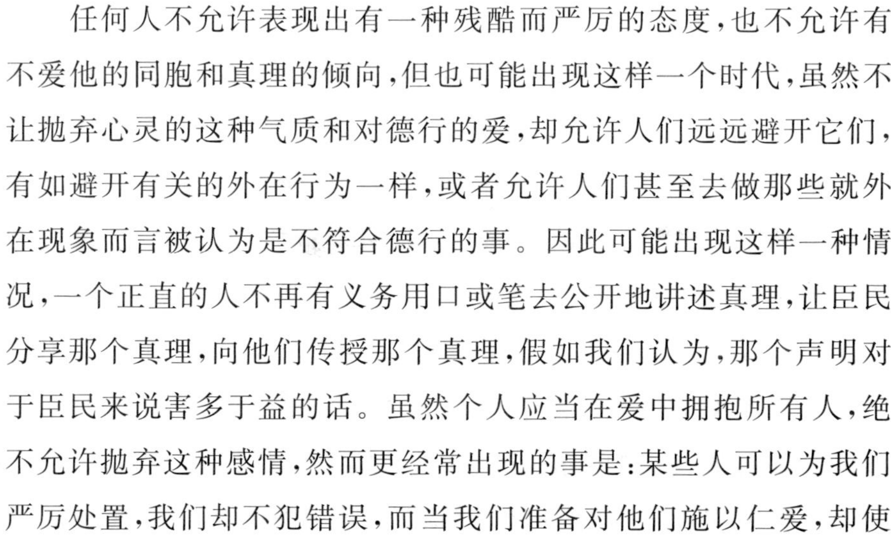

任何人不允许表现出有一种残酷而严厉的态度，也不允许有不爱他的同胞和真理的倾向，但也可能出现这样一个时代，虽然不让抛弃心灵的这种气质和对德行的爱，却允许人们远远避开它们，有如避开有关的外在行为一样，或者允许人们甚至去做那些就外在现象而言被认为是不符合德行的事。因此可能出现这样一种情况，一个正直的人不再有义务用口或笔去公开地讲述真理，让臣民分享那个真理，向他们传授那个真理，假如我们认为，那个声明对于臣民来说害多于益的话。虽然个人应当在爱中拥抱所有人，绝不允许抛弃这种感情，然而更经常出现的事是：某些人可以为我们严厉处置，我们却不犯错误，而当我们准备对他们施以仁爱，却使我们受更大的伤害。所以，所有人的确认为，陈述所有真理，无论它们属于宗教，还是属于公民生活，都常常不是幸运的事。如果害怕牲畜会对人们掷给它们的玫瑰花表示愤怒的话，那么就不应把玫瑰花掷给它们，谁如果主张这一点的话，那么谁就会主张，同样，如果考虑到某些事情在大众中公开宣扬并广为传播，可能会有人去危害国家或教会，从而对臣民和圣徒带来的坏处多于其带来的好处，他就应主张在这种情况下，一个好人没有向大众宣讲某些宗教篇章的义务。

但是，因为市民社会不能够没有实施法律的力量和权威，因此它在制定其他规章的同时，也作了这样一条规定：即决定什么对于构成市民社会的全体成员才是有用的，这一定不能留给个人去选择，而必须委托给统治者，所以作者论证道，因此决定一个国家公开教育的是什么种类的学说，这是地方长官的权利，而臣民的义务，至少就外在的职能来说，则是不讲授、不承认地方长官曾用法律加以固定、因而民众只能表示沉默的那些教条。因为上帝并未把这留给个人去判断，正如上帝不曾允许他们违背地方长官的意图和命令，或者反对审判官的裁决去做那些逃避法律的制裁和目的在于反对长官的事一样。因为作者认为，关于这类事情，就外在信仰及其职能来说，人能够达到一致，外在的宗教信仰行为可以安全地委托给长官去裁决，正如判断是否正义是否危害国家安全，以及武力加以惩罚的权力可以留给长官一样。因为，正如私人不一定非要把他关于是否有害于国家的判断适应于地方长官的判断而可以允许有他自己的看法，虽然（如果需要的话）他一定要对长官的这种决定加以执行，所以作者认为，判断某些条文的真理和错

误，判断这些条文的必要性确实是国家内私人的权利，各个个人不能为国家的法律所迫而对宗教持一致的看法。但是，什么样的理论应当公开推行，则是依赖于地方长官的裁决，私人的职责只是沉默地保持他们自己关于宗教的见解（如果他们的见解与长官的见解不同的话），不去做那些使长官关于信仰所制定的法律丧失力量的事。

但是，长官可能由于自己关于宗教的某些观点与许多民众不同而想公开地教导某些不同于民众观点的理论，然而长官也可能认为在他们的国家里对这些条文应当有一个公开的表白，这对于上帝的光荣是重要的。既然有这种可能，所以作者明白，由于长官的判断和群众的判断不同，将出现对臣民有极大伤害的困难。因此，在上述的意见之外，作者补充了第二点，它可以调停平息长官们的思想和他们的臣民的思想，保留原样宗教的自由。这就是说，即使长官们在他们国家里允许那些与他们的看法不同的宗教仪式，只要这些仪式不违背道德的德行，不颠覆它们，长官也不必害怕上帝的愤怒。这种观点的基础不能不被您注意到，因为我在上面所讲的已充分地指出了。因为作者说过，上帝是无动于衷的，它不关心人们在他们的宗教里注重什么见解，内心赞成和保护什么见解，也不关心人们公开履行什么宗教仪式，因为所有这些事情一定被算入那些与善恶无关的事物数目里，虽然每个人的责任就是要计算一下他们采用哪些理论和哪种信仰是能够使他们认为在爱德行方面取得最大的进步。

最尊敬的阁下，这里您对这位政治神学家的学说有了一个梗概的了解，按照我的看法，这个学说取消和绝对推翻了一切信仰和

宗教，偷偷地贩卖了无神论，或虚构了一个不能使人们对其神性肃然起敬的上帝，因为这个上帝本身也受制于命运。神治和天道从此不再有任何地位，上帝主宰赏罚皆被废除。从作者这本书至少很容易看到，由于他的方法和论证，一切圣经的权威都被推翻了，作者提到权威也只是为了形式的缘故。同样，从作者采取的立场可以推知，可兰经和圣经一定是同样权威的。作者并未给自己提供一个证明穆罕默德不是真正预言家的简单论据，因为即使土耳其人也是按照他们的预言家的要求，培育那种所有民族共同一致的道德德行的。按照作者的教导，对于那些没有得到圣经的民族（上帝把圣经授予了犹太人和基督徒），上帝常常借助于其他的启示引导他们走上理性和忠顺的正道。

因此，我认为，如果我指责他是用隐蔽的伪装的论据在教授纯粹的无神论，我并不怎么违背事实，或者对这位作者做了任何有害的事。

L. V. 凡尔底桑

旧历 1671 年 1 月 24 日　乌特勒支

【注释】

① 此信见《遗著》，原信拉丁文，现已阙失。写信人凡尔底桑（Lambert Van Velthuysen，1622—1685）生于乌特勒支，曾在那里研究过哲学、神学和医学，以后成为医生。他是正统的基督教徒，斯宾诺莎的主要论敌之一，在斯宾诺莎生时，正如在这封信所看到的，他坚决反对《神学政治论》，认为这是一部宣传无神论的邪恶的书籍，在斯宾诺莎死后，他又在一部名为《论自然宗教和道德的起源》的书里攻击斯宾诺莎的《伦理学》。收信人奥斯顿（Jacob Ostens, 1625—1678)是一个社友会教徒，大概也生于乌特勒支，是鹿特丹的一名外科医生，他对斯宾诺莎的哲学很感兴趣，从而成为斯宾诺莎和凡尔底桑之间的联系人。

这封非斯宾诺莎直接的书信保存在《斯宾诺莎书信》中，可能有它一定的价值，至少我们可以看到当时斯宾诺莎和他的论敌的斗争，并且从论敌的反驳中更真实地了解斯宾诺莎的思想。

② 麦尔生(Marin Mersenne, 1588—1648)，笛卡尔的朋友，曾为捍卫笛卡尔的学说反对过许多教士批评家，在 1624 年发表了一篇名为"L'Impiété des Deistes Athées et Libertins combattue et renversée"的文章，攻击各种自由思想家。

③ 信中所说的那位荒谬的神学家指路德维希·梅耶尔。梅耶尔曾在 1666 年出版他的《哲学是圣经的解释者》一书。在此书中，梅耶尔认为圣经最初的形式和意思一定是符合客观事实的，因为上帝既是圣经的作者又是自然事实的创造者，后来它之所以不符合客观事实，乃是人的窜改和误解，所以只有靠真正的(即理性的)哲学，才能正当地研究和解释圣经，这样一种哲学，换句话说，就是圣经的真正解释者。

④ The justification by faith，宗教上译为"因信称义"。

第 43 封　斯宾诺莎致博学而高贵的雅各布·奥斯顿阁下①

博学的阁下：

您无疑会感到惊讶，我使您等待这样长的时间。但是我几乎不能激起我的思想来答复您欣然给我寄来的那位先生的信。要不是我曾许诺的话，我是绝不会答复这封信的，但是为了尽可能不使自己失信，我将用不多几句话来偿清我的债务，简略地指出他是如何歪曲了我的意思;至于他那样做是出于敌意,还是出于无知,我不能轻易回答。现在谈正题。

首先,他说他不知道我是属于哪个民族,或者遵循什么样的生活方式。但是如果他明了这些的话,他就绝不会这样轻易地相信我在讲授无神论。因为无神论者总是过度追求荣誉和财富,而对这些我是历来都鄙视的,正如所有认识我的人所知道的②。然后,为了顺利达到他的目的起见,他说我不是愚蠢的,以便他可以更容易地使人相信我虽然论证很机敏和巧妙,但带有恶念,是为着自然神论者的那个极坏的事业。这就充分表明他不理解我的种种理由。因为谁会这样机敏和巧妙,以致虚伪地给予这样多而又有力的理由来支持他认为是错误的事情呢?我认为,如果他真相信虚构的东西能像真的东西一样可靠地加以证明,那么他会相信谁能这样认真地写作呢?但是我现在倒不感到惊奇,因为笛卡尔就曾经被伏尔修斯③这样诽谤过,一般最好的人都有这样的遭遇。

他继续说道,“为了避免迷信的过失,我认为他似乎把一切宗教全都抛弃了。”他是怎样理解宗教和迷信,我不知道。我请问,那个抛弃一切宗教的人难道会主张上帝一定要被认为是最高的善,一定要作为这种最高的善为自由的人们所敬爱吗?难道会主张我们最高的幸福和至上的自由唯一就在于此吗?而且,难道会主张德行的报酬就是德行自身④,愚蠢和软弱的惩罚就是愚蠢自身吗?最后,难道会主张每个人都应当爱他的同胞,服从至高力量的命令吗?我不仅明确地主张这一切,而且还以最充分的论据加以证明过。但是我想我是知道这个人陷入什么泥坑之中的。也就是说,他在德行本身和理智中没有找到任何使他满意的东西,而是宁可在他的感情冲动下讨生活，假如这不是他怕惩罚的唯一障碍的话。所以他拒绝了罪恶的行为，像奴隶一样被迫地、犹豫不决地服从神的禁令，他期望因他这种服役会得到上帝的恩赐，这对于他比神圣的爱本身还感兴趣，此外，他做的善行愈是使他感到厌恶，他就愈是这样想，并且被迫地这样做，因此他相信所有那些不被这种惧怕所制止的人是在放肆地生活，排斥一切宗教。但是不管这些，转到他的解释上来吧，他通过这种解释想表明“我是用隐蔽的伪装的论据在讲授无神论”。

他的论证的根据是他认为我抛弃了神的自由，使神受制于命运。这完全是错误的。因为我主张万物皆以不可避免的必然性从神的本性而来，正如所有人主张从神的本性可以推知，神理解它自身一样。的确，没有一个人会否认这一点是必然地从神的本性而推知的，然而也没有人会认为神是为某种命运所强迫，而是认为神完全自由地完全必然地理解它自身。我感到这里所说的对任何人都是可以理解的。然而，如果他认为这些主张带有罪恶的目的，那么他对于他所信奉的笛卡尔又作何想法呢？因为笛卡尔说过，我们所做的一切没有不是为神所预先安排好了的，或者在每一瞬间我们似乎都是为神所重新创造的，虽然这样，然而我们却是按照我们意志自由而行动的。确实，正如笛卡尔自己承认的，这一点是没有人能理解的。⑤

而且，事物所具有的这种不可避免的必然性既不在神律之外，也不在人律之外。因为道德的箴言，不论它们是否从神本身得到律则的形式，然而它们是神圣的和有益的。因此，我们是否得到那种从德行和神圣的爱，从神作为审判者而来的善，或者善是否从神圣本性的必然性而来，这些都不是我们多少所能欲望的。这正如另一方面的情况一样，从罪恶行为而来的恶并不因为它们是从它们本身必然而来就为人们少惧怕。最后，不论我们是做我们必然要做的还是自由要做的事，我们仍是为希望或恐惧所指导。因此他错误地说："我断言根本没有箴言和神令"，或者像他以后继续说的，"当万物皆隶属于命运，万物被声称皆以不可避免的必然性从神而来，那么就不能有任何对赏或罚的期望。"

这里，我不研究为什么主张万物皆必然地从神的本性而来，同主张宇宙就是神这两种观点是一样的，或者不是很不同的。但是我希望您注意一下他不少恶意地添加的那些话，这就是"我认为人们之所以应当献身于德行，并不是因为箴言和神律，或者希求奖赏，惧怕惩罚，而是……"，这些话在我的《神学政治论》里，您是一定找不到的。正相反，在该书第四章我曾明白地说过，神律（正如我在第十二章里所说的，这是神圣地铭刻在我们心灵里的）的主要格言〔和本质〕及其至上的命令是：爱上帝乃最高的善；这就是说，爱上帝既不是因为惧怕某种惩罚（因为爱不能从惧怕引起），也不是因为爱某种我们希望得以快乐的别的对象，因为，如果是那样的话，我们就不会像我们所想的那样爱神自身了。在同一章里，我指出，神已经向它的预言家启示了这条同样的律则。不管我是否申明这条神律是从神自身取得律则的形式，或者我是否把这条律则设想为如同其他那些包含永恒必然性和真理的神的律令，然而它总将是神的意旨和拯救训诫。不管我是自由地爱神，还是从神的意旨的必然性而爱神，我将总是爱神，我将总是被拯救。因此，我现在可以说，这个人仍是属于我在我的序言末尾所说的那种类型

的人，这种人与其让他们随意曲解我的书，还不如让他们对于此书完全置之不理为好，因为当他们随意曲解每一件事时，他们就变成无聊讨厌的东西，即使他们得不到什么益处，也对别人是一种障碍。

虽然我认为这已充分指明了我的意图，然而，补充一些说明，我认为还是必要的。这就是说，他错误地认为我在引证那样一些神学家的原则，这些神学家区分了两种预言家的说教，一种是教授某种理论，一种只是陈述某种事情。因为如果这条原则他是指在第十五章我归之于某个叫作耶乎大・阿尔帕哈的拉比⑥的那样的意见，那么我如何能够认为我是同意它的呢？因为在同一章里我把它是作为错误的东西予以摒弃的。但是如果他是指其他的原则，那么我承认我不知道它，我也不会引证它。

而且，我不明白他为什么要说，我认为所有那些否认理性和哲学是圣经解释者的人将同意我的观点，因为我已经驳斥了他们的观点以及麦蒙尼德的观点。

至于评论所有那些表明他不是完全冷静地判断我的论点太费时间，因此，我转到他的结论上来。在那里他是这样说的："我并未给自己提供一个证明穆罕默德不是真正预言家的论据。"他确实是力图从我的观点来证明这一点，其实，从我的观点中可以清楚推知穆罕默德是一个骗子，因为我们可以看到，他完全抛弃了通过自然之光和预言家之光所启示的普通宗教所允诺的那种自由，而这种自由，我已经指出应当完全允许的。既然情况不是这样，我请问，难道我非要证明某个预言家是错误的吗？正相反，预言家们一定要证明他们是真实的。但如果他回答说，穆罕默德也教导神律，也像其他预言家一样，给予他的传教团以确切的指示，那么确实没有理由他要否认他是一个真正的预言家。

至于土耳其人及其他的异教徒，如果他们以对其邻邦的公正和仁爱来崇拜上帝，那么我相信他们就有基督教的良心，能够被拯救，无论他们以他们的无知对于穆罕默德和神谕有怎样的信念。

这样，我的朋友，您可以看到，这个人已迷失真理多么远。然而我承认，当他恬不知耻地说我通过隐蔽的伪装的论据在讲授无神论时，他并未有伤于我，而只能更多地害他自己罢了。

此外，我并不认为您在这里会发现有任何您认为是太严厉反对这个人的表示。但是如果您遇见了这类用语的话，我请您或者删掉它，或者改正它，随您的愿好了。无论他是谁，我都不想激怒他，为我自己树敌。但是，既然这是这类争论常常容易导致的结果，所以我几乎不能说服自己写回信，并且如果我不曾允诺的话，我也根本不会说服自己写了这封回信。

再见，由于您的谨慎，我写了这封信。我是，等等

斯宾诺莎

〔1671 年 2 月　海牙〕

【注释】

① 原信拉丁文，现保存在阿姆斯特丹统一浸礼会档案馆。《遗著》所载与原信有许多不同，但并不怎么重要。据英译者 A Wolf 意见，此信日期可能不确，应当在第 44 封信之后，可能因为编者认为这封信是对前一封信的回复，故提前放在这里。

② “无神论者总是过度追求荣誉和财富”，这是十七世纪通常关于无神论者的看法，正因为此，斯宾诺莎拒绝承认他是无神论者。

③ 伏尔修斯（Gysbertus Voetius，或 Voet，1588—1676），荷兰神学家。曾受学于莱登大学，1634 年被任命为乌特勒支大学神学教授，他是一名过激的加尔文教徒，1642 年他说服乌特勒支大学谴责笛卡尔哲学。1643 年他出版了一本小册子，把笛卡尔的新哲学攻击为当代非宗教和非道德的学说，笛卡尔曾为此作了反驳。

④ 德性的报酬就是德性自身，这是斯宾诺莎的主要伦理观点之一，参看《伦理学》第五部分命题四十一附释和命题四十二，在那里斯宾诺莎说：“幸福不是德性的报酬，而是德行自身，并不是因为我们克制情欲，我们才享有幸福，反之，乃是因为我们享有幸福，所以我们能够克制情欲。”对于斯宾诺莎来说，道德律是神圣的，不需要别的权威或法令。

⑤ 参阅笛卡尔《哲学原理》第一章原理 39 以下。

⑥ 耶乎大·阿尔帕哈拉比（Rabbi Judah Alpakhar，？—1235），西班牙的犹太医生、学者，斐迪南三世的御医，他曾反对麦蒙尼德对圣经的解释。在《神学政治论》里斯宾诺莎是这样讲到他的：“大多数的人都直截了当地相信一个名叫耶乎大·阿尔帕哈的人的意见，这个人因为急于要避免麦蒙尼德的错误，陷入了与之正相反的另一种错误，他主张应使理智辅助圣经，完全对圣经让步……因此他立下了一个一般性的原则，就是无论圣经教条式地告人以什么，明白地肯定什么，必须以圣经里的这话自身为根据，承认其为绝对真理。”（见《神学政治论》中译本第 202—203 页）

第 44 封　斯宾诺莎致谦恭而谨慎的雅里希·耶勒斯阁下①

尊敬的朋友：

当某某教授②最近来我这里告诉我，他听说我的《神学政治论》已译成荷兰文，而且有一个人他不知道是谁答应将它出版。因此我最诚恳地请您打听一下，如果真有其事，请您尽可能不让它出版。这不仅是我的请求，而且也是我的许多好朋友的请求，这些朋友不愿看到这本书遭到禁止，因为如果这本书用荷兰文出版的话，这无疑是会发生的。我坚信您会为我和我们的事业这样做的。③

不久前，有位朋友送给我一本名为《政治人》(*Homo Politicus*)的小册子，这本书我早已听说过。我通读了一遍，发现它是一本人们将认为是很有害的书。写这本书的人的最高目的是金钱和荣誉。他使他的学说适应于这一目的，并且指出达到这一目的的途径。这就是说，他内心是想排斥一切宗教，而外表上装着假定宗教，以便最好地为他的利益服务，而且其保留信仰也只是毫无例外地为了他自己的利益。至于别的，那就是他极高地赞扬了虚伪、无兑现的许诺、说谎、发假誓言以及其他许多东西。当我读过这本书后，我就想写一本小册子来间接反驳它，其中我将首先探讨最高的目的，然后论述那些乞求金钱妄想荣誉的人的无穷的悲惨景况，最后用清晰的论据和许多例证来指明由于这种不知足的渴求荣誉和金钱，国家必定会毁灭和已经毁灭。④

同刚才提到的作者的思想比起来，米利都的泰利士的思想却好得多、卓越得多，这可以从下面清楚看出。泰利士说，在朋友之间，一切东西都是共同的，智者是诸神的朋友〔和万物皆属于诸神〕〔英译注〕，因此万物皆属于智者。这位很智慧的人就是用这种方式，即用高贵的鄙弃财富，而不是用卑贱的乞求财富，使自己发了

〔英译注〕 据拉丁版本补。

很大的财。但另一个时候，他也指出，智者不享有财富不是必然的而是偶然的，因为当他的朋友有次为了他的穷困而责备他时，他答复他们道：难道你们想要我指出我也能得到那种我认为不值得劳神而你们却热切追求的东西吗？当他们回答是时，他就租用了全希腊的所有榨油机，因为他是一位推算星术的专家，他已经看到那一年有一个空前的橄榄大丰收，于是他将便宜租进的榨油机以极高的价格租出去，因为他们必定要用它们来榨橄榄油，就是用这种方法，他在这一年发了大财，后来他把赚来的这些钱公正地加以分配，有如他聪明地获取它们一样。

就此搁笔，请相信我是，等等。

斯宾诺莎

1671 年 2 月 17 日　海牙

【注释】

① 原信荷兰文，早已阙失，《遗著》荷兰文版所载似乎重新复制的，拉丁文版乃是编者从荷兰文翻译的。

② 这位教授究竟是谁，现已无法得知，有人揣测是莱登大学哲学教授克拉伦(Craenen)，这是一个笛卡尔派人，在第 67 封信里提到过他。但这只是猜测。

③ 《神学政治论》拉丁文版是 1670 年匿名在阿姆斯特丹出版的，当时很可能在耶勒斯或另一个出版家詹·利乌魏特茨(J. Rieuwertsz)的支持下，由格拉塞马克(J. H. Glazemaker)译成了荷兰文，只是因为斯宾诺莎在这封信中所说的怕因此而使原拉丁版本遭到查禁，该译本一直未能正式出版，事实上，《神学政治论》荷兰文版直到 1693 年才问世。

④ 《政治人》是 1664 年匿名出版的，作者据说是拉普(Christophorus

Rapp)。这本书是马基雅弗利的《君主论》的改编。斯宾诺莎并未完成他在此信中提到的那个打算，只是在他的《政治论》第十章里作了简短的批评。

第45封 哥德弗里特·莱布尼兹致尊贵而著名的斯宾诺莎阁下①

卓绝而尊贵的阁下：

在您名声远扬、深受称赞的种种方面，我理解的是您在光学方面的精湛技巧。正是这一点使我想把我这篇论文送交您审阅，在这方面的研究中，除了您之外，我不容易找到有更好的评判者。我送给您的这篇论文，我定名为《高等光学注释》(*Notitia Opticae promotae*)②，现已出版，所以我能很方便地将它交付给我的朋友或那些有兴趣的人们。我听说尊贵的胡德在这方面的研究也很有造诣，而且我相信您是很熟悉他的，因此，如果您能为我得到他的评判和认可，那么您将表现了更大的仁慈。

这篇论文自身就充分解释了它研讨的对象。

我相信您已得到一个名叫法兰西斯·那拉的犹太人用拉丁文写的一本书《导论》(*Prodromus*)③，他在这本书里对屈光学作了某些值得注意的研究。但是，一个在这方面很博学的年轻的瑞士人约翰尼斯·奥尔修斯④也出版了《关于视觉的生理—力学思考》(*Physico-Mechanical Reflectiono on vision*)，在这本书内，他提供了某些磨制各种镜片的简单的和一般的机器，而且他说，他已经发现某种方法能把从对象各个点来的一切光线聚集在许多其他相应的点上。不过这只适合于一定距离一定形式的对象。

至于我对此的看法是,并不是一切来自所有点的光线又被聚集,就我们现有的知识而言,这对任何距离任何形式的对象是不可能的,而应当是从光轴外的点和光轴上的点而来的光线被聚集,所以透镜的孔径可以选取任何尺寸,视觉仍清晰。但是这些将留待您的深刻的评判。

再见,尊贵的阁下,敬爱您的

忠诚的赞颂者

法律博士、美因茨参议员

哥德弗里特·威廉·莱布尼兹

新历 1671 年 10 月 5 日　法兰克福

又致——如果我荣幸能得到您的答复,那么尊贵的狄墨帕洛克[⑤]律师将会办理此事,他不会不愿意的。我想您已经看到了我的《新物理假说》,如果没有的话,我将送您一本。

致阿姆斯特丹

著名学者和深邃哲学家

斯宾诺莎阁下

【注释】

① 原信拉丁文,现保存在阿姆斯特丹统一浸礼会档案馆。《遗著》所载与原信略有不同,胡德的名字被删,而且信后附言也略去。

② 莱布尼兹《高等光学注释》1671 年出版于美因茨的法兰克福。

③ 法兰西斯·那拉(Franciscue Lana, 1631—1687)当时是罗马的哲学和数学教授。他的《导论》出版于 1670 年。

④ 奥尔修斯(Johannes Oltius),此人不详。

⑤ 狄墨帕洛克(J. de Diemerbroeck)是乌特勒支的律师。

第 46 封 斯宾诺莎致博学而尊贵的法律博士、美因茨参议员哥德弗里特·莱布尼兹阁下①

（复前信）

博学而尊贵的阁下：

我已经读到您非常仁厚赐予我的论文，我非常感激您把它赠送给我。遗憾的是我不能完全理解您的意思，虽然我相信您对此是足够清楚地解释了的。因此请您不要忘了回答我下列诸问题：您是否想过，除了这一理由——即从一单个点来的光线不能精确地聚集在另一点上，而是聚集在一小片空间(我们通常称之为力学点)上，这空间的大小与孔径的尺寸成正比例——之外，还有任何别的理由使透镜的孔径应做得小吗？而且我请问，那些您称之为 Pandochal② 的透镜是否改正了这个错误，也就是说，由同一点来的光线经过折射后聚集起来的力学点或小片空间是否不论孔径的大小而在尺寸上总是一样的？因为如果这样的透镜成功了，那么它们的孔径就能任意加以扩大，因而将超过我所知的其它形式的透镜，不然的话，我就不会明白您为什么对它们比对普通的透镜有这样多的要求。因为圆透镜各处的轴心是一样的。因此，当我们使用它们时，对象上的所有点一定被认为好像是在光轴上的。虽然对象上的各个点的距离不是一样的，然而当对象距离很远，这种距离的区别就可以略而不论，因为由同一点而来的光线可以被认为好像它们平行地进入透镜。这一点，我相信，当我们想在一瞥中把握几个对象(像我们在使用很大的望远镜时所做)，您的透镜就能有助于更清晰地表现事物的总体。但在您向我作更清楚地解释您的意思之前(像我衷心地请求您所做的那样)，我将在所有这些方面不发表任何意见。

我已经按照您的吩咐，把另一本抄本送给了胡德阁下。他回答说，现在他没有时间，但是他希望一两个星期内能有时间阅读一下。

法兰西斯·那拉的《导论》尚未到我手，约翰尼斯·奥尔修斯的《物理力学的思考》也没有拿到。很遗憾，我也没有能看到您的《物理假说》。这本书在海牙这里至少是没有出售。因此，如果您能赠送给我一本，我将万分地感激您。假如我能在其他方面为您效劳的话，尊贵的阁下我将一定表明我是

您的仆人

B. 斯宾诺莎

1671 年 11 月 9 日　海牙

狄墨帕洛克先生并不在这里，因此我不得不把这封信委托给普通的邮差。无疑您在海牙会认识一个愿意承担我们信件的人，

我想知道他是谁，以便今后可以更方便更安全地传递我们的书信。如果您还没有拿到《神学政治论》，我将送您一个抄本，假如您不反对的话。再见。

致 〔美因茨〕

〈法兰克福〉

法律博士、美因茨参议员

高贵而尊敬的哥德弗里特·威廉·莱布尼兹

〔1671 年 12 月 8 日发送〕

【注释】

① 原信拉丁文，现保存在德国汉诺威皇家图书馆（莱布尼兹当时曾任该馆馆长）。《遗著》所载略有差别。

② “Pandochal”在这里即“全部吸收”，或“吸收全部光线”之意。

第 47 封 J. 路易士·法布里齐乌斯致深邃而著名的哲学家斯宾诺莎[①]

著名的阁下：

仁慈的殿下、帕拉庭的选帝侯、我的恩主要我写封信给您，虽然我并不认识您，但鉴于仁慈殿下亲王的最高要求，故写信问您是否愿意担任他的有名的大学的哲学教席，年薪和今天普通教授所享有的一样。在别处您是不会找到像殿下这样偏爱卓绝天才的王君，他把您也列为这些出类拔萃的人物之中。您将享有哲学思考的最大自由，他相信您不会滥用这种自由来动摇公众信仰的宗教。我不能不依从最明智的殿下的这一要求。我恳挚地请您尽可能早地给我一个答复。您给我的回信可以转交仁慈的殿下选帝侯驻海牙的使节格罗修斯阁下，或者杰纳士・范・德・海克阁下，发送在他们要送往宫廷的信件包裹中，或者利用某种更适合于您的其他方便办法。我再要补充的一点是，如果您来这里，您将会享受到一个真正哲学家的舒适生活，除非事情与我们的希望和期待相反。

再见，欢迎您，尊贵的阁下

忠诚于您的

海德堡大学教授、帕拉庭选帝侯参赞

J.路易士・法布里齐乌斯

1673 年 2 月 16 日　海德堡

【注释】

①　此信见《遗著》，原信是拉丁文，现已阙失。写信人法布里齐乌斯(Johann Ludwig Fabritius, 1632—1697)生于德国 Schaffhausen，曾在德国科隆和荷兰乌特勒支就学。1660 年被任命为海德堡大学哲学和神学教授。他是帕拉庭选帝侯儿子的教师，因而和帕拉庭选帝侯有亲密的关系。1674 年法国占领了海德堡并解散了大学，法布里齐乌斯就在各地流浪，最后定居于法兰克福，直到 1697 年去世。帕拉庭选帝侯即卡尔・路德维希(Karl Ludwig)，瑞典女皇 Christina(笛卡尔的保护人)的兄弟，颇提倡文化艺术。按照他身边一幕宾法国人 Urbain Chevreau 的讲法，他这次邀请斯宾诺莎担任海德堡大学哲学教授的原因是这样："在殿下宫廷里，我曾常称道斯宾诺莎，虽

然我仅仅是从阿姆斯特丹1663年出版的《笛卡尔哲学原理第一编和第二编》才知道这个叛逆的犹太人的。殿下有这本书，在我向他读了该书几章之后，他决定邀请他到海德堡大学教授哲学，只是有一个条件，他不应太固执己见。”不过这段记载也不能完全相信，难道帕拉庭选帝侯仅只知道斯宾诺莎的《笛卡尔哲学原理》，而不知道当时更有影响更为著名的《神学政治论》吗？特别是他授权法布里齐乌斯写的信中提出的那一条件，很可能与《神学政治论》有关。

法布里齐乌斯这封信在海德堡大学和斯宾诺莎之间建立了一种历史的联系，后来海德堡大学被授权出版《斯宾诺莎全集》，正是这一联系的继续。

第48封　斯宾诺莎致尊贵的海德堡大学教授、帕拉庭选帝侯参赞J.路易士·法布里齐乌斯阁下[1]

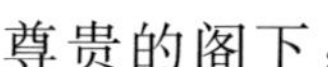

尊贵的阁下：

假使我曾经怀抱有就任于任何学院教席的希望，那么我没有别的所愿，只能选择仁慈的殿下帕拉庭选帝侯通过您提供给我的这一教席，尤其是因为仁慈的殿下亲王赐予的那种进行哲学思考的自由，更不用说我长期向往在公认最明智的殿下统治下生活的那种夙愿。但是由于公开讲学从来不是我的意向，因而考虑再三，我终不能接受这一光荣邀请。因为，首先我认为，如果我要抽出时间教导青年人，那么我一定要停止发展我的哲学。其次我认为，我不知道为了避免动摇公众信仰的宗教的一切嫌疑，那种哲学思考的自由将应当限制在何种范围。因为宗教上的争论，与其说是由于对宗教的狂热，毋宁说是由于人们的不同倾向或不相一致的爱所引起的，这种不相一致的爱使他们惯常去曲解和指摘每一件事物，甚至曲解和指摘那些曾经正确被陈述的东西。在我的个人孤寂生活中，我已经经验到这些事情，如我有幸荣获这样高的职位，它们将更加会引起我的恐惧。尊贵的阁下，这样您就会看到我不是没有向往幸运的希望，但是由于一种对宁静生活的爱——这种爱我认为我在某种程度上能获得的——我不得不谢绝这一公共的教职。因此我诚恳地请求您转告仁慈的选帝侯殿下，允许我对此事再考虑一下，并许我获得仁慈殿下对他的忠诚赞扬者的恩惠。请答应我的请求。②

尊贵的阁下

您的仆人

斯宾诺莎

1673 年 3 月 30 日　海牙

【注释】

① 此信见《遗著》，原信拉丁文，现已阙失。

② 斯宾诺莎拒绝去海德堡大学担任哲学教授，这一举动应当说是明智的，我们可以设想，假如斯宾诺莎接受了这一邀请，一方面由于他的无神论嫌疑，以及作为《神学政治论》的作者，他在公开讲学中一定会引起以卫道自居的各教会的激烈反对，使之不安于位；另一方面在 1674 年德法战争中，海德堡被法军占领，大学被解散，他也一定被赶离职。所以婉言谢绝对于他来说是最为明智的办法。

第48(A)封　斯宾诺莎致雅里希·耶勒斯阁下

[本残文得自(1)哈尔曼和(2)培尔][①]

(1)信的日期是1673年4月19日。写信的地点是海牙。收信人是耶勒斯。当时耶勒斯将他的《一般基督教信仰的自白》送给了斯宾诺莎,请他提出意见,斯宾诺莎在他的答复中,没有什么恭维话,只是指出可以进行这种批判。在上述手稿的第五页上他说,人的本性倾向于恶,但是由于上帝的恩惠和基督的精神,人变成对善恶无动于衷了,但这并不稳固,因为有基督精神的人,也一定会必然感到他只追求善。在这封信内,斯宾诺莎也提到一个医生寇克林克先生[②],他曾经和他讨论过解剖学上的某些问题。信的末尾,他对耶勒斯写道:"一当凡隆先生把我的稿本还给我,我将送您一本《已知真理》[③];但是如果他拖欠太长,我将通过布洛克霍特先生[④]让您得到它。"结束语是:顺致敬礼,我永远是

您的忠实仆人

B. 斯宾诺莎

(2)阁下和卓绝的朋友:

您送给我的著作,我愉快地通读了一遍,感到没有什么需要改动。

【注释】

① 这两段残文是得自培尔(Bayle)和哈尔曼(Hallmann)。培尔在其《历史的和批评的辞典》(1702 年版第 3 卷第 2783 页注释 9)说:“斯宾诺莎某位亲密朋友雅里希·耶勒斯,由于被人们怀疑有某些异端思想,认为他应当发表一篇信仰自白来为自己辩护,他把草稿写好后,送呈斯宾诺莎,请他提出意见,斯宾诺莎答复他说,他愉快地读了一遍,他并没有发现其中有什么可以修改的。‘阁下和卓绝的朋友,等’……这篇信仰自白是用荷兰文写的。在 1684 年出版。”哈尔曼曾经在 1703 年访问了斯宾诺莎著作的出版商詹·利乌魏特茨,对他们当时的交谈作了如下记载:“斯宾诺莎的书信,除已发表的外,还发现了好几封,但它们并不太重要,因而被烧毁了。但是他(指利乌魏特茨)还保留了一封信在楼上收藏室里,终于我让他找出了这封信,并让我看了。这是用荷兰文写的一封很短的信,只有半页,日期是 1673 年 4 月 19 日”(哈尔曼:《旅游札记》,引自弗洛依登塔尔(Freudenthal)的《斯宾诺莎传》1899 年版第 231 页以下)。

② 寇克林克(Dirck Kerckrinck, 1639—1693),德国人,早年随父母来阿姆斯特丹,18 岁时突然决定上大学,因而去到范·登·恩德处学习拉丁文,两年后进了莱登大学。后来成为一个有名的外科医生,他认识斯宾诺莎,无疑是在范·登·恩德学校学习时,以后他们保持了很好的友谊。斯宾诺莎的图书书目里就有他的医学著作。寇克林克后来娶了范·登·恩德的女儿玛丽亚。1693 年死于汉堡。

③ “The Known Truth”(已知真理)一定是一本书的名称,但究竟是谁的著作,现已无法查实。凡隆先生(Mr. Vallon)也不详,只知道他是莱登大学的一位教授。

④ 布洛克霍特(H. V. Bronckhorst),可能是斯宾诺莎的一位朋友,荷兰文版《笛卡尔哲学原理》的题辞作者就是这个名字,但 1663 年拉丁文版却署名为鲍麦斯特(Bouwmeester)。

第49封　斯宾诺莎致尊贵的约翰·乔治·格雷维斯阁下[①]

尊贵的阁下：

我请求您尽快地将那封关于笛卡尔死讯的书信[②]寄给我，这封信我相信您很早就已经抄好了，因为 de V 先生[③]几次催我归还。如果他是我的话，我就不会如此焦急。再见。高贵的阁下，请惦记您的朋友，我是

最爱您和尊敬您的

别涅狄克特·德斯宾诺莎

1673年12月14日　海牙

致乌特勒支大学修辞学教授约翰·乔治·格雷维斯阁下

（海牙夜间邮局）

【注释】

① 原信拉丁文，现保存在哥本哈根皇家图书馆。收信人格雷维斯(John George Graevius，1632—?)是乌特勒支大学修辞学教授。

② 这封关于笛卡尔死讯的书信是一位住在瑞典的名叫握伦(Johannes Wullen)的阿姆斯特丹医生在1650年2月1/11日写给一个在阿姆斯特丹行医的名叫庇索(W. Piso)的人的，信中说明笛卡尔由于不请医生治病和不接受医生劝告，乃是他致死的原因，特别是在瑞典女皇请他去斯德哥尔摩讲学时，他未能让握伦医生给他治疗，以致受不住气候的影响，侨居一年后死于该地。格雷维斯抄了这封信，该抄本现保存在莱登大学图书馆。

③　de V 先生生平不详，很可能就是第 48A 信中提到的那位凡隆先生。

第 50 封　斯宾诺莎致谦恭而谨慎的雅里希·耶勒斯阁下①

尊敬的朋友：

关于您问的，我的政治学说和霍布斯的政治学说有何差别，我可以回答如下，我永远要让自然权利不受侵犯，因而国家的最高权力只有与它超出臣民的力量相适应的权利，此外对臣民没有更多的权利。这就是自然状态里常有的情况。②

其次是关于我在《几何学方式证明笛卡尔原理》一书附录里所给出的证明③，即神只能很不恰当地被叫做单一的或唯一的。对于这点，我的回答是：一个事物只就其存在而言，而不是就其本质而言，才能叫做单一的或唯一的，因为我们除非把事物归到一个共同的类上去，否则是不能用数目来设想事物的。例如，某人身边有一个便士和一块银元，他不会认为这是两个数，除非他用了同一个名称如钱或硬币来称呼便士和银元，那样他可以说，他有两个钱或两个硬币，因为他把便士和银元同称为钱或硬币。因此，显然可见，一个事物，除非某些别的事物首先被认为（像已经说过的）是与它同类的，否则我们就绝不能称它为单一的或唯一的。但是，既然神的存在就是神的本质，我们对于神的本质不能形成任何一般的观念，所以，称神为单一的或唯一的人对于神没有真观念，他不恰当地讲到神，是确定无疑的。

关于这，即形状是否定，而不是某种肯定的东西，这是很显然的，物质整体，就其没有任何限定而言，是不能有形状的，形状仅出现在有限的和限定了的物体中。因为凡是说他认识形状的人，他所想表示的，无非只是说他在认识一个限定了的事物，以及这个事物如何被限定。因此，这种对事物的限定，不是指事物的存在，正相反，它是指事物的不存在。既然形状无非只是限定，而限定就是否定，所以，正如我们所说的，形状除了是否定外，不能是别的。④

乌特勒支大学教授⑤写来反驳我的著作，在他死后出版了，我已经看见在书商的橱窗里陈列着。根据我当时所读到的那些话，我认为这书完全不值得一读，更无须作答。所以我让书摆在那里，作者就随他去吧。我想着觉得好笑，无知的人往往是何等大胆而轻率地写作啊，在我看来，……把他们的货物摆起来出售，正像商店老板总是先把最次的商品拿出来一样。人们说魔鬼是狡黠的，但我认为，这些人精神上的狡黠还远胜于魔鬼。再见。

斯宾诺莎

1674 年 6 月 2 日　海牙

【注释】

① 原信荷兰文，现已阙失。《遗著》拉丁文本所载似乎是斯宾诺莎本人的拉丁文译文，而《遗著》荷兰文版里的荷兰文乃是从拉丁文译文重新迻译的。

② 这是研究斯宾诺莎和霍布斯政治学说主要差别的一段重要材料。斯宾诺莎和霍布斯同样都是主张社会契约论（因而同是德·韦特党政治主张的代言人），但由于霍布斯代表英国大资产阶级和资产阶级化的贵族派的利

益，所以他主张人的自然权利全部上交国家，国家的权力是绝对的，为君主专制作辩护。而作为资产阶级民主阶层思想代表的斯宾诺莎，却主张自然权利只能一部分转交国家，国家的权力不是绝对的，主张资产阶级民主制度。有关他们两人政治观点的异同，可研读霍布斯的《利维坦》和斯宾诺莎的《政治论》。

③　指《形而上学思想》第一编第6章。

④　这是斯宾诺莎有名的命题“规定就是否定”的出处。由于determinatio一词在拉丁文里有限制的意思，而且斯宾诺莎也是在这个意思上使用这一词，因而我们译为“限定”，相应的命题就是“限定就是否定”。黑格尔曾对这一命题作了解释和发挥，认为这是表述辩证法的“伟大的命题”。不过，如果我们如实地考证斯宾诺莎谈及这一命题的几处原文[除本处外，还有致胡德的两封信(第35、36封)]，可能我们需要把斯宾诺莎本人赋予这一命题的意思和黑格尔对这一命题发挥的意思加以区别。事实上斯宾诺莎是为说明一个绝对无限的东西不可能受限制的理由提出这一命题的，限定在他看来不是什么肯定的东西，而是一种否定，这种否定完全是在一种消极的意义上说的，而黑格尔首先着眼于规定本身是一种肯定，对一个东西加以规定，就是对这个东西加以具体化现实化，因此说“规定就是否定”，就是说“肯定就是否定”，这当然是一种辩证的提法了。有关这一问题的详细论述，请参看译者的专题论文“关于斯宾诺莎的‘一切规定都是否定’”，见《北京大学学报》，1983年，第4期，第88—96页。

⑤　指曼斯维特(Regner Van Mansvelt)，1674年他出版了一本攻击斯宾诺莎《神学政治论》的书，书名是：Adversus Anonymum Theologico-Politicum Liber Singularis(阿姆斯特丹)。

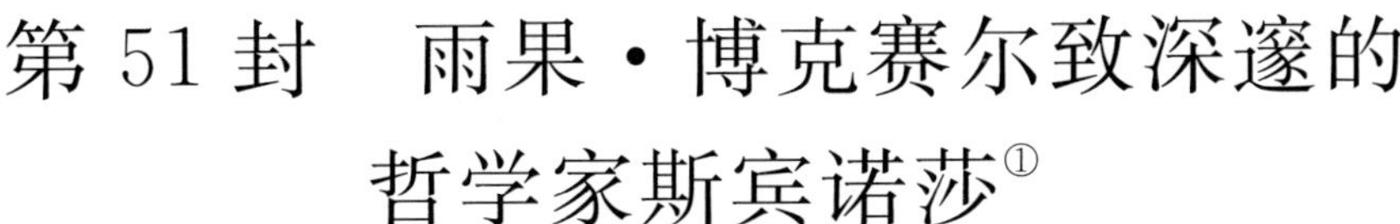

第51封　雨果·博克赛尔致深邃的哲学家斯宾诺莎①

尊贵的阁下：

我所以写这封信给您是想知道您关于妖魔、鬼怪或幽灵的看法。如果它们存在，您认为它们是什么，它们能活多长时间。因为一些人主张它们是不死的，另一些人则认为它们是要死的。既然我怀疑您是否认为它们存在，我就不再进而谈了。不言而喻，古代人是相信它们存在的。现代神学家们和哲学家们仍然也相信这类被造物的存在，虽然关于它们的本质他们持不同的看法。一些人说它们是由一些稀薄而精细的物质所组成，另一些人又主张它们是精神性的东西。但是(像我一开始说的)我们彼此有很不同的看法，因为我怀疑您是否承认它们存在，虽然正如您知道的，自古以来流传了许多[关于它们的]例子和故事，否认它们或怀疑它们确实是很困难的。而且，确实的，即使您承认它们存在，您也仍不相信它们之中有些是死人的灵魂，像罗马信仰的保护者所持的那种看法那样。

搁笔。期待您的答复。关于战争和谣言②，我没有什么要说，因为在这时期内，我们的生活动荡不定。再见。

雨果·博克赛尔

1674 年 9 月 14 日

【注释】

① 原信荷兰文，《遗著》拉丁文版所载可能是斯宾诺莎自己的拉丁文译文，《遗著》荷兰文版所载荷兰文乃是从拉丁文重新迻译的。通信人博克赛尔(Hugo Boxel)是当时荷兰政界人士，1672 年因德·韦特的被杀而退任。

② 指荷法战争。1674 年 8 月 11 日奥伦治亲王率领的荷兰军队和恭德亲王率领的法国军队发生了战争。

第 52 封　斯宾诺莎致尊贵而谦恭的雨果·博克赛尔阁下[①]

（复 前 信）

阁下：

您的信昨天收到，欣喜备至，因为一方面我早就想知道您的消息，另一方面也看到您并没有完全忘记我。虽然其他人也许会认为，这是一个不祥之兆，即幽灵或精怪竟成了您给我写信的理由，但我却从中发现某些更为重要的事情；因为我认识到，不仅实在的东西，而且无聊的虚幻的东西也能对我有用。

但是让我们撇开幽灵是否妖魔和幻影这个问题。因为在您看来，否认这些东西存在，甚而怀疑它们存在，都是不堪设想的。因为您相信古代人和现代人有关它们的无数故事。我常常对您抱有的而且今后仍然抱有的极大尊敬，既不允许我触犯您，更不允许我奉承您。在这两者之间我能取的中间办法，就是请您挑选出一些您读到的有关幽灵的故事，除了其中一两个有些疑窦之外，其他绝大多数都能清楚证明幽灵的存在。因为说真话，我从未读到一位可靠的作者曾明确证明它们的存在。直到现在我都不知道它们是什么，甚至没有一个人能告诉我任何有关它们的事情。然而既然经验如此明显地证明了有这样一回事，我们就确实必须弄清它们究竟是什么。否则我们就很难于从任何故事得出有幽灵存在。我们只能说有某种东西，但没有人知道它是什么。如果哲学家硬要把幽灵这个名词用到我们不知道的东西上来，我也不拒绝，因为有无数的事物是我不认识的。

最后，阁下，在我进一步说明我对这一问题的看法之前，请告诉我，这些幽灵或精怪究竟是什么？它们是儿童、愚人或疯子吗？因为我所听到它们的似乎都是愚蠢的人，而不是有理智的人，最好的也是极像儿童的游戏、无聊的娱乐一类的东西。在我结束这封信之前，我仍想提请您注意一件事，即人们普遍有一种倾向，谈论事物不是按照事物本来的面目，而是按照他们所想事物是什么，这在精怪和幽灵的故事里更为突出。这主要的原因我认为是这类故事除了那些谈论它们的人外，没有任何其他的证人，因此它们的杜撰者可以按照他自己的喜爱随意增加或减少情节，而不怕有人指责他，特别是在他虚构这些故事来为他梦中和离奇幻想中所生的恐惧作辩护，或者肯定他的勇气、他的信仰和他的意见的时候。另外，我还发现其他一些使我怀疑的理由，即使不是怀疑这些故事本身，至少也是怀疑构成这些故事的个别情节，这些情节主要用来支持那些被认为是由这些故事得出的结论。好吧，直到我知道那些故事究竟是什么之前我不想再谈什么了，那些故事您是如此地相信，以致认为对它们的任何怀疑都是荒谬的。

斯宾诺莎

〔1674 年 9 月　海牙〕

【注释】

① 原信荷兰文，早已阙失。《遗著》荷兰文版所载可能是可靠的复制

品，因为它不像其他从拉丁文重新迻译的信那样页边有拉丁文字。

从第 51 封一直到第 56 封信，都是关于幽灵是否存在的问题，这一问题从一个方面揭示了斯宾诺莎思想的无神论性质。斯宾诺莎关于幽灵和精怪的看法在当时是很革命的，表现了唯物主义者的立场。早在 1660 年或更早的时候，他就在其《神、人及其幸福简论》一书中对恶魔作了相当幽默的说明，他在那里说道：如果魔鬼真是像人们普通所认为的某种能思东西，那么它一定是极其可怜，从而我们应当为它祷告了。（见该书第 25 章，Wolf 英译本第 143 页）

第 53 封　雨果・博克赛尔致深邃的哲学家斯宾诺莎阁下①

（复 前 信）

[深邃的阁下]〔英译注〕

您给我的答复恰如我所料，确实是和我持不同观点的朋友所作的答复。但这没有什么关系，因为朋友之间在无关紧要的问题上常常可以有不同的看法，这并不会有损于他们的友谊。

在说明您自己的看法之前，您要求我讲一下幽灵究竟是什么东西，它们是否是儿童、蠢人或疯子等，您还说您听到有关它们的所有事情看来都像是愚蠢人的作品，而不是有理智的人的看法。古代的谚语说得好：成见阻碍了真理的探究。

我说，我相信有幽灵。理由是这样：第一，因为宇宙的完美性和圆满性需要这种东西存在。第二，造物主之所以创造了它们，大概是因为它们比有形的被造物更像造物主。第三，因为正如存在

〔英译注〕据拉丁文本增补。

没有灵魂的肉体一样，也存在没有肉体的灵魂。第四，也是最后的一个理由，因为我认为在最高的气层、地方或空间里，黑暗的物体不能没有它自己的居住者，因此我认为，我们和星球之间的不可测量的空间不是空洞无物的，而是充满了精灵的居住者，其中最高最先的是真正的精灵，而最低空间的最低的可能是极其精细而稀薄的实体的被造物，这种东西也是不可见的。因此，我认为，除了可能没有雌性的精灵外，有各种各样的精灵存在。

这个论证不会使那些固执认为世界是偶然创造的人信服。撇开这些论据，日常的经验也表明有精灵存在，留传了许多有关精灵的故事，古代有、现代有，甚至今天还有这类记载。普鲁塔克[②]在他的著作《名人传》以及他的其他著作里讲到过它们；苏托利乌斯[③]在《恺撒传》里讲到过；维鲁士[④]在他的论幽灵的著作中讲到过；拉瓦特[⑤]还专门讨论过这问题，由于这个讨论，幽灵问题引起所有作家注意。以博学闻名的卡达鲁斯[⑥]在他的《论精微》(*De Subtilitate*)、《论变化》(*De Varietate*)和他的《自传》等书里，详述了他自己的经验，以及他亲戚和朋友关于精灵显现的经验。麦兰顿[⑦]这位热爱真理和有知识的人，以及许多其他人都根据他们自己的经验加以证明。苏格兰的一位村长，是一位博学而有智慧的人，现在还活着，曾经告诉我，在他母亲的酒厂里听到过幽灵曾在晚上工作，正如过去在白天人们酿酒时所听到的一样，他并且向我起誓，这种现象已发生好几次了。这样的事情我也不止一次地亲身体验过，所以我永不会把它忘掉。由于上述种种理由，故我相信幽灵存在。

至于魔鬼这个在今天和以后欺负穷人的东西，则是另外一

个问题，因为这涉及魔法一类的事情。我认为有关它们的故事纯粹是无稽之谈。阁下，在论幽灵的著作里，您将会发现许多故事详情。除了这些您能找到的著作外，还有青年人白林，第七卷，致苏拉的信；苏托利乌斯的《恺撒传》第32章；法纳里·马克西谟斯[8]著作第1卷第8章第8节；以及亚历山德罗的亚历山大[9]的《神智》第7节。因为我相信您手头有这些作者的书。我没有讲到僧侣和牧师，这些人讲过许多关于精灵和魔鬼显现的故事，或者我应当说，许多关于鬼怪的荒唐故事，以致使人们感到讨厌，害怕读它们。犹太人铁拉斯[10]在一本他称之为《精灵的显现》的书里，也谈到这些东西。但是这些人搞这些东西只是为了混饭吃，为了证明炼狱的存在。这是一个宝藏，他们从中获取了许多金银宝贝。因此这些人不能算在上述那些作家和其他现代作家之内，那些作家是不谋私利的，我们可以完全信赖他们。

在您的信末尾，您说，请代我向神致意是某种您不能不笑的事。但是如果您仍记住我们过去的谈话，那么您将会明白，在今天我的信中我所得出的结论里是没有任何值得惊讶的理由。[11]

在这封答复您的信中，因为您讲到愚人和疯子，所以我将把博学的拉瓦特(Lavater)的结论陈述一遍，他曾经以这个结论结束了他的第一部著作《论夜间幽灵》：“他是如此大胆地抛弃了这样多有一致看法的古代和现代的目击者，我认为似乎不值得去相信他所主张的一切东西，因为，正如直接去相信所有说他们已看见过夜鬼的人是鲁莽的标志一样，反之，鲁莽地冒失地与如此多可信任的历史学家、圣父以及其他许多很有权威的人发生抵牾，则必是极大的耻辱。等等。”

雨果·博克赛尔

1674年9月21日

【注释】

① 原信荷兰文,现保存在阿姆斯特丹 De Oranjeappel 孤儿院。《遗著》拉丁文版所载似乎是斯宾诺莎自己的译文。

② 普鲁塔克(Plutarch,公元46? —119),古希腊传记作家和历史学家,其著作对16—19世纪欧洲传记和历史著作的发展影响很大。

③ 苏托利乌斯(Suetonius,公元69—122?,亦称 Gaius Suetonius Tranquillus)罗马传记作家和历史学家,其著作有《名人传》(*De viris illustribus*)和《恺撒传》(*De vita Caesarum*)。

④ 维鲁士(Johannes Wierus, 1516—?),德国医生。

⑤ 拉瓦特(Ludwig Lavater, 1527—1586),瑞士苏黎世新教教长,他的《论精灵》出版于1580年。

⑥ 卡达鲁斯(Gerolamo Cardanus, 1501—1576),意大利医学教授,他的《论精微》出版于1551年,《论变化》出版于1557年。

⑦ 麦兰顿(Melanthon, 1497—1560),大概是指德国宗教改革家梅兰施通(Melanchton 1497—1560)。

⑧ 法纳里·马克西谟斯(Valerius Maximus,公元20年左右),罗马历史学家和道德学家,他曾经写了一本为修辞家和演说家用的历史轶事书。

⑨ 亚里山德罗的亚里大山(Alexander ab Alexandro, 1461—1523),意大利律师,他的《神智》(*Genialum Dierum*)出版于1522年。

⑩ 铁拉斯(Petrus Thyraens, 1546—1601),德国大学教授,他的《精灵的显现》出版于1600年。

⑪ 最后两段是根据原信补加的,《遗著》并未有,因此这段说斯宾诺莎在前信中说的话,已无法查考,现有的前信无此句话。

第 54 封　斯宾诺莎致尊贵而谦恭的雨果·博克赛尔阁下①

（复 前 信）

尊贵的阁下：

根据上月 21 日信中您所说的话，即朋友之间在无关紧要的问题上可以持不同的看法，而他们的友谊却不致受损害，我将明确说明我关于那些使您得出“除了可能没有雌性精灵外，有各种各样的精灵存在”这个结论的理由和故事的看法。我之所以没有立即答复的理由是我手边没有您所引证的那些书，除了白林和苏托利乌斯外，我也不能找到任何其他人的书。但是这两人已使我不再想翻阅其他人的著作了，因为我相信他们全是一个模式胡言乱语，喜爱荒唐无稽故事，使人惊异不堪以便赢得他们的赞扬。我承认，我大为吃惊的，倒不是所说的那些故事，而是写这些故事的那些人。我惊奇这些富有才干和判断的人竟会滥用他们的辩才使我们去相信如此荒唐无稽的东西。

让我们丢开作者，就问题本身来抨击吧。首先，我的讨论将很少触及您的结论。让我们看看，我是否因为否认鬼怪或精灵的存在而很少理解那些写这些事的作家呢，或者您是否因为主张这些东西存在而比他们应得的评价更高地尊敬他们。

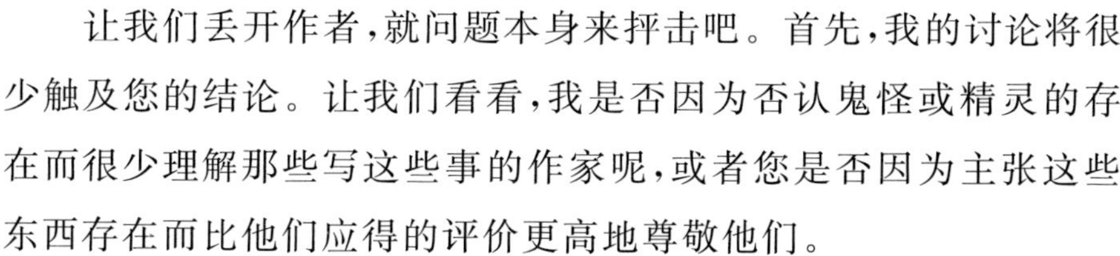

一方面，您不怀疑雄性精灵的存在，另一方面，您怀疑是否有任何雌性精灵。在我看来，这与其说是怀疑，还不如说是想象。因

为如果这确实是您的见解,那么这就如同普通想象神是男性的而不是女性的。我惊奇那些看到过裸体精灵的人而未曾去看它们的阴部,这或许是因为害怕或对这种差别无知。

您可以答复说,这是嘲弄,而不是论证。由此我看到,您认为您的理由是这样可靠和充足,以致没有人(至少就您的意见来说)能否定它们,除非他是一个固执相信世界是偶然地被创造的人。这一点使我在考察上述您的那些理由之前,需要简短地说明一下我关于世界是否是偶然地被创造的这个问题的意见。我的答复是这样,因为"偶然"(Fortuitous)和"必然"(Necessary)确实是两个对立的名词,所以那个主张世界是神的本性必然的结果的人也绝对地否认世界是偶然地被创造的;而那个主张神能拒绝创造世界的人也就是肯定(尽管用别的字眼)世界是偶然地被创造的,因为世界可以从并不一定有的意志行动而来。但是,既然这种意见和这种观点是极其荒谬的,所以普遍一致的看法是:神的意志是永恒的,永不会变的,因而他们也必定承认(用这字眼更好)世界是神的本性的必然结果。不管他们是把这叫做意志,还是叫做理智或其他他们愿叫的名词,最后他们必然达到这个结论,即他们是在用各种不同的名称表示同一个东西。因为如果您问他们神的意志是否与人的意志不同,他们将回答说,神的意志和人的意志除了名称相同外,毫无任何相同之处,而且他们多半承认,神的意志、理智、本质或本性完全是同一个东西。而我呢,为了不使神的本性同人的本性混淆起来,我不把人的属性,如意志、理智、注意、听觉等等属性加之于神。因此,我认为,正如我刚才所说的,世界是神的本性的必然结果,而不是偶然地被创造的。

我认为，这就能使您充分相信，那些（如果确实有这样的人）说世界是偶然地被创造的人完全同我的看法相反。根据这个基本观点，我要进而探讨一下那些使您得出各种鬼怪存在的理由。一般来说，关于这些理由我所能说的是，它们似乎是猜测，而不是理由。您认为它们是决定性理由，我是难以相信的。但是还是让我们考察一下，它们究竟是猜测还是理由，我们是否能承认它们是有根据的。

您的第一个理由是，鬼怪的存在是宇宙的完美性和圆满性所需。尊贵的阁下，完美性并不是在知觉者心中引起的一种被知觉对象的性质。如果我们的眼睛的网膜长一些或短一些，或者如果我们的气质不像现在这样，那么现在对我们表现美丽的事物将表现是丑陋不堪的，而现在是丑陋的事物将对我们表现是美丽漂亮的。最美的手通过显微镜来看是粗糙的。有些事物远处看是美丽的，但近处一看却是丑陋的。因此，事物就本身而言或就神而言既不是美的，也不是丑的。那个说神创造的世界是美丽的人必然主张下面两种看法之一，或者是神所创造的世界适应于人的欲望和眼睛，或者是人的欲望和眼睛适应于世界。现在不论我们主张前者或后者，我都不明白神为什么要创造鬼怪和精灵，以便来达到这两种主张的一种。圆满性和不圆满性的名称类似于美和丑的名称。因此，免得太啰嗦，我只问什么东西能使世界更美更圆满，是鬼怪的存在吗？或是无数怪物的存在，如桑塔尔② 、海德拉斯③ 、哈培④ 、沙得⑤ 、格利飞⑥ 、阿枯斯⑦ 以及诸如此类的荒唐无稽东西吗？如果神为了满足我们的荒唐想法，用这样一些人人都容易想象和梦幻的，但没有人能理解的东西来装饰世界的话，那么这个世

界确实装饰得太美了。

您的第二个理由是，因为精灵比其他有形的被造物更多地表现了神的形象，这大概也是神创造它们的理由。我承认，我确实仍不知道精灵为什么比其他被造物更能表现神。我只知道有限的东西和无限的东西是不可比拟的。所以，最伟大的最卓越的被造物和神之间的区别，与神和最低劣的被造物之间的区别是一样的。因此这个论据是没有根据的。如果我有一个鬼怪的观念，其清晰度如同我有一个三角形或圆的观念一样，那么我就绝无任何踌躇地去断言它们都是为神所创造的。但是，只要我关于它们的观念完全符合于哈培、格利飞、海德拉斯等这些我在想象中把握的东西的话，那么我只能认为它们是梦幻，梦幻和神的不同，正如存在物与不存在物的不同一样。

您的第三个理由（即，正如肉体没有灵魂能存在一样，灵魂没有肉体也应存在）在我看来也是同样荒谬绝伦的。请您告诉我，难道因为发现身体没有记忆、听觉、视觉等，因而就认为记忆、听觉、视觉等没有身体就能存在吗？或者，因为圆形没有球形能存在，所以球形没有圆形也能存在吗？

您的第四个，也就是最后一个理由，是与第一个理由一样的，所以我的回答同前。这里我只指出，我不知道您在无限的物质中所设想的最高的和最低的空间是指什么，除非您认为地球是宇宙的中心。因为如果太阳或土星是宇宙的中心，那么最低的只是太阳或土星，而不是地球。因此撇开这个论据和其他论据，我得出结论说除非那些充耳不闻让自己被迷信引入歧途的人之外，这些以及类似的理由绝不会使人相信有各种鬼怪和幽灵存在的，因为迷信是这样敌视真正的理性，为了压低哲学家的威信，迷信竟乞灵于老巫婆。

关于这些故事，我已经在我的第一封信里讲过了，我并不完全否认它们，而只是否认由它们引出的结论。您可能要说我并不认为它们是这样可信，以致无须怀疑那许多详细情节，因为他们加了那许多详情，与其说是为了更好证明故事的真实性或由故事引出的结论，还不如说是为了装饰。我曾经希望在这些故事里，您能至少找出一两个很少要怀疑的，并能清楚指明鬼怪和幽灵存在的故事。至于所说的马荣(Mayor)因为他在他母亲的酒厂里听到鬼怪晚上工作，好像他曾经在白天听到人工作时一样，因而得出结论说鬼怪存在，这在我看来也是荒唐无稽的。同样，在这里要考察所有那些报道这一类荒诞无稽之谈的故事也似乎是太冗长了。简言之，我只要引证尤利乌斯·恺撒，正如苏托利乌斯证明的，恺撒就嘲笑过这类事情，不过按照苏托利乌斯在他的自传第 59 章关于这个王子所叙述的，他还是幸运的。同样，所有那些考虑死的想象和死的感觉的人也一定要嘲笑这类事情，而不管拉瓦特和其他与他梦想这类事情的人可以补充什么相反的论据。

斯宾诺莎

〔1674 年 9 月　海牙〕

【注释】

① 原信荷兰文，早已阙失，《遗著》拉丁文译文似乎是斯宾诺莎自己的翻译。

② 桑塔尔(Centaurs),希腊神话中的半人半马怪物。

③ 海德拉斯(Hydras),希腊神话中的九头蛇。

④ 哈培(Harpies),希腊神话中的鸟身女面怪物。

⑤ 沙得(Satyrs),希腊神话中的森林之神,生有马耳马尾(或山羊角山羊尾)的半人半兽的神。

⑥ 格利飞(Griffins),希腊神话中的半狮半鹫的怪兽。

⑦ 阿枯斯(Arguses),希腊神话中的百眼巨人。

第55封 雨果·博克赛尔致深邃的哲学家斯宾诺莎[1]

（复 前 信）

深邃的阁下：

迟复了您的信。因为有点小疾剥夺了我研究和思考的乐趣,妨碍了给您写信。现在愿上帝保佑,我已恢复了健康。在我的答复里,我将仿效您写信的步骤,并抛开您反对那些写鬼怪的作家的言论不谈。

所以我说,我认为没有雌性的鬼怪,因为我否认它们有任何生殖的能力。我略去它们精细的形式和构造的问题,我认为这问题无关紧要。

一个东西说是偶然地被制造的,就是指它的产生并没有其制作者的目的。当我掘土种葡萄树,或挖坑,或挖墓时,发现一个我从未想到的宝贝,这就是说是偶然发生的。但是当一个人是按照他自己的自由意志能够做或不做时,他的行动就不能说是偶然的。

因为，如果不是这样的话，那么所有人类的行动都是偶然的了，而这是背理的。必然和自由是对立的，但是必然和偶然却不是对立的。即使假定神的意志是永恒的，然而也不推出世界是永恒的，因为神能永恒地决定它将在某个指定的时间内创造世界。

进而，您否认神的意志永远是无动于衷的。我不同意这种看法。像您那样特别注意这个问题是不必要的。所有人都不说神的意志是必然的，因为这就包含必然性。既然一个人把意志归之于某一个人身上，就是指他是能按照他的意志而行动或不行动，但如果我们把必然性归之于他，那么他就一定是必然行动的。

最后您说，为了不使神的本性同人的本性混淆起来，您不把人的属性加之于神。这个我同意——因为我们并不知道神是怎样行动，或怎样意愿、理解、思考、看或听等等的。但是如果您完全否认神有这些行为和我们最高的思考，而主张这些东西并不是在形而上学意义上卓越地存在于神身上，那么我就不知您的神，或者“神”这个词您究竟是指什么。凡是不理解的东西就不应否定。心灵这个精神性的无形体的东西只能与最精细的物质，即与汉麦士[②]一起活动的。心灵和身体的关系是什么呢？心灵怎样与身体一起活动呢？因为没有这些身体，心灵是静止不动的，当搅动了它们之后，心灵才相反活动起来。告诉我，这是怎样发生的。您将不能答复，我亦也不能；虽然我们看到和感到心灵确实是活动的，然而我们却不知道这种活动是怎样发生的。同样，虽然我们不知道神是怎样行动的，我们并不想把人的行动归于它，然而我们却一定不否认神的行为同我们的行为比起来是卓绝的、高深莫测的，诸如意愿、理解、看、听，虽然它不用眼睛或耳朵，而只用理智。正如风和

空气没有人手或其他工具的帮助能摧毁甚而推翻地层和大山一样，而人没有手和机械却不能这样做。如果您将必然性归给神，剥夺它的意志和自由选择，那么无疑的您就把这个无限圆满的存在描述和表象为一个怪物。为了得到您的结论，您需要其他的理由来支持您的论点。因为我认为，您提出的那些理由是无效的，即使您证明了它们，仍有别的理由可能比您的更有力。但不管这些，让我们进而考察一下。

关于世界有精灵存在，您要求有决定性证明。世界上倒有这样一些证明，但除了数学上的证明外，没有一个证明是像我们所想的那样确实。事实上，我们是满足于猜测，猜测是概然的、可能真实的。如果用来证明事物的论证是决定性的，那么没有一个人会被发现是与它们相抵牾的，除非他们是愚蠢而顽固不化的人。但是，我亲爱的朋友，我们并不是这样幸运。在这个世界上，我们很少是正确的，我们在某种程度上是在作猜测，在我们的推理过程中由于缺乏证明，我们接受概然性的东西。这在所有科学中，不论是神的科学还是人的科学是非常明显的，这些科学充满争论和不一致，正因为有这样许多争论和不一致，所以在所有科学中可以发现有许多不同的意见。因此，正如您所知，在过去的哲学家中曾经有所谓怀疑派，他们就是怀疑一切。由于没有真正的理由，他们为了可以跟随仅仅是概然的东西，往往为肯定和否定同一个观点而争论。他们中每一个人相信对他来说似乎是更概然的东西。月亮直接位于太阳的下方；因此太阳对于地球上某一部分将是暗的。如果太阳在白天时不是暗的，那么月亮就不直接位于太阳的下方。这是决定性的证明，从原因到结果，并从结果到原因。存在有这样

一类证明，虽说很少，只要人们能知道它们一次，那么就没有人会与它们发生矛盾。

关于美，有一些事物，其部分与其他东西比起来是有比例的，放在一起比起其他东西来要好些。神允许人的理智和判断有一致性与和谐性，但这种一致性、和谐性是相对于有比例的东西，而不是相对于没有比例的东西。声音有和谐的和刺耳的，听的人很容易区分和谐的声音和刺耳的声音，因为和谐的声音带来愉快，刺耳的声音带来烦躁。事物的圆满性就事物不缺乏任何东西而言也是美的。有许多这类例子，但我略而不谈，以免太冗长了。让我们只考虑一下享有“全”或“宇宙”这名称的世界吧。如果世界是像它实际那样真实的，那么它就不会被无形体的东西所损害或腐蚀。您关于桑塔尔、海德拉、哈培等等东西所说的话，在这里是不适合的。因为我们讲的是最最普遍的东西，是第一级的东西，它包括各种各样数不清的种类，也就是说，我们讲的是永恒的和短暂的东西、原因和结果、有限的东西和无限的东西、有生命的东西和无主命的东西、实体和偶性或样式、有形体的东西和精神性的东西等等。

我说精灵像神，是因为神也是一种精灵。您要求精灵的观念要像三角形的观念一样清晰，这是不可能的。请您告诉我，您有什么样的神的观念，这种神的观念对于您的理智难道能像三角形的观念那样清晰吗？我知道您是没有这样的观念的，我说过，我们不是这样幸运，能通过决定性证明来把握事物，在这个世界，绝大部分是概然的东西占统治地位。虽然我主张，正如身体没有记忆等能存在，记忆等没有身体也能存在，正如圆形没有球形能存在，球形没有圆形也能存在。但是，这是从最普遍的属到特殊的种下降推理过程,这种论证并不是有意的。

我说太阳是世界的中心,恒星距离地球比土星远,土星比木星远,木星比火星远;所以,在渺无边际的空气里,有些物体距离我们远,有些物体距离我们近,我就把这些称之为上界或下界。

那些主张精灵存在的人并不是不信任哲学家,倒是那些否认精灵存在的人才不信任哲学家,因为所有哲学家,不管是古代的还是现代的,都相信精灵存在。普鲁塔克在他的论述哲学家的意见和论述苏格拉底之死的著作里就证明过这种精灵的存在;所有的斯多葛派、毕达哥拉斯派、柏拉图主义者、逍遥学派、恩培多克勒、马克西谟、泰利修(Tyrius)、阿波利斯(Apuleius)以及其他人也都证明过。现代哲学家中也没有人否认鬼怪。拒绝如此多曾经亲身看到过或听到过[鬼怪]的有才智的证人,拒绝如此多哲学家,如此多叙述这些故事的历史学家,而主张他们全都像大众一样愚蠢和疯癫,所以您的回答非但不能使任何人信服,反而是荒谬绝伦的,您的回答并没有触到我们争论的关键地方,您没有提出任何肯定您观点的证明。恺撒像西塞罗和卡托一样,并没有嘲笑鬼怪,而是嘲笑预兆和预感;但是,如果在他临死的那天,他不曾嘲笑斯波利拉(Spurina),那么他的敌人就不会用那样多的宝剑来刺杀他。但这就够了。等等,

雨果·博克赛尔

〔1674 年 9 月〕

【注释】

① 原信荷兰文，早已阙失，《遗著》所载拉丁文可能是斯宾诺莎自己的译文。

② 汉麦士(humours)，十六、十七世纪人们用来指一种玻璃状的体液，认为人类体质性格是由这种体液决定的。

第 56 封　斯宾诺莎致尊贵而谦恭的雨果·博克赛尔阁下[①]

（复前信）

最尊敬的阁下：

我赶紧来答复昨天刚接到的您的来信，因为如果再拖下去，我将不得不把我的答复耽搁得比我所希望的更久。要不是听到您病情有所好转，我将为您的健康担忧。我希望您现在已完全恢复健康。

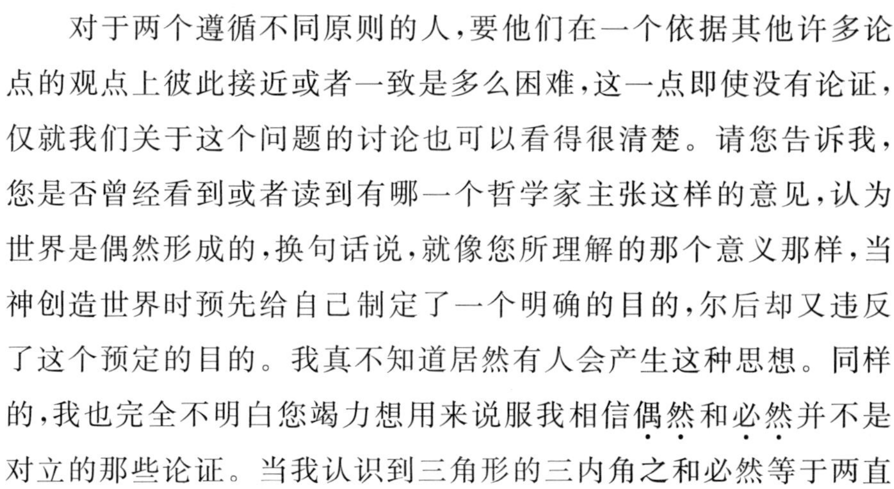

对于两个遵循不同原则的人，要他们在一个依据其他许多论点的观点上彼此接近或者一致是多么困难，这一点即使没有论证，仅就我们关于这个问题的讨论也可以看得很清楚。请您告诉我，您是否曾经看到或者读到有哪一个哲学家主张这样的意见，认为世界是偶然形成的，换句话说，就像您所理解的那个意义那样，当神创造世界时预先给自己制定了一个明确的目的，尔后却又违反了这个预定的目的。我真不知道居然有人会产生这种思想。同样的，我也完全不明白您竭力想用来说服我相信**偶然**和**必然**并不是对立的那些论证。当我认识到三角形的三内角之和必然等于两直角的时候,我也就否认这是偶然的结果。同样,当我认识到热是火的必然结果时,我也就否认它是偶然发生的。认为必然和自由相对立,在我看来似乎也是同样荒谬的和违反理性的。因为没有一个人会否认神能自由地认识它自身以及一切其他东西,可是所有的人也都一致承认神必然地认识他自身。因此,在我看来,您好像没有把强制或强力和必然性加以区别。人渴望生存、相爱等等不是强制的活动,但仍然是必然的,至于神的意志要求存在,要求认识,和要求行动,就更加是如此。且撇开这不谈,如果您仔细考虑一下这一事实,即犹豫不决不过是无知或怀疑,而永远坚定和对一切事情都表现果断的意志则是一种德行和理智的一种必要的特性,那么您将看到我的话是和真理完全一致的。如果我们主张神有力量不意欲一件事物,而没有力量不认识一个事物,那么我们就把两种不同性质的自由加给神:一种是必然的自由;另一种漠不关心的自由,这样我们就把神的意志设想为不同于它的本质和它的理智了,而这样一来,我们就将陷入无穷的荒谬之中了。②

我上一封信请您加以注意的一点好像在您看来并不必要,这就是为什么您不能把您的思想倾注在主要的论点上,和忽视了什么是这个问题的最最重要之点的原因。

还有,您说,假使我否认神有看、听、注意和欲望等行为,并且否认这些行为在神那里是以一种卓越的程度发生的,那么你就不知道我所说的是一种什么样的神了,当您这样说时,我怀疑您就是相信没有比上述那些属性所表现的更大的圆满性了。我并不奇怪这一点,因为我相信,如果只有三角形会讲话,那它同样会说,神是卓越的三角形的,一个圆会说神的本性是卓越的圆的,用这种方式，每一事物都会把自己的属性归之于神，使自己俨如神一样，而其余的一切在它看来就显得都是丑陋不堪的了。③

一封信篇幅有限，并且由于时间的限制，我不能详细地来解释我关于神的本性的见解，以及您所提出的其他问题，更不用说这样一个事实，即提出困难并不等于提供理由。诚然，在这世界上我们常常在揣度的基础上行动，但是认为我们的思考也是建立在揣度的基础上则是错误的。在日常生活中我们必须依据什么是最可能的，但是在哲学的思考中我们就必须依据真理。人如果不到他获得一个充分的论据，证明食物和饮料对他有好处就不吃不喝，那么他就会饿死和渴死。但是在思想领域内却不是这样，相反，我们必须时刻留意，不把那些仅仅是可能的东西当作真的东西，因为一当我们容许了一个错误，那么无数个其他的错误就会跟踪而来。

其次，从神学和人类的科学充满争论和意见分歧这一事实，我们并不能推出一切在其中讨论的东西都是不确定的结论，因为已经有许多热衷于矛盾的人，他们甚至嘲笑几何学的证明。您所引证的塞克斯都·恩披里柯和其他怀疑论者就说过，整体大于其部分，这是不正确的，对其它的公理他们也持同样的观点。

但是，不管这些，应当承认这样的事实，即当我们缺乏证明时，我们必须满足于或然性，我说一个或然性的论证应该是这样，虽然我们能怀疑它，但是我们不能否定它，因为我们所能否定的东西看来总不像真的，而像是假的，例如我说彼得还活着，因为我昨天看见他还很健康，只要没有一个人能反驳我，这诚然似乎是真的，但是假使另外有一个人说，他昨天看见彼得昏厥不省人事，而他相信彼得因此而死了，那么他就使我的话看来像是假的了。您关于幽灵和鬼魂的臆说像是虚妄的,甚至是没有或然性的,这我已经清楚地指明了,所以我从您的答复中找不到任何值得考虑的东西。

关于您所提出的,我对于神是否也像对一个三角形那样有一个清楚的观念的问题,我的答复是肯定的,但是假使你问我对于神是否也像我对三角形那样有一个清晰的表象,那么我的回答将是否定的,因为我们不能想象神,但我们确实可以认识神。④这里也要注意,我并不说我能完全认识神,只不过说我能认识神的某些属性,虽然不是一切属性,甚至也不是大部分的属性,但是这是可以确定的,就是我们对大多数属性的无知并不妨碍我们对它们之中某一些属性有所知。当我学习欧几里德的几何学原本时,我首先理解的是,三角形的三内角之和等于两直角,虽然当时我对于三角形其他许多特性还是无知的,但对三角形这一性质却清楚地理解了。

说到幽灵或者鬼怪,我至今从未听到过它们有什么可以理解的特性,而只听到过一些根本没有人能够理解的臆想。当您讲到幽灵或者鬼怪,在下界(我暂且使用您的用语,虽然我并不知道,在这下界的事物是否就比那上界的事物更少价值)是由最微妙的、最稀薄的和最精细的物质组成时,您好像是在讲到蛛网、空气,或者烟雾。说它们是不可见的,在我看来就意味着您说了它们不是什么,而不是说它们是什么,除非或者您想指出,它们是依其高兴使自己时而可见时而不可见的,对于这些事物就如同对其它不可能的事物一样,想象力是不会有任何困难的。

柏拉图、亚里士多德和苏格拉底的权威对我来说,并没有多大分量,要是您提到伊壁鸠鲁、德谟克利特、卢克莱修或任何一个原子论者，或者为原子作辩护的人，我倒会感到吃惊。那些想出了“隐秘的质”、“意识中的影相”、“实体的形式”⑤和无数其他的无聊东西的人，又捏造出幽灵和鬼怪，并且听信老巫婆编造的神奇故事，以便削弱德谟克利特的威信，这是不足为怪的，他们对德谟克利特的好声誉是如此妒忌，以致烧毁了他的一切著作，而这些著作正是他在一片颂扬声中发表的⑥。如果您愿意相信这些，那么您有什么理由去否认圣母玛利亚和一切圣徒的奇迹呢？这些奇迹都已为许多极负盛名的哲学家、神学家和史学家所描述，以至我们能提供成百个这样的奇迹，而几乎没有一个是其他人的。

最后，最尊敬的阁下，我已经比我预定的走的更远了，我不希望再用那些（我知道）您不会承认的事情来打扰您，因为您所遵循的是远远与我不同的其它的原则，等等。

斯宾诺莎

〔1674 年 10 月　海牙〕

【注释】

①　原信荷兰文，早已阙失，《遗著》所载拉丁文似乎是斯宾诺莎自己的译文。《遗著》荷兰文版是根据拉丁文重新迻译的。

②　这一段集中表现了斯宾诺莎关于必然和自由的思想，我们可以简括为三点：1. 必然和自由不是对立的。凡是必然的行动或认识，也就是自由的行动或认识，例如神必然地存在和认识自身，也就是自由地存在和认识自身。2. 必然和偶然则是对立的。凡必然的东西则不是偶然的东西，反之，凡偶然的东西也不是必然的东西。偶然只是由于人们对事物的必然原因不认识。3. 强制（或强力）和必然性不同，我们应当区分强制的必然（外在的必然）和自由的必然（内在的必然），而后者才是真正的必然，也是真正的自由，可以叫做

"必然的自由"或"自由的必然"。从这三点我们可以看出,斯宾诺莎一方面卓越地把必然和自由辩证地统一了起来,承认自由乃是对必然的认识,使他的哲学表现了辩证法的因素。另一方面由于他把偶然性等同于无因果性,否认偶然性,从而又导致机械决定论,正如恩格斯在《自然辩证法》中所说"承认这种必然性我们也还是不能从神学的自然观中解脱出来"(1957年版181页)。

③ 这段话很有点像古希腊爱利亚学派克塞诺芬尼的话,克塞诺芬尼曾说:"假如牛、马和狮子有手,并且能够像人一样用手作画和塑像的话,它们就会各自照着自己的模样,马画出和塑出马形的神像,狮子画出和塑出狮形的神像了。埃塞俄比亚人说他们的神皮肤是黑的,鼻子是扁的;色雷斯人说他们的神是蓝眼睛、红头发的。"斯宾诺莎在《伦理学》把这种认识概括为"依照人身中情况或情感的次序和联系"来联系观念,从而不能获得正确的观念。

④ 认识神和表象神乃是完全不同的两回事。斯宾诺莎坚持我们对神不能有一个清晰的表象或影象,但我们可以有一个清晰的真观念或真概念,这充分说明斯宾诺莎的神与一般神学家的神根本不同。

⑤ "隐秘的质"、"意识中的影相"、"实体的形式",皆是中世纪经院哲学家杜撰的术语。其中"意识中的影相"(intentional species)包括有两种影相,一种感觉的影相(sensible species),一种理智的影相(intellect species),经院哲学家试图用这个术语来说明人类的认识。

⑥ 这一段话在斯宾诺莎哲学体系里占有相当重要的地位,它清楚地反映了斯宾诺莎在当时哲学斗争中的立场。十七世纪是反叛权威,推崇科学的时代,因而哲学战线的一方是以原子论为代表的唯物主义思潮,大多数科学家和先进的哲学家都站在这一方,另一方则是作为经院哲学鼻祖的一批思想家,在本质上与实证科学相对立的经院哲学,其特点就是以虚构的概念,诸如"实体的形式"、"隐秘的质"等来解释自然。斯宾诺莎这里只用三言两语就把哲学史问题的要害点破了,并且以轻松的口吻解决了这一问题。

第 57 封　爱伦费德·瓦尔特·封·谢恩豪斯致卓越而深邃的哲学家斯宾诺莎[①]

卓绝的阁下：

无论如何，我对于哲学家们既证明某事是错误的，又同样指明这事的真理性这一点是感到惊讶的。因为笛卡尔在其《方法谈》一开始就认为理智的确实性对于所有人都是一样的，并且在《沉思集》里对此还加以证明。这一点也被那样一些人所承认，那些人认为用这种方式他们能证明某些是确实的东西，也就是它能被所有的人作为确实无疑的东西接受下来。

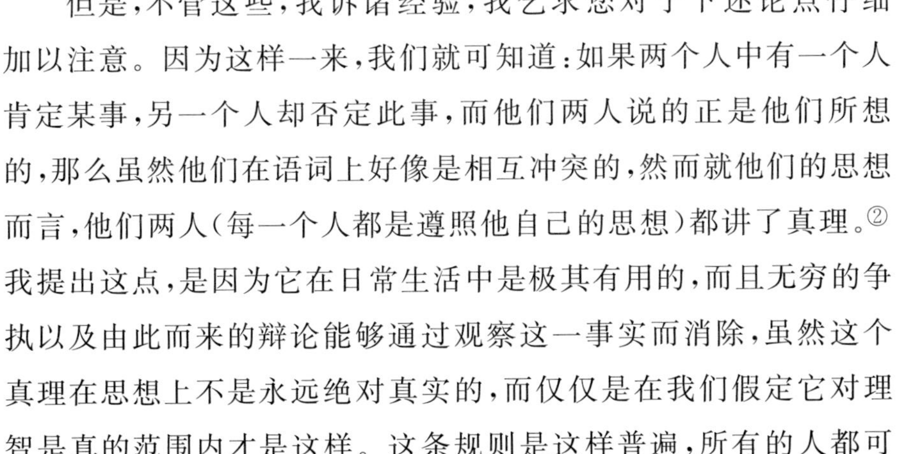

但是，不管这些，我诉诸经验，我乞求您对于下述论点仔细加以注意。因为这样一来，我们就可知道：如果两个人中有一个人肯定某事，另一个人却否定此事，而他们两人说的正是他们所想的，那么虽然他们在语词上好像是相互冲突的，然而就他们的思想而言，他们两人(每一个人都是遵照他自己的思想)都讲了真理。[②]我提出这点，是因为它在日常生活中是极其有用的，而且无穷的争执以及由此而来的辩论能够通过观察这一事实而消除，虽然这个真理在思想上不是永远绝对真实的，而仅仅是在我们假定它对理智是真的范围内才是这样。这条规则是这样普遍，所有的人都可发现，甚至那些疯子或睡觉的人也不例外。因为无论他们说他们现在看到(虽然在我们身上可能不会出现这种情况)或曾经看到什么,这个事实总是这样确实的。

这一点就是在考察自由意志时,也是很清楚地可以看出的。因为两个人,一个人论证意志自由,另一个人却否认意志自由,在我看来,这两个人讲的都是真理,也就是说,每一个人都是按照他的自由概念讲的。因为笛卡尔把不受任何原因所迫使的东西称为自由的,而您却把自由认为是不为原因所决定做某事。因此我同意您说我们在任何事情上都是为某个原因所决定,所以我们没有自由意志。但是,另一方面,我也同意笛卡尔那种说法,即在某些事情方面(正如我不久要指出的)我们不受任何强迫,所以我们有自由意志。现在我举一个例子来说明这一点。

这里有三个问题。第一,我们是否绝对地有力量控制我们之外的事物?回答是否定的。例如,我现在写这封信,不是绝对地由于我的力量,因为如果我不为或者我不在或者朋友在场所阻碍的话,我在现在之前早就写了信。第二,我们是否绝对地有力量控制我们身体的运动,如果意志决定了这种运动的话?如果我身体很健康,我回答是肯定的。因为如果我健康,我常能使自己写或不写。第三,当我能控制我的理性时,我是否能有完全的自由,也就是绝对地这样做?对于这,我的回答也是肯定的。因为谁否认在我思想里我能想我要写或不要写,谁不是就同他自己的意识相矛盾呢?就作用本身而言,既然外因允许(这是就第二点来谈)我有同样的力量写或不写,所以我同意您说有许多原因决定我现在写,这就是因为您首先写信给我了,并且请求我一有机会就回信,以及因为现在有这种机会,而我又不愿放弃。而按照明显的意识情况,我确实同意笛卡尔，主张这样一些原因并不因而强迫我，因为虽然有这些理由，我却真能够（这似乎不可能否认的）不写。再，如果我们被外物所强迫，谁能获得德行的习惯呢？的确，如果允许这样的话，则所有的邪恶就能得到宽恕了。但是，如果我们是被我们之外的事物所决定做某事时，我们为什么不能常常用一种坚定而恒常的精神去这样做呢？

在清楚说明上述原理方面，你们两人确实都讲了真理，每一个人都遵照了你们自己的概念。但如果我们期望绝对的真理，则只能在笛卡尔的观点里发现。因为在您的思想里，您首先假定了自由的本质在于我们不能为任何事物所决定这个事实。如果假定是这样，那么您两人都正确。虽然任何事物的本质在于没有它事物就不能真正被设想，然而自由确实可以清楚地被设想，即使在我们的行动中，我们是被外因所决定。或者，即使常常有原因促使我们在某种方式下指导我们的行动，然而也不能说完全不能设想自由。但是如果假定我们被强迫，那么自由就不能完全被设想。参阅笛卡尔，第一卷书信 8 和 9；第二卷第 4 页。好吧，就此搁笔，我求您回答这些困难。您将会发现我不仅感激不尽，而且，如果健康允许的话，也是

您的最忠顺的仆人

N. N.

1674 年 10 月 8 日

【注释】

① 此信见《遗著》，原信拉丁文，现已阙失。原信是写给斯宾诺莎的一

位朋友席勒的，由席勒转抄给斯宾诺莎。写信人爱伦费德·瓦尔特·封·谢恩豪斯(Ehrenfried Walter von Tschirnhaus，1651—1708)是一位德国伯爵，曾于1668—1675年在荷兰莱登大学学习，并参加了荷兰反对法国的战争。1674年他认识了席勒，从而知道了斯宾诺莎，同年他拜访了斯宾诺莎。1675年他去英国伦敦，结识了波义耳和奥尔登堡，奥尔登堡和斯宾诺莎之间的通信自1665年起就中断了，由于谢恩豪斯从中撮合，奥尔登堡也在这一年和斯宾诺莎重新恢复了通信，详情参见第63封信。

② 这里谢恩豪斯似乎把真理性(Truth)和说真话(Veracity)加以混淆，真理性指一个陈述的内容与客观实际相符合，而说真话指一个人说出自己内心的话，而不一定是符合客观实际的。两个说不同话的人，可能都是说真话，但不一定都是在说真理。

第58封　斯宾诺莎致博学多闻的G. H.席勒阁下[①]

（复 前 信）

卓越的阁下：

我们的朋友J. R.[②]已把您非常友善地写给我的信，以及您朋友对于笛卡尔和我关于自由意志看法的批评，转交给我了，对此我感到非常满意。虽然我目前除了健康不佳外，还被别的一些事弄得心烦意乱，然而您的格外友谊，或者我认为最重要的，您对真理的酷爱，却迫使我不得不尽我脆弱的能力来满足您的期望。

我不明白，您的朋友在讲他诉诸经验和要求仔细注意之前所说的那些话究竟是什么意思。后来他又补充说，“如果两个人中的一个人肯定某事，而另一个人否定某事，等等”，如果他的意思是说，两个人虽然用了同样的语言，然而却在想不同的事，那么这话是真的。关于这，我过去曾给我们的朋友 J. R. 举出过一些例证，现在我正写信告诉他，要他把这些例证转告给您。

现在来谈一下那个自由的定义，这个定义他说是我的，但我不知道他是怎样得知的。我说，一个事物，如果只按照其自己的本性的必然性而存在和行动，就是自由的，但是如果被其他事物所决定，以某种确定的和限定的方式存在和行动，这个事物则是受制的。例如，神虽然是必然地存在，然而却是自由地存在，因为它是只按照其自身本性的必然性而存在。同样，神也是自由地认识其自身和绝对地认识一切事物，因为它认识一切，只是根据它自己本性的必然性。所以您看到，我并没有把自由放在自由的决定上[③]，而是置于自由的必然性上。

但是，让我们往下考察一下被创造物，被创造物全都是为外在原因所决定、以某种确定的和限定的方式存在和行动的。为了清楚地理解这点，让我们考察一下最简单的事物，例如，石头从推动它的外因获得某种运动量，由于这种运动量，即使外因的作用停止，它以后也将必然地继续运动。石头这种保持运动是被强迫的，这倒不是因为它是必然的，而是因为它必是为外因的作用所限定。这里关于石头所说的也适合于其他一切个别事物，虽然这些事物可能被认为是很复杂的，能适合各种不同目的。这就是说，任一事物都必然地为一个外因所决定，以某种确定的和限定的方式存在和行动。

如果您愿意，让我们再设想一下，当石头在继续运动时，它有思想，并且知道它正尽最大的可能在继续运动。这块石头由于只意识到它自己的努力，并且一直在关注着，所以它将相信它是完全自由的，相信它之所以继续运动，不是因为其他的理由，而是因为它自己愿意这样。人的自由也是这样，所有人都夸耀他们有这种自由，可是这种自由仅在于人们意识到他们的欲望，而对决定他们的原因却无知。所以婴儿吃奶时相信他是自由地要吃奶，男孩愤怒时相信他是自由地要报复，胆怯者逃跑时相信他是自由地要逃跑。同样，酒鬼也相信，由于他思想上的自由决定，他醉时可以说出些他以后清醒时所不愿说的话。精神错乱的人，喋喋不休的人，以及诸如此类的其他人都相信，他们是按照他们思想的自由决定在行事，而不相信他们是为一种冲动所迫使。由于这种成见在所有人那里是根深蒂固的，所以他们很难加以摆脱。因为经验虽然充分更加充分地告诉我们，人们最不愿做的事情就是节制他们的欲望，当他们被各种各样矛盾的情欲所折磨时，他们总是常常眼望好的欲望而实际遵循坏的欲望，然而他们却相信他们是自由的，因为他们只是非常肤浅地欲想某些东西，他们对这些东西的欲望可以很容易地被他们经常所有的对于某个别的东西的回忆所抑制。④

如果我没有弄错的话，上述这些话已充分清楚地解释了我关于自由的必然和强制的必然、关于想象的人的自由的观点了，根据这种观点，您朋友的反对意见也就很容易答复。因为，如果他同笛卡尔一样，说那个不受任何外因所强迫的人才是自由的，而他所谓被强迫的人是指违背自己意志而行事的人，那么我承认，我们在某些事情上是不受强迫的，在这方面我们有自由的意志。但是，如果他所谓被强迫的人是指这样一种人，这种人虽然不违背自己的意志而行事，但却是必然地行事（像我上面所解释的），那么我否认我们在任何事情上都是自由的。

与此相反，您的朋友却主张："我们能够完全自由地，即绝对地行施我们的理性"，他用了那种无论怎么说都不夸大的自信坚持这一意见。他说："谁否认在我思想里我能想我要写或不要写，谁不是就同他自己的意识相矛盾呢"，我很想知道他所讲的意识，除了上面我在石头的例子里所解释的意思外，他还指什么。的确，为了不与我的意识，即我的理性和经验相矛盾，为了不加深先入之见和无知，我否认我能够由于任何绝对的思想力量而想我要写和我不要写，但是，我要诉诸他自己的意识，因为他无疑是有这种经验的，即在梦中他是没有那种想他要写和不要写的能力的，当他梦见他要写时，他并没有能力不梦他要写。我相信他有不少这方面的经验，即心灵并不总是同样地能思考一切对象，如果身体更合乎某个对象的形象的刺激，那么心灵也就更能够思考这个对象。⑤

当他进而说，那些促使他去写的原因曾经激励了他去写，但不曾强迫他去写，他的意思无非只是说（如果您想仔细地考察的话），他的思想在那个时候有这样的性质，即那些原因在另一个时候，也就是当它们与某种有力的情感发生冲突的时候，是不能影响他的，而在现在却很容易地影响他，这也就是说，那些在另一个时候不能强迫他的原因，现在却强迫他，不要违背他的意志去写，而是必然地要求写。

至于他进而说，"如果我们被外因所强迫，那么没有一个人会得到德性的习惯"，我真不知道谁会告诉他，我们之所以有一个坚决而果断的思想，不是得自命定的必然性，而只是由于心灵的自由决定。

至于他最后说,“如果允许这样的话,则所有的邪恶就能得到宽恕了”,由此可以得出什么来呢?要知道,邪恶的人当他们必然是邪恶的时候,既不会减少一些可怕,也不会减少一些危害。关于这点,如果您有兴趣的话,请看看我的《依几何学方式证明笛卡尔原理两卷》的附录第二篇第八章。

最后,我非常希望,您这位对我的理论作这些反驳的朋友能回答我这样一个问题,他是怎样把人的德性(他说这种德性来自思想的自由决定)与神的先前注定结合起来的。因为,如果他和笛卡尔一样,承认他不知道这两者是如何结合起来的,那么他就是把那本已击伤他自己的武器用来投掷反对我,但这是徒劳的,因为,如果您仔细地考虑我的观点的话,您将会看到,我的观点完全是始终一贯的,等等。

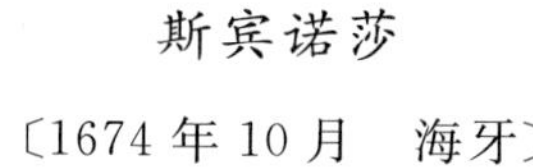

斯宾诺莎

〔1674 年 10 月　海牙〕

【注释】

① 此信仅见《遗著》,原信拉丁文,早已阙失。收信人席勒(Georg Hermann Schuller, 1651—1679),阿姆斯特丹医生,斯宾诺莎生前好友,曾多次给斯宾诺莎看病,在斯宾诺莎临死时,是唯一留在他身边的一个人。席勒认识莱布尼兹和谢恩豪斯,曾写信给莱布尼兹,向他提供斯宾诺莎《伦理学》手稿。

② J. R. 是阿姆斯特丹书商和出版家詹·利乌魏特茨(Jan Rieuwertsz),此人生于 1617 年,是一个社友会成员,他的书店是当时自由思想家的集会中心,他曾出版了笛卡尔著作的荷兰文译本和斯宾诺莎的全部著作,他的家庭后来保存了许多有关斯宾诺莎的重要珍贵材料。

③ 德译本作“自由的意志”。

④　这段关于人的自由的论述，可以参阅《伦理学》第三部分命题二附释："经验已经十分充足地昭示我们，人类最无力控制的莫过于他们的舌头，而最不能够做到的，莫过于节制他们的欲望。因此许多人相信，我们只有做不费气力追求的事情才可感到自由；因为对于这种事情的欲望，由于有常常想起的对另一事物的回忆而容易消减。反之，我们用热情去追求那些为另一事物的回忆所不能转移的事物，那么我们就不可能感到自由了。但是假如不是因为我们看见，我们有时做了许多事，而后来追悔，或当我们有时为矛盾的情欲所刺激，我们知道什么是善的，而实行什么是恶的，那么，就没有什么东西可以阻止我们相信一切行为都是自由的。……这样看来，疯人、空谈家、儿童以及其他类此的人，都相信他们的说话是出于心灵的自由命令，而其实是因为他们没有力量去控制他们想说话的冲动。"(《伦理学》中译本第 95 页)

⑤　身心关系是斯宾诺莎哲学的一个重要问题，总的来说，他主张一种身心同一论观点、身体的次序和联系与心灵的秩序和联系是同一的，但是从他具体的论述中，不论是早期著作《神、人及其幸福简论》，还是后期代表作《伦理学》，他似乎坚持心灵应符合身体这一唯物主义原则，例如在《伦理学》中，他说："正如某一身体较另一身体更能够同时主动地做成或被动地接受多数事物，则依同样比例，与它联合着的某一心灵也将必定较另一心灵更能够同时认识多数事物；并且正如一个身体的动作单独依赖它自身愈多，需要别的身体的协助愈少，则与它联合着的心灵也将更了解得明晰些。"(《伦理学》中译本第 52—53 页)这里也是同样的意思，如身体更合乎某个对象的形象的刺激，则心灵也就更能思考该对象。

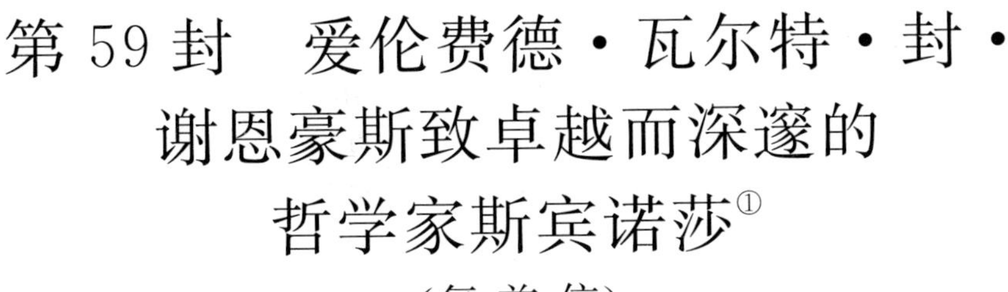

第 59 封　爱伦费德·瓦尔特·封·谢恩豪斯致卓越而深邃的哲学家斯宾诺莎[①]

（复前信）

卓越的阁下：

……何时我们才能有您的那种正确指导理性以获知未知真理

的方法，以及您的普通物理学知识呢？我知道您最近在这些方面已取得很大进步。前一方面的知识我早已经知道了，后一方面的知识我是从《伦理学》第二部分所加的补则知道的，由于这些补则的帮助，许多物理学里的难题迎刃而解了。假如您有闲暇和机会，我乞求您把运动的真正界说及对其的说明告诉我，同时也请告诉我，既然广延就自身而言是不可分的、不变的等，那么我们怎样能先天地推知世界存在有如此多种多样形状和千变万化的差别以及每一物体微粒存在有构成另一物体形式的固定形状呢？②

当我们在一起时，您曾向我指出过您在探究未知真理时所使用的方法，我从经验得知，这种方法是极其优异的，而且就我所知道的而言，还是很容易的。我可以确实地说，靠了您的这一指导，我在数学方面有了长足的进步。因此我希望您能将恰当观念、真观念、假观念、虚构观念和可疑观念的真正界说告知我。我曾探究过真观念和恰当观念的区别。但是到目前为止，我所能发现的不过是在我研究一个事物和某个概念或观念时（为了更进一步发现这个真观念是否也是某物的恰当观念），我问自己，什么是这个观念或概念的原因，当我找到了这个原因后，我就再追问这个概念的原因又是什么，当我又找到了这个原因后，我又继续追问这个概念的原因的原因是什么，直到最后我得到了这样一个原因，这个原因除了它存在于我所有的一切可能观念之中外，我再不能看到它有任何其他的原因。例如，如果我问，我们错误的真正根源在于何处，笛卡尔将回答说，它在于我们所赞成的事物并不是我们所清楚理解的这一事实。但是，即使这就是我们犯错误的真观念，我也仍

不能规定有关知道这事所必需的一切，除非我也有了该事情的恰当观念。为了获得这种恰当观念，我就再探究这个概念的原因，也就是研究我们为什么对于我们尚不清楚理解的事物予以赞成呢，我回答这是由于知识的缺乏所造成。但是这里我们不能再问，什么是我们对于某些事物无知的原因，由此我看到，我已经找到了我们错误的恰当观念了。

这里我顺便问一下您，既然许多表现于无限多样态里的事物有一个它们自身的恰当观念，而从每一个恰当观念能推知有关该事物所能知道的一切（尽管从这一个观念比从那一个观念更容易得知），为了要知道使用哪一个观念而不使用另一观念，是否有一种方法呢？例如，圆形的一个恰当观念是基于它的半径相等，而另一个恰当观念在于两条直线相交形成无限多个相等的直角③，而且它有无数的表达法，其中每一种都恰当地说明圆形的性质；虽然从这些表达法中的每一种可以演绎出关于圆形所能知道的一切其他性质，然而这种演绎从它们中的一个比从另一个更容易些。所以那个考虑曲线应用的人将演绎出许多关于它们量度的性质来，但是如果我们考虑它们的切线等，那我们就将更容易发现它们④。所以我想向您指明，我在这种研究中向前走得多么远：我期待它的完成，或者说，如果我有任何错误的话，我期待对它的改正，以及期待界说。再见

爱伦费德·瓦尔特·封·谢恩豪斯

1675年1月5日

【注释】

① 此信仅见《遗著》，原信拉丁文，早已阙失。

② 这里谢恩豪斯向斯宾诺莎提出了一个非常重要的问题，即统一实体的宇宙为什么有千变万化的差别，用哲学的专门术语来说，就是一和多的统一问题，斯宾诺莎在《伦理学》里曾对这一问题作了探讨，他归结于动静，他说"物体即是个别事物，而这些个别事物间彼此的异同是由于动静"(《伦理学》中译本第53页)，动静比例不同，造成事物不同，但整个宇宙总保持同一种动静比例，由此他得出"整个自然界是一个个体，它的各个部分，换言之，即一切物体，虽有极其多样的转化，但整个个体可以不致有什么改变"(同上书第56页)。但这是一种朴素的解决，世界的质的多样性究竟怎样造成，这是哲学上的一个根本问题，绝不是三言两语所能解决的，故以后斯宾诺莎并未回答他这一问题。

③ 这个表述不严格，正确的表述应该是，以圆的直径为斜边，以圆周上任一点为顶点所组成的三角形都是直角三角形。

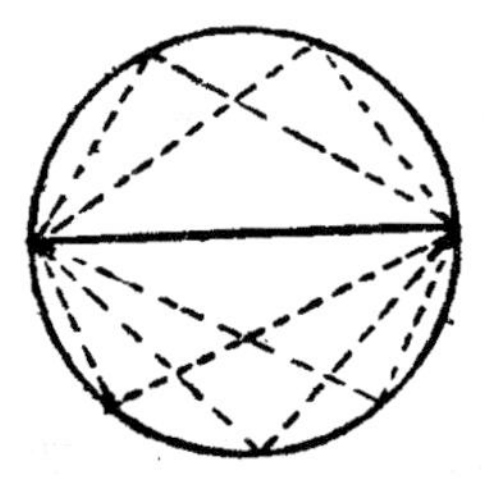

第60封 斯宾诺莎致尊贵而博学的爱伦费德·瓦尔特·封·谢恩豪斯阁下[①]

（复 前 信）

尊贵的阁下：

我认为真观念(true idea)和恰当观念(adequae idea)之间，除了“真”这个词仅指观念与它的对象相符合,“恰当”这个词指观念自身的性质外,没有什么别的区别。所以除了这种外在的关系外,真观念和恰当观念之间实际上没有任何差别。[2]

但是,为了我可以知道从事物的许多观念中找出什么观念能推知对象的一切性质,我只注意一点,即该事物的观念或界说应当表现它的动因(causa efficienti)。[3] 例如,为了研究圆的性质,我问,从圆的这个观念,即圆是由无数的直角组成,我是否能推知所有它的性质,我就是说,我研究这个观念是否包含有圆的动因。既然它不是这样,那么我就找寻另一个观念,即圆是由一端固定另一端活动的直线所描绘的空间,既然这个界说表现了动因,所以我知道我能从它演绎出圆的所有性质,等等。再,当我把神界说为无上圆满的存在,既然这个界说不表现动因(因为我认为动因可以是内在的也可以是外在的),所以我就不能从它得知所有神的性质。但是当我把神界说为……一个存在(参阅《伦理学》第一部分界说六),……。

关于您的其他问题,即那些关于运动和方法的问题,因为我的观点还不曾用适当的次序写出,我另找机会再谈。

至于您说那个考虑曲线应用的人将会演绎出许多关于曲线量度的性质,但这可以通过考虑切线等等更容易这样做,我的看法正相反,我认为,即使考虑到切线,要推出许多其他性质,还比考虑曲线的坐标更困难。我绝对地主张,从事物的某些性质(无论给出什么观念)有些东西是容易发现的,但要发现其他的东西则有很大的困难(虽然它们都是关于那个事物的本性)。但是,下面这一点一定要注意,即我们所要找寻的观念应当是从它可以推知所有的性质，像我们上面所说的。因为如果我们要从任一事物推出所有可能的性质，那么后面的东西一定是比前面的东西更困难。等等。

斯宾诺莎

〔1675 年 1 月　海牙〕

【注释】

① 此信仅见《遗著》，原信拉丁文，早已阙失。

② 在斯宾诺莎认识论里，真观念和恰当观念的关系是一个很复杂的问题，虽然在《伦理学》中，他明确给这两个观念分别下了界说，"真观念必定符合它的对象"，"恰当观念我理解为单就其自身而不涉及对象来说，就具有真观念的一切特性及内在标志的一种观念"，但是不清楚的，因为这里是否对"真"有两种含义。根据译者的看法，真观念和恰当观念乃是同一种观念，他之所以要用这两种观念，无非只是说明有一种外在的标志即观念符合对象，和一种内在的标志即观念自身的性质，正如这封信中所说"除了'真'这个词仅指观念与它的对象相符合，'恰当'这个词指观念自身的性质外，没有什么别的区别"。

③ "动因"概念在斯宾诺莎体系里相当重要。他有时把动因又称为"最近因"，在他看来，要正确认识事物，或者说，要对事物有一个正确的界说，"必须纯粹由一物的本质或由它的最近因去加以理解。因为假如那物是自在之物，或者如一般所说，是自因之物，则必须单纯从它的本质去认识它。但是假如那物并非自在，而需有原因才能存在，则必须从它的最近因去认识它。"(《知性改进论》§ 92)。大多数斯宾诺莎研究家只看到几何学决定了斯宾诺莎的形而上学，而未想到斯宾诺莎动力学的形而上学影响了他的几何学概念。

第 61 封　亨利·奥尔登堡致尊贵的斯宾诺莎阁下[①]

顺致敬礼

我不愿失却这一方便机会，乘卡恩城的医学博士和宗教改革的拥护者、博学多闻的波格斯阁下正去荷兰，向您告知数星期前，为了您赠送给我的论著（虽然这本书我尚未收到），我曾向您表示的感激，但我怀疑我的信[②]是否及时交付于您了。在那封信里，我陈述了我关于那部论著的意见，这意见确实是经过一番深入细致的考察和分析得出来的，但我现在认为是很不成熟的。当时我认为，如果我以一大群神学家们所提供的标准和正统的使徒信经教义（这似乎更多地带有教派偏见）来衡量的话，其中有些东西是有损于宗教的。但是经过了深入的重新考察整个情况后，我不能不深信您对真正的宗教和坚固的哲学非但没有任何伤害的企图，而且正相反，还努力要求和建立基督教的真正对象，和有益哲学的神圣崇高性和卓越性。因此，既然我现在相信这才是您的真正思想，我非常诚恳地请求您友好地向您的真诚的老朋友写几封信，说明您现在对于这一目标的打算和考虑，因为您的老朋友是全身心地期望听到有关这一神圣事业的最令人欣喜的论点。我以上帝向您起誓，如果您吩咐我保守秘密，那我绝不会向任何人泄露它们。我所力求做的只是：逐渐地使那些善良而智慧的人们的心灵准备去拥抱那些您有时会更全面加以解释的真理，并扫除那些曾被认为

是反对您的思想的偏见。

如果我没有错的话，我认为您关于人的心灵的本性和力量以及它与我们肉体的统一有一个极深刻的见解。我诚挚地请求您把您这方面的思想坦率地告诉我。再见，卓越的阁下，请始终不渝地宠爱您的学说和德行的最忠顺的赞美者。

亨利·奥尔登堡

1675 年 6 月 8 日　伦敦

【注释】

① 此信仅见《遗著》，原信拉丁文，早已阙失。按《遗著》拉丁文版该信的日期是 1665 年 10 月 8 日，可能有误，现根据《遗著》荷兰文版改为 1675 年 6 月 8 日。

奥尔登堡和斯宾诺莎自 1665 年以后就没有通过信，直到这一年即 1675 年才重新恢复，这十年中断通信的原因是多种多样的：英荷战争（1665—1667），伦敦瘟疫（1665），伦敦大火（1666），奥尔登堡被监禁伦敦塔狱（1667 年 6 月 30 日至 8 月 26 日），而其中最主要的可能是由于《神学政治论》遭到的攻击，奥尔登堡有所害怕，正如此信中说，他曾有过一封给斯宾诺莎的信，说明他对《神学政治论》的意见，后来由于谢恩豪斯去伦敦，才促使他又给斯宾诺莎写了这封信，并申明改变他原来对《神学政治论》的看法。

② 奥尔登堡这一封信已阙失，按此信说，它是在数星期前写的，也就是 1675 年，不过英译者沃尔夫推测是 1670 年，即《神学政治论》出版那一年，确实如何，我们很难判断。究竟斯宾诺莎何时送给奥尔登堡一本《神学政治论》我们也无法查知，只知道有这一桩事。

第 62 封　亨利·奥尔登堡致尊贵的斯宾诺莎阁下[①]

现在我们的书信交往已欣然恢复，尊贵的阁下，我绝不想中断我们的通信以失却友谊的职责。既然从您 7 月 5 日的复信中我知悉您想要出版您那五部分的论著[②]，为不辜负您对我的忠厚情谊，请允许我劝告您，其中不要有任何对当今宗教道德实践的触犯。特别是这个堕落而可悲的现世所热切追求的无非只是那样一些学说，这些学说的结论似乎是对罪恶昭著的邪恶提供一种激素。[③]

另外，我将不拒绝接受上述论著的几个印刷本。我只请求您，一有机会就把它们交付给一个定居伦敦的荷兰商人，这人将会想法把它们交给我。但没有必要去提及这些书籍曾送到我这里。因为只要它们安全地到我手里，我无疑会将它们很容易地散发给我各处的朋友，并得到他们珍贵的回报。再见，如您有时间，请写给

您的最忠顺的

亨利·奥尔登堡

1675 年 7 月 22 日　伦敦

【注释】

① 此信仅见《遗著》,原信拉丁文,现已阙失。

② 斯宾诺莎同年7月5日的复信已失。所说的五部分的论著指《伦理学》,因为《伦理学》分五部分。

③ 如果把奥尔登堡这封信里劝告斯宾诺莎谨慎从事、不要触犯当今宗教道德实践的话同十几年前写给斯宾诺莎的信中劝他大胆发表思想、消除一切有恐触犯当今神学家的顾虑的话加以对比的话,可以看出奥尔登堡的思想已变得守旧谨慎了,这可能是伦敦塔监禁的后果,特别是《神学政治论》给他带来的某种恐惧,因此他在这封信中要求斯宾诺莎不要向外提及几本《神学政治论》送到他这里。从这里可以看出,奥尔登堡不再是鼓励斯宾诺莎不畏艰难困苦、奋勇前进的真诚好友了。

第63封 G. H. 席勒致卓越而深邃的哲学家斯宾诺莎[①]

尊贵而卓越的阁下:

假如我没有想到您的宽仁厚意本是原宥人而不是谴责人,假如我不知道您为了您朋友的利益要奉献出您极其珍贵的认真思考的时间(以致没有特殊原因去打扰您这种思考,就等于有罪和犯错误),那么我应当为我长久的沉默而惭愧,为此我可以被人指责为忘恩负义,因为您的仁慈所显示给我的恩惠本是我不应承受的。正是因为这一理由,我才保持沉默,并在这段时期只以从朋友那里打听您的健康为满足。但在现在这封信里,我要告诉您,我们最高贵的朋友封·谢恩豪斯阁下仍在英国[②],并像我们一样,身体非常健康,在他的信(他已经寄给我了)中他三次嘱咐我向您阁下传达他的问候和敬礼。他不厌其烦地求我请您解决下述几个难题，同时请您给以一个满意的答复。

这些问题是，您阁下是否能通过某种直接的证明〔原注〕而不是通过归不可能法③使我们相信，除了思想和广延外，我们不能知道神的更多的属性？而且，从这里是否能推出，由其他属性组成的被造物就不能在它们方面设想任何广延，由此是否可以说，神有多少属性，就一定构成多少世界。例如，我们的广延世界有多少方位角，由其他属性构成的世界也有多少方位角。正如我们在广延之外，除了思想不感知别的东西，那些世界的被造物除了他们自己世界的属性和思想外，也一定不感知什么。④

第二，既然神的理智和我们的理智在本质和存在方面是不同的，所以神的理智和我们的理智没有任何共同之点，因而（根据第一部分命题三）神的理智不能是我们理智的原因。⑤

第三，在命题十的附释里，您说，在自然中再没有什么东西比下面这一点更清楚明了的了，即每个存在物一定是按照某种属性加以设想的（我完全理解这一点），它具有的实在性或存在愈多，属于它的属性也就愈多。因此从这里似乎可以推出，存在有三个、四个或更多属性的存在物，而从我们已经证明的东西可以推知的是每个存在物只由两个属性所组成，即神的某种属性和那种属性的观念。⑥

第四，我想要那些由神直接所产生的事物的例子和那些由某种无限的间接的分殊所产生的事物的例子。思想和广延在我看来是第一种，而第二种，在思想方面是理智，在广延方面则是运动，等

〔原注〕我衷心地请求您解决这里出现的疑难，并把您的回答告诉我。

等〔原注〕。

阁下，这些就是我们上面提到的谢恩豪斯和我本人想请您加以解释的问题，如果您空余的时间允许的话。而且他说，波义耳阁下和奥尔登堡阁下曾经对您个人有一种奇怪的看法，他不仅帮助他们消除了这种看法，而且他还补充了一些理由，使他们不仅要以最尊敬和仁厚的态度再考虑您，而且对您的《神学政治论》还要给予很高的评价。遵照您的教导，我不敢把这告诉您。⑦ 请相信，我是全心全意为您效劳的，尊贵的阁下，我永远是

您的最忠顺的仆人

G. H. 席勒

1675 年 7 月 25 日　阿姆斯特丹

盖恩德和 J. 利乌先生⑧ 向您问候。

【注释】

① 原信拉丁文，现保存在阿姆斯特丹统一浸礼会图书馆。《遗著》所载略有删改。

② 谢恩豪斯是在 1675 年 4 月或 5 月走访伦敦的，在那里他结识了英国皇家学会许多成员，其中有波义耳和奥尔登堡。

③ 归不可能法（reductio ad impossibile），与归谬法（reductio ad absurd）、归无知法（reductio ad ignorantium）乃是古代和中世纪逻辑里的三种反证法，以推出的结论不可能，发生矛盾或不知道来反驳原来的命题。斯宾诺莎非常熟悉这些方法，在《伦理学》第一部分附录里曾讲到了这些方法。

④ 谢恩豪斯和席勒向斯宾诺莎提出了四个重要问题，至今在研究斯宾

〔原注〕自然整体虽然有无限方式的变化，然而仍然是同一个体。参看第二部分命题八附释。

诺莎哲学里具有相当重要的价值。第一个问题神有多少属性，就应有多少世界，而每一世界只有两种属性，即组成该世界的属性和此属性的思想。例如神除广延属性外，还有 X、Y、Z…… 属性，那么就一定有广延世界（即我们现在所处的这个世界），这个世界有广延属性和关于广延的思想属性；X 世界，这个世界有 X 属性和关于 X 的思想属性；Y 世界，这个世界有 Y 属性和关于 Y 的思想属性；Z 世界，这个世界有 Z 属性和关于 Z 的思想属性。因为斯宾诺莎说神的属性有无限多个，所以也一定有无限多个世界。这对于斯宾诺莎整个哲学体系是一个棘手的难题。

⑤　第二个问题，既然神的理智和人的理智正如天上的犬座星和地上吠的狗一样有天壤之别，那么根据斯宾诺莎两物间无相互共同之点则一物不能为另一物的原因这条公则，怎么能说神的理智是人的理智的原因呢？这又是一个难题。

⑥　第三个问题是根据第一个问题而来，每个存在物除了其本质属性以及观念外，是否还有其他属性？

⑦　由于《神学政治论》当时遭到普遍攻击，斯宾诺莎为让朋友们不至为他这本书受到损害，可能告诫他们不要多谈有关该书的问题，以免朋友们受到牵连。

⑧　盖恩德先生（Mr. a Gent）不详。利乌先生指阿姆斯特丹书商詹·利乌魏特茨。

第 64 封　斯宾诺莎致博学多闻的 G. H. 席勒阁下[①]

（复 前 信）

博学的阁下：

我欣慰您终于有机会写信来开导我了，您的信永远是我最欢迎的，我诚恳地请求您经常这样做，等等。

转到您的疑难问题上来吧。关于第一个问题，我答复说，人的心灵只能认识一个实际存在的身体的观念所包含的那些事物，或由这个观念而可以推知的东西。因为每个事物的能力只由它的本质来规定（根据《伦理学》第三部分命题七），而心灵的本质（第二部分命题八）只在于：它是实际存在的一个身体的观念，因此心灵的理解能力仅限于这个身体的观念自身所包含的那些事物，或从这一观念而推知的东西。但是这个身体的观念，除了广延和思想外，既不包含又不表现神的任何其他属性。因为它的对象，即身体（第二部分命题六）有神作为它的原因，这是就神通过广延属性了解而言，而不是就神通过任何其他的属性了解而言。因此（据第一部分公理六）这个身体的观念包含神的知识，仅就神通过广延属性了解而言。所以，这个观念就其是思想的一个样式而言，也（根据同一个命题）有神为它的原因，就神是能思的事物而言，而不是就神通过其他属性了解而言。因此（根据同一个公理）这个观念的观念包含有神的知识，就神通过思想属性了解而言，而不是就神通过任何其他属性了解而言。这样，不言而喻，人的心灵，或人的身体的观念除了这两个属性外，既不包含又不表现神的任何其他属性。而且（第一部分命题十）从这两个属性或从它们的分殊，不能推出或设想神的任何其他属性。因此我结论说，人的心灵，像已经说的，除了这两个属性外，不能获得神的任何属性的知识。②

关于您补充的问题，即是否因为这个理由，有多少属性，就一定构成多少世界。参看《伦理学》第二部分命题七附释。这个命题也可以通过归谬法更容易证明。当命题是否定的，我习惯于用这种证明而不用其他证明，因为这种证明更符合于这样一种命题的本性。但是既然您只要求一个肯定的证明，所以我进行另一种证明，即一物是否能被另一个其本质和存在是与它不同的物体所产生：因为凡是彼此是这样不同的诸物体没有任何共同之点。但是既然所有个别事物，除了那些被类似它们的事物所产生的事物外，在本质和存在方面与它们的原因是不同的，这里我看不出有什么理由值得怀疑。

至于在什么意义上，我认为神是事物的动因，既是它们本质的动因，又是它们存在的动因，我相信我已在《伦理学》第一部分命题廿五的附释和释理里充分加以说明了。

第一部分命题十附释的原理，正如我在该附释的末尾所说的，我们形成那个原理是根据我们有一个绝对无限的存在的观念，而不是根据有或可能有具有三个、四个或多个属性的存在物这个事实。

最后，您要举的第一类例子，在思想方面是绝对无限的理智，但在广延方面则是运动和静止；第二类例子是宇宙的全貌（facies totius universi），虽然宇宙的全貌以无限的方式在发生变化，然而却永远保持同一个东西。关于这个问题，参阅第二部分命题十四前的附释到补则七。③

卓越的阁下，用这些话我相信我已经答复了您的问题和我们朋友的那些反对意见，但如果您认为还有什么怀疑的话，我请您不要忘记告诉我，只要可能，我会消除它们的。

再见，等等。

斯宾诺莎

1675 年 7 月 29 日　海牙

【注释】

① 此信仅见《遗著》，原信拉丁文，现已阙失。

② 这里斯宾诺莎回答谢恩豪斯提出的人的心灵是否除了思想和广延外就不能知道神的其他属性这一问题，按照谢恩豪斯的看法，人的心灵既然是神的思想属性的有限样式，因而这有限样式应当表现神的所有属性，而不只是表现思想和广延。斯宾诺莎肯定地答复说："人的心灵，除了思想和广延这两个属性外，不能获得神的任何属性的知识。"因为人的心灵是人的身体的观念，人只是神的思想和广延属性的有限样式，只能表现神的这两种属性。不过这种答复从经验论者看来是有问题，既然我们只认识神的两种属性，那么我们又怎么能说神有无限多个属性呢？要知道我能经验的就是我所认识的，认识不能超出经验的限制，既然我经验的只是广延和思想，我怎么又能说除了广延和思想外，还有无限多个属性，这岂不是我可以经验我所不能经验的东西吗？当然斯宾诺莎作为唯理论者，是容易答复这一问题的，即那是我的推论，因为无限的东西（神）一定是有无限多属性，否则它就不是无限的东西，虽然我只能认识其中两种属性，但这不妨碍我认为它有无限多个属性。这就是斯宾诺莎的思想。

③ 这里斯宾诺莎举出无限样态的两类例子。我们知道，在斯宾诺莎体系里，神（实体）和个别事物（有限样态）之间有一个中间环节，即无限样态，他的体系是从神到无限样态，再由无限样态到个别事物，这是一个从一般到特殊再到个别的逻辑推演过程。按照斯宾诺莎的看法，作为这种中介的无限样态分为直接的无限样态和间接的无限样态，直接的无限样态，在思想方面有"绝对无限的理智"，在广延方面有"运动和静止"；间接的无限样态，他只给出一个例子，即"宇宙的全貌"。

第 65 封　爱伦费德·瓦尔特·封·谢恩豪斯致深邃而博学的哲学家斯宾诺莎[①]

尊贵的阁下：

我很想您能给我一个关于您下述主张的证明，即心灵除了广延和思想外，不能理解神的更多属性。虽然我清楚地知道这一点，然而在我看来，从《伦理学》第二部分命题七的附释倒可以推出相反的结论来，这或许只是因为我没有完全正确地理解这个附释的意思。因此我决意要解释我是怎样推出这个结论的。尊贵的阁下，最诚恳地请求您能乐意地在我不能正确理解您的意思时，用您那惯有的仁爱帮助我。

我的论证现正处于这样一种困境：虽然我从它们得出世界确实是一个，然而从它们也同样清楚地可以推出世界表现在无限的样态中，因而每一个别事物也表现在无限样态中。因此也似乎可以推出，构成我的心灵的那个分殊和表现我的身体的那个分殊，虽然是同一个分殊，然而却表现在无限的样态里，在一个样态里是通过思想，在另一个样态里是通过广延，在第三个样态里是通过我所不知道的神的另一个属性，如此递推，以至无穷，因为神有无限多的属性，而各种分殊的次序和联系似乎是完全一样的。因此现在就出现了一个问题：表现某个分殊的心灵，既然这同一个分殊不仅表现在广延里，而且也表现在无限多个其他的样态里，那么我说，心灵为什么只感知通过广延表现的分殊，即只感知人的身体，而不感知通过其他属性的其他表现呢？②

但是时间不允许我把这些问题说得太长，或许所有这些疑难将被进一步的思考所消除。

爱伦费德·瓦尔特·封·谢恩豪斯

1675年8月12日　伦敦

【注释】

①　此信仅见《遗著》，原信拉丁文，现已阙失。

②　谢恩豪斯仍不理解人的心灵为什么只能认识思想和广延两种属性，继续穷诘斯宾诺莎，在谢恩豪斯看来，人的心灵一定是神的无限多个属性的有限样态，因此它不仅认识思想和广延，而且还应认识其他属性。

第66封　斯宾诺莎致高贵而博学的爱伦费德·瓦尔特·封·谢恩豪斯阁下①

（复前信）

高贵的阁下：

为答复您的反对意见，我说，虽然每个事物在神的无限理智中表现在无限多的样态里，然而用以表现事物的无限多的观念并不能构成一个个别事物的同一个心灵，而是构成无限多个心灵：因为这些无限多观念中的每一个观念和其他的观念并不发生联系，正如我在《伦理学》第二部分命题七的同一个附释里所说明的，根据第一部分命题十也是明显的。如果您稍微注意一下这些的话，您将看到无多大困难。等等。②

斯宾诺莎

1675 年 8 月 18 日　海牙

【注释】

① 此信仅见《遗著》，原信拉丁文，现已阙失。

② 斯宾诺莎这里的答复是很奇特的，比较难以理解。一方面他又提出有无限多个心灵的概念，似乎每一个个别事物不只有一个心灵，而有无限多个心灵，这完全不可理解；另一方面，他又认为这许多心灵之间不发生联系，这样一来所谓“观念的秩序和联系和事物的秩序和联系本是同一种秩序和联系”这一原理的适用范围受了限制。所以一般斯宾诺莎研究家认为，斯宾诺莎最终没有解决谢恩豪斯提出的问题。

第 67 封　阿尔伯特·博许致博学而睿智的斯宾诺莎阁下②

顺致亲切的问候！

当我离开祖国的时候，我曾经答应，如果在旅行期间有什么值得注意的事情发生，我将写信给您。现在既然已经发生了一件事，而且确实是一件极其重要的事，因此我来履行我的诺言，写信告诉您：由于上帝的无限慈悲，我又重新加入了天主教，并且成为天主教会的一个信徒。从我写给最著名的和最富有经验的大学问家、莱登大学教授 D. 克拉伦阁下②的信中，您可以更详细地知道这件事是如何发生的。因此，我现在只是简要地说明一下与您本身利益有关的事。

我从前越是钦佩您深邃和敏锐的智力，我现在就愈是为您惋惜和痛心。因为您虽然是一位很有才华的人，有一颗上帝赐予的才气横溢的心灵，并且是一位挚爱真理，并实实在在渴求真理的人，然而您却放纵自己，被卑鄙的和最傲慢的撒旦引向堕落和遭到欺骗。因为您的全部哲学，如果不是纯粹的迷妄和奇想，又会是什么呢？然而，您不仅把您现世的心灵的安宁，而且把您的灵魂的永远得救都作为赌注押在这个哲学上了。请看您的全部利益建筑在何等可悲的基础上吧。您以为您终于发现了真正的哲学。您怎么知道您的哲学在世界上所有曾经讲授过的，或者如今正在讲授的，或者将来要讲授的哲学中是最好的呢？还有，我们暂且不谈未来的思想，您可曾考察过在这里、在印度以及全世界任何一个地方讲授的所有古代和现代哲学呢？还有，就算您全部考察了这些哲学，您怎么知道您已经选择了最好的呢？您会说："我的哲学是与正确的理性相一致的，而其他的哲学则与理性相对立。"但是，除了您的门徒，所有其他的哲学家都与您不一致，他们有同样的权利就他们自己和他们的哲学发表像您关于您的哲学所说的每一句话，并且正像您非难他们一样，他们也有同样的权利非难您的虚妄和谬误。因此，十分明显，为了使您的哲学的真理性变得一目了然，您必须提出不适用于其他哲学而只适用于您的哲学的论据。否则，就必须承认您的哲学也像其他哲学一样，是不可靠的和没有价值的。

不管怎样，我现在只谈您以不虔诚的名字命名的那本书③，并把您的哲学和您的神学放在一起谈，因为尽管您用恶魔般的狡诈手法力图证明这二者是不同的，以及它们各有不同的原则，但实际上您自己已把它们混为一谈。

也许您会说，“别人没有像我一样经常读圣经，我正是根据圣经本身来证明我的观点的，而是否承认圣经的权威，这是基督徒和地球上其他的人们的区别之所在”。但是，如何证明呢？“我用清楚的句子说明比较暧昧的句子，用这种办法解释圣经，并且从我这种对圣经的解释形成我的学说，或者证实在我头脑里已经产生的那些学说。”

但是，我严肃地恳求您考虑一下您所说的这些话。因为您怎么知道上述那种解释办法是正确的呢？其次，即使这种解释办法是正确的，您又如何知道它对圣经的解释是充分的呢？还有，您怎么知道这样您就把对圣经的解释建立在牢固的基础上呢？特别鉴于天主教徒所说的而且是十分正确的，即上帝的话并不全写在圣经上，因此不能只是通过圣经本身来解释圣经，而且不仅仅是某些个人，甚至连作为圣经的唯一解释者的教会本身，也不能只限于用圣经来解释圣经。因为使徒时代的传说也必须考虑到，这种传说为圣经本身和圣父的箴言所证明，而且它不仅与正确的理性而且也与经验相一致。因此，既然您的原则是最虚妄的，并且会把人们引向沉沦，那么您建立在这个虚妄基础上的全部学说将会是怎样的呢？

如果您相信基督钉在十字架上，那么您就得承认您是最邪恶的异端，您就得从您的本性的堕落中清醒过来，并且与教会和解。

难道您是以不同于过去、现在或将来脱离教会的所有异端曾经、现在或将来使用的方式来证明您的观点吗？因为他们和您使用的是同一个原则，也就是仅仅用圣经来构成和证实他们的学说。

请不要因为加尔文派教徒，或者所谓的宗教改革者，或者路德派教徒，或者门诺派教徒，或者索西奴斯派教徒等等多半不会驳倒您的学说而洋洋得意。因为像上面已经说过的，他们都像您一样的可怜，而且同您一样濒于死亡的边缘。

无论如何，假如您不相信基督，那么您就比我说的更可怜。但是，医治并不难，这就是您必须从您的执迷不悟中觉醒过来，承认您那可怜的和狂悖的理论是致命的傲慢的产物。您不相信基督，为什么呢？您会说："因为基督的教导和生平与我的原则不一致，基督教徒关于基督的教义与我的学说不一致。"但是，我再说一次，难道您竟敢认为自己比所有生活在上帝的国度里或教会里的人们更伟大，比雅各兄弟、先知、使徒、殉教者、长老、传教士、童贞女和无数的圣徒更伟大，甚至您竟敢亵渎神明，认为比我们的主耶稣基督本身更伟大？难道您一个人在学说、生活方式和所有其他方面都胜过这些人吗？难道您这个可怜的小人、尘世的蛆虫、尸灰、蛆虫的食物竟敢以您的不齿于人类的亵渎把自己放在永恒的上帝的无限智慧的化身之上吗？难道您要把自己看得比所有从世界之始就属于上帝的教会，而且曾经相信或仍然相信基督要降临或者已经降临的人们更有智慧、更伟大吗？您的狂放的、鲁莽的、可怜而又可笑的和该诅咒的傲慢建立在什么基础上呢？

您否认基督是活上帝的儿子，是圣父的永恒智慧的福音，他以凡身降临并为人类受难而钉在十字架上。为什么呢？因为所有这

些都不符合您的原则。但是,除了已经证明您没有正确的原则,而只有虚假的、鲁莽的和荒谬的原则这一事实,现在我还要再说一点:即使您根据的是正确的原则,把您的观点建立在这些正确的原则之上,您也不能够借助于这些原则解释世界上所有存在或发生过,或正在发生的事物,您也不应当大胆地主张只要某种事物看来好像与这些原则是对立的,它实际上就是不可能的,或虚假的。因为即使您关于自然事物有某种可靠的知识,但也确实存在着很多数不清的事物是您所不能解释的。您甚至不能够消除在这些现象和您对其他一些被您看作十分确定的现象的解释之间存在的明显矛盾。您不能用您的原则完全解释巫术或魔术只要念一下或者甚至仅仅想一下一定的咒语,或者在某种东西上画一定的符号就能发生的任何一件事情,您也不能解释被魔鬼迷住心窍的人中间发生的任何一件惊人的现象。我自己就看见过这些现象的许多实例,我也从很多最可信赖的人那里听到过这类事情无数次发生的最确实的证据,他们都异口同声地谈到它们。

即使承认您的心灵中所具有的某些观念与作为它们对象的那些事物的本质是完全符合的,您怎么能判断所有事物的本质呢?因为您任何时候也不能肯定所有被造物的观念是否天然地存在于您的心灵之中,或者很多被造物的观念(如果不是全部的话)是否能由外界对象,而且甚至通过天使和魔鬼的提示、借助于神的明白启示在您的心灵中产生,并且实际上就产生在您的心灵之中。您不考虑其他人的证词和一些事物的经验,更不用说使您自己的判断服从于全能的神,您如何能从您的原则出发正确地解决和确定下列事物的实际存在或不存在,存在的可能性或不可能性(即它们

在自然中实际上是存在，还是不存在，它们能存在，还是不能存在），例如用来发现矿物和地下水的魔杖，炼金术士寻找的试金石，咒语和神符所具有的力量，各种各样的善良的和邪恶的精灵的出现，以及它们认识和活动的能力，被烧毁以后装在小玻璃瓶中的花草的复活，海妖，像传说中在矿山里经常出现的侏儒，对很多事物的反感和同情，人的肉体的神秘莫测等等呢？即使您的心灵比现在敏锐和精明一千倍，我的哲学家，您也不能确定上述的任何一件事情。如果在判断这些以及类似的事情时，您仅信赖您的理智，那么当然您会认为那些您没有认识的和没有见过的事情是不可能的。然而，实际上在您还没有根据大量的可信的证据确信它们之前，您只能认为它们是可疑的。假若有人告诉尤利乌斯·恺撒，可以制成某种炸药，并且将在后世得到广泛应用，其力量非常之大，以至于能把堡垒、整批城市，甚至山岳炸飞天上，以及不管把炸药放在什么地方，当它被点着时，会突然扩张到惊人的程度，粉碎阻碍它活动的任何东西，那么我想他就会像您这样去判断。尤利乌斯·恺撒绝对不会相信这个，而是会大声地嘲笑这个人，因为这个人想使他相信与他自己的见解、经验和高深的军事知识相矛盾的某种东西。

但是，让我们回到原来的问题上。假如您不知道上述事情，并且不能断定它们，那么您这个由于恶魔般的傲慢而忘乎所以的不幸的人为什么想轻率地判断连天主教的圣师们自己也声称是不可理解的基督的生平和受难的不寻常的神秘呢？并且为什么要狂妄从事，愚蠢地和无根据地妄谈无数奇迹和神迹呢？而这些奇迹和神迹是在基督之后由他的使徒、弟子和后来证明和确认天主教真理的成千上万的圣徒通过全能的上帝的力量而创造的，而且如今在全世界通过全能的上帝的怜悯和仁慈仍然不断地发生。如果您不能否认这些事物——自然，您确实不能否认它们——那么您为什么要继续反对呢？屈服吧！从您的错误和罪恶中醒悟过来吧，要谦恭和重新做人。

然而，让我们来具体研究一下真正构成基督教基础的那些事件的真实性吧！假如您对这个问题加以正当的考虑，您怎么竟敢否认千百万人一致看法的说服力呢？他们当中有成千上万的人在学识、教养、真正高贵的地位以及生活的完美方面远远超过您。他们都毫无疑义和异口同声地肯定，活上帝的儿子基督凡身降生、受难、被钉在十字架上，为人类的罪恶而死，而且又复活了，改变了形象，在天国里作为神同永恒的圣父一起，与圣灵成为一体而主宰一切，以及与此有关的其他教义。他们也一致肯定，由于上帝的力量和无所不能，主耶稣以及以后使徒和圣徒们以主的名义在上帝的教会里创造了无数的奇迹，这些奇迹不仅超出了人的理解力，甚至与常识相矛盾（在世界各地至今仍然保存着这些奇迹的无数物证和明显标志）。而且这些奇迹现在仍然发生。难道我能够像您那样，不顾罗马强盛时代遗留给我们的众所周知的遗迹，不顾曾经写过罗马共和国和罗马帝国的历史，特别是写过关于尤利乌斯·恺撒历史的那些最有权威的作者的证词，不顾那些成千上万或者本人看见过上述遗迹，或者相信过并且仍然相信这些遗迹（因为它们的存在被无数的证据所证实）和上述历史的人的意见，而根据我昨天晚上梦见罗马人留下的遗迹不是真实的事物，而纯粹是幻觉；我们所知道的罗马人的故事与称为传奇的一类书所叙述的故事，如

关于阿马蒂斯·德·戈乌拉和类似的英雄的无聊故事没有任何区别；尤利乌斯·恺撒或者在世界上从来没有存在过，或者即使存在过，也只是一个忧郁症患者，他实际上没有镇压罗马人的自由，没有登上帝国皇帝的宝座，而是或者由于他自己的愚蠢的想象力，或者由于他的阿谀奉承的朋友们的吹捧而相信自己完成这些事业，根据这样一个梦而否认古代罗马人曾经在世界上存在过，否认罗马皇帝尤利乌斯·恺撒镇压过共和国的自由，把罗马的统治形式变成君主政体吗？难道我能像您那样，否认中国被鞑靼人占领，君士坦丁堡是土耳其帝国的首都以及无数类似的事实吗？假如我否认这些事实，难道会有人认为我的神经是健全的，或者宽恕我的可悲的疯狂吗？因为所有这些事实是根据千万人的一致意见，因而它们的确实性是最明显不过的，因为所有肯定这些事实的人和很多的其他人不可能欺骗他们自己，或者在那么多的世纪，即从世界存在的最初年代一直到现在的所有世纪里，想去欺骗其他人。

其次，请考虑一下，上帝的教会从世界之初一直不间断地延续到现在，如今仍然是坚定的和牢固的，而所有其他的宗教，包括邪教和异端，即使它们至今还存在着，那么至少它们的产生也是很晚的。同样地，王国的各个朝代和所有哲学家的见解也可以说是很晚才产生的。

第三，请考虑一下，由于基督以凡身降临，上帝的教会才从以旧约为圣经的宗教发展到以新约为圣经的宗教，并且是由活上帝的儿子基督亲自建立，以后由使徒、他们的弟子和后继者所扩充的。虽然这些人教导与常识相矛盾的和超出人的全部理解力的基督教教义，但是在世人看来，他们是没有受过教育的，然而他们使所有的哲学家羞辱。按照尘世的意见，这些人是下贱的、微不足道的、不体面的人。他们非但没有取得尘世间的君主和诸侯的力量的支持，反而遭到他们千方百计的迫害，并且蒙受了世界上所有其他的不幸。但是，最有势力的罗马皇帝越是以各种各样的苦难来拼命阻止他们的事业，甚至以杀害他们能够杀害的许多基督教徒的办法来镇压他们的事业，他们的事业就越是得到更大的发展。因此，基督教会在短时间内扩展到全世界，并且当罗马皇帝本人以及欧洲的国王和诸侯皈依基督教的时候，教会的教阶制度最后已经达到非常大的范围，以至于直到今天还令人惊叹不已。这一切之所以能够发生，完全是靠仁爱、温顺、忍耐、依赖上帝和基督教的其他美德（而不是像尘世的君主在扩张他们的领土时那样，靠刀光剑影、兴师动众和毁坏城邦）。而且也由于根据基督的允诺，地狱的大门没有战胜基督的教会。这里也请考虑一下可怕的、异常严厉的惩罚，正是这种惩罚把犹太人贬到苦难和灾祸的最后阶段，因为把基督钉在十字架上的罪魁祸首正是他们。通读和反复考虑全部历史，您会发现在任何一个别的社团，甚至在睡梦中也不会有类似的事情发生。

第四，请考虑天主教会所固有的而且实际上与它不可分的下列特点：**古老性**，因为它代替当时是真实的犹太教，由耶稣创立至今有十六个半世纪了。在这整个时期内牧师之间存在着不间断的继承关系。因此，只有天主教会才拥有处于纯洁和不朽状态中的上帝赐予的神圣的经典，同时还有关于上帝没有写下的话的同样确定和纯洁的圣传。**不变性**，因为它的教义和圣礼的施行仍然像耶稣自己和使徒规定时那样的神圣，而且盛行不衰。**不谬性**，因为凡是与信仰有关的事情，它都是以最高的权威、确定性和真理、按照基督为此目的所赋予它的权力和圣灵（教会就是其新娘）的指导而决定和宣布的。不可改革性，正是由于它有不可改革性，因而没有被引入歧途，或没有受骗，或去欺骗别人。所以，它任何时候都不需要任何改革。一致性，因为所有的信徒都有一致的信仰，讲授同样的信条，有共同的圣坛和圣礼，并且完全处在相互尊敬之中，为同一个目的而共同努力。任何一个灵魂与教会不可分性，不管以什么借口脱离教会，除非在死之前通过忏悔重新回到教会，都要遭受到永远诅咒的痛苦。因此，显而易见，尽管所有的异端脱离了教会，而教会总是和从前一样，像建筑在磐石上一样的牢固和毫不动摇。非常巨大的广泛性，因为它已经非常明显地扩展到全世界，而其他新教的，或者异端的，或者邪教的社团则远不是这样，任何政治国家和哲学学说也远不是这样，这正如同天主教的上述特点没有一个属于或能属于任何其他社团一样。最后，到世界末日的持久性，教会本身的道路、它的真理性和生命力向它保证了这种持久性，而且关于上述所有由耶稣自己通过圣灵许诺和赋予的特点的经验也清楚地证明了这种持久性。

第五，请考虑一下管理和统辖教会这个巨大团体的令人惊奇的秩序，它清楚地表明教会特别依赖于天道，教会的管理机关是由圣灵不可思议地委派、庇护和指导的，这正像在宇宙的万物中表现出来的和谐显示着宇宙的创造者和保护者的全能、智慧和无限的仁道。在任何其他社团里，则没有保持如此美好、如此严格和如此巩固的秩序。

第六，请考虑一下，不仅有无数的天主教信男信女（他们当中很多人如今仍然活着，而且我自己就看见过和认识其中的一些人）过着一种令人惊奇的和神圣的生活，并且通过全能的上帝的威力，以耶稣基督的名义创造了很多奇迹，迄今天天仍有很多人出人意料地由很坏的生活转变到最好的，即真正是基督教徒的和神圣的生活。而且就所有的天主教徒而言，他们越是神圣和完美，他们就越是谦恭、越认为自己是微不足道的、越是让其他人享有更神圣生活的美名。甚至[天主教徒中]罪孽最深重的人也仍然可以对神圣事物表示应有的敬仰，可以承认自己的邪恶，谴责自己的恶习和不完美，并且希望从中解脱出来，因而变成一个好人。因此可以说，从前被认为最完美的异端和哲学家几乎连最不完美的天主教徒都不如。由这一切也可以清楚地和很明显地得出，天主教的教义在它的深奥方面是最有智慧的和最令人惊叹的，总之超过了这个世界上所有其他的学说，因为它使人们比任何其他社团的成员更完善，并且向他们讲授和指明了一条在这个尘世达到心灵安宁和在来世求得灵魂的永远得救的可靠途径。

第七，请认真考虑一下很多顽固的异端和最有名的哲学家的自供，即在他们信仰天主教以后，他们终于看到和认识到他们从前是卑鄙的、盲目的、无知的，甚至是愚蠢的和疯狂的；而从前在他们陶醉于高傲之中，被傲慢之风吹得飘飘然的时候，他们虚假地相信他们自己在理论、学识和主活的完美方面远远超过所有其他的人。他们当中的一些人后来过着最神圣的生活，在他们身后留下了无数奇迹的回忆；另一些人则以最大的快乐踊跃地去殉教；还有一些人，其中包括有神圣的奥古斯丁，甚至成为天主教里最机敏的、最深奥的、最有智慧的，因而也是最有益的博士，确实成为教会的栋

梁。

最后，请想一想无神论者的可怜的和不安宁的生活，虽然他们有时夸耀其心灵很大快乐，装着过快乐生活和享受着心灵的最大的内在的安宁的样子。也请特别考虑一下他们最不幸的和最可怕的死亡。我自己就亲眼看到过一些这样的死亡，并且从其他人的传说和历史中同样确实地知道更多的，甚至无数的这样的死亡。从这些事例当中吸取教训还为时不晚。

这样，您就会看到，或者至少我希望您会看到，您是多么轻率地信赖您自己头脑中的意见。（因为，假若基督是真正的神，而且同时也是人，——这是毫无疑问的——您就会看到您堕落到什么处境：由于固执您的可怕的错误和最沉重的罪恶，除了永远的诅咒，您还能希望什么呢？这是多么可怕，您要为自己好好想一想啊！）您有什么理由嘲笑除了您的可怜的追随者而外的整个世界呢？当您想到您的才智的优越和赞美您的完全无益的、确实是十分虚假的和不虔诚的学说时，您是多么狂妄和自负啊！由于您剥夺了自己的意志自由，您是多么可耻地使自己比森林中的动物还更可怜。假如您没有实际体验到和认识到这个自由，那么您怎么能够欺骗您自己，认为您的品行是最值得称赞和最值得仿效的呢？

倘若您不希望（我不愿意这样想）上帝或您的怜人怜悯您，至少您自己要怜悯您自己的苦难。如果您要像现在这样继续生活下去，那么您或者就是想加深您现在的苦难，或者就是想减轻您将来的苦难。

回心转意吧，哲学家！承认您的智慧的愚蠢和疯狂，把您的高傲换成谦恭，这样您会医治好。祈求最神圣的三位一体中的基督，让基督怜悯您的苦难，并接受您。读天主教的教父和博士的著作，让他们开导您，为了不灭亡而获得永恒的生命必须做些什么。向那些在信仰和过善良生活方面造诣很深的天主教徒请教吧，他们会告诉您很多您从来不知道和使您吃惊的事情。

至于说到我，我确实是遵循着基督教的意旨给您写这封信的：首先，您可以知道，尽管您是异教徒，我对您还是怀有伟大的爱；其次，恳求您至少不要再诱惑其他人。

因此，我以下面的话来结束这封信：只要您自己愿意，上帝是想从永恒的诅咒中拯救您的灵魂。要毫无疑虑地听从上帝的声音，上帝经常通过其他人召唤您，而且现在又通过我在召唤您，这可能是最后一次。由于上帝本身的不可名状的仁慈，我得到了这个恩惠，我全心全意地也为您祈求这同样的恩惠。请您不要拒绝，因为假如现在您仍不听从上帝的召唤，上帝要对您发怒。那时，您是危险的，您要被上帝的无限慈悲所抛弃，成为上帝公正的不幸牺牲品，上帝的公正在他的愤怒中毁灭一切。但愿全能的上帝为了他的名字的伟大光荣，为了拯救您的灵魂，也为了教训您的最不幸的崇拜者，以永远同圣父在一起主宰一切、同圣灵成为一体的我们的主和救星耶稣基督的名义避开这个命运。阿门！

阿尔伯特·博许

1675 年 9 月 11 日　佛罗伦萨

【注释】

① 此信仅见《遗著》，原信拉丁文，现已阙失。写信人阿尔伯特·博许

(Albert Burgh)1668年曾在莱登大学学习哲学,1673年旅行到意大利,在那里加入了天主教,成为一名忠实的天主教徒,其父康拉德·博许(Conraad Burgh)是阿姆斯特丹最有资产的官员,曾担任尼德兰联邦的则政大臣。斯宾诺莎可能认识他们全家人。据说阿尔伯特·博许早年颇受时代新精神的影响,曾向斯宾诺莎请教过哲学(有些斯宾诺莎研究家,如库诺、费舍、霍夫丁认为,博许就是以前向斯宾诺莎求习笛卡尔哲学的卡则阿留斯),但后来终于经不起宗教的压力而叛变了。这封信就是他在皈依天主教后写给斯宾诺莎的,企图说服他昔日的老师抛弃他的学说,回到天主教的教义上来。当然,这一企图遭到了斯宾诺莎坚决的痛斥。

② D. 克拉伦(Craenen)见第44封信注释。

③ 指斯宾诺莎的《神学政治论》。

第67(A)封　尼古拉·斯蒂诺就真哲学问题致书新哲学的改革者[①]

在别人告诉我而且我自己也有种种理由认为是您写的那部书[②]中,我注意到您在研究有关公众安宁的所有问题,或者宁可说有关您个人安宁的所有问题,因为在您看来,公众安宁的目的就在于个人的安宁。但是,您采用了与您渴求的安宁相矛盾的手段,而且您完全忽视了您自己那样一个部分,这个部分的安宁应该特别要研究。您之所以选择了与您渴求的安宁相矛盾的手段,显然是由于您寻求公众安宁时,您却使一切都变得紊乱而无秩序,而您力图避免任何危险时,您却不必要地使自己招致最大的危险。您之所以完全忽视了您那个其安宁特别应当要研究的部分,显然是因为您认为任何人都可以随心所欲地思想和谈论上帝,只要不破坏必要的服从就行。这种服从，按照您的观点，与其说是对上帝的服从，不如说是对人的服从。而这恰恰相当于把人的一切利益局限于世俗政府的利益，即肉体的利益。即使您说过，您使您的灵魂关心哲学，也不会对您有什么好处，这首先是因为您的哲学和您的心灵是借助于由假定而构成的体系，其次是因为您使不能领会您的哲学的人处于这样一种生存状态，好像他们是没有灵魂的和生来就只有躯体的自动机器。

既然我看到一个从前跟我很友好的，甚至现在我想也不是敌对的（因为我认为对昔日友谊的回忆还是可以保持彼此友爱之情的）人处在深渊之中，既然我还记得我自己也曾经陷入即使不完全一样的，也是最严重的错误之中，所以，我已摆脱了的巨大的危险愈是显示上帝对我的仁慈，我对您的怜悯也就愈大，正是这种怜悯使我向上帝为您祈求我曾经得到的同样的天国恩惠。我得到这种恩惠，并不是因为我有什么功劳，而是由于基督的仁慈。为了以行动来配合我的祈求，我准备完全听从您的吩咐，同您一起考察您所乐意审查的，并且我们应当发现和遵循的达到真正安宁的真道路的一切论证。虽然您的著作表明，您离真理很远，但是我以前在您身上所感觉到的，甚至当您处在深渊之中也没有泯灭的对和平和真理的热爱，使我产生一种希望：只要我们教会向您充分说明，它对所有的人允诺些什么，以及向那些想拯救自己的人保证些什么时，您是会洗耳恭听的。

首先，教会向所有的人允诺真正的安宁，永恒的安宁，或者与确实的真理相结合的永久和平，同时为得到这样大的幸福提供必要的手段：第一，对做错了的事情的确实宽恕；第二，正确行为的最

完美的榜样;第三,依照这个榜样真正切实地完成全部事务。它不仅把这些提供给有学问的人,或者提供给有敏锐的心灵和把事物的兴废置之度外的人,而且也不加区别地提供给不管是什么年龄、性格和身份的所有的人。这可能并不使您感到惊奇,您一定知道除了忏悔者的屈服外,这里的确要求合作,然而这些事情是通过上帝的内在行动实现的,上帝通过教会的看得见的信徒宣布外在命令。虽然上帝对忏悔者说,必须在上帝面前悲叹他的罪恶,把需要悔恨的行为在人们面前暴露出来,而且必须认为灵魂和肉体等等这样一些事物是属于上帝的,然而这里好像上帝并没有指出忏悔者必须依靠自己的力量承做这些事情。因为除了他不要否定他对那些完成和相信这些事情的人的赞同和合作外,对他没有别的要求。唯独这件事是他的力量能够办到的,这是由于冀求这些事情,和当您冀求它们而去完成它们,都依赖于基督精神领导、陪伴和完成我们合作的精神。假若您还不理解上面说的事情,那我不会感到惊奇,而且我不会马上去行动。用行动使您理解这些事情,也确实不是我的力量所能做到的。因为,不管怎么样,至少对您来说,它们好像与理性完全是格格不入的。就这个国家的新公民,或者宁可说甚至现在仍然处于最低地位的陌生人所能做到的而言,我要简略地概述基督教法规的形成。

这个统治权的目标是人要按照造物主确立的秩序不仅支配他的外在活动,而且也支配他的最秘密的思想,或者换句话说,灵魂在每一个活动中都要仰赖上帝,它的创造者和法官。与此相关,任何由于罪恶而堕落的人,其生命分为四个阶段:第一阶段是人的全部活动都好像是在他的思想不服从任何法官的情况下完成的时候。这或者是没有通过洗礼洗净罪恶，或者是虽然经过洗礼但罪恶又使他故态复萌的人所处的状态。目前，这个阶段可以叫做昏聩胡涂的阶段，因为正如同所罗门的《智慧》第三篇中所说的，**由于他们的罪恶蒙蔽了他们**，灵魂没有注意在监督它的上帝。因为灵魂隐藏起来，好像它被不得不灭亡的享乐和更多的同类事物所掩蔽，死亡就会即刻到来。正是在这个意义上基督才说，**让死者埋葬他们的死亡吧**！非常而又经常忠实地谈论上帝和灵魂，是与这个状态不相容的。然而，由于处在这个状态的人把上帝和灵魂作为遥远的或外在的对象来对待，因此产生了对它们的持久怀疑，如果不是在外在活动上，至少也是在思想上产生了很多矛盾和过错。这是因为灵魂缺乏把生气给予活动的精神，就像一个死人一样，为各种各样的欲求所激动。第二阶段是人不违抗上帝的外在的或内在的命令和开始听从上帝的召唤的时候。也是借助于这个超自然之光认识到他自己的很多意见是虚假的而他的很多活动是罪恶的，他把他自己的全部都交给上帝的时候。上帝通过他的仆人对他施行圣礼，借助于可以见到的奇迹把不能见到的恩惠赐予他。这个阶段是再生的人们的幼年，而且叫做幼年时代，给他们布讲的神的命令可以比喻为牛奶。第三阶段是心灵通过抑制欲求而不断地实践美德，准备着正当地理解圣文中的秘迹的时候。除非灵魂纯洁地达到第四阶段，它是不能领悟这些秘迹的。第四阶段是灵魂开始仰望上帝和得到完美的智慧的时候。而且这是意志与一种往往是神秘的意志的永久统一，这种统一的榜样直到如今在我们中间依然存在。

因此，基督教的全部命令都是为了使灵魂从死亡的状态转变

到有生命的状态，也就是使那种起初让心灵的眼睛背着上帝而只盯着罪过的灵魂让它们在肉体和心灵的全部活动中，不要盯着各种罪过，而要始终注视着上帝。它希望什么和不希望什么，要以它和整个秩序的创造者的意愿为转移。因此，假若您能充分地考察宇宙，您只会在基督教里发现真正的哲学，它教导关于神而又与神相称的事物，以及关于人而又与人相称的事物，引导它的信奉者在其全部活动中达到真正的完美。

其次，它只能履行它对不违抗的人所允诺的一切。因为只有天主教会在所有的世纪里提供了德行的完美典范，而且甚至在今天为后代树立了在不同年龄、不同性别和不同身份的人当中都受尊敬的典范。假若教会最诚实地确保达到永恒安宁的，甚至于实现奇迹的手段，那么我们就不能怀疑它允诺永恒安宁的诚意。我加入教会还不满四年，然而我已经看到一些非常伟大的神圣典范，以至于我确实不得不用大卫的话说：您的证据是很可靠的。关于主教和神父我就不谈什么了，我甚至可以用我自己的血来证实，在日常的交谈中我所听到的他们的话语是神的精神的人为符号，他们无可指责的生活和雄辩也是如此。我叫不出很多依从严格的生活规则的人们的名字，我只说他们同主教、神父也是一样的。我只举出两种类型的例子：一种人是从最坏的生活转变到最神圣的生活；另一种人，按照您的说法是无知的，但是他们没有任何研究而在受难耶稣的门下得到崇高的上帝观念。我认识一些这样的人，他们从事鄙陋的技艺或不得不做一些奴隶性的工作。他们当中既有男的，也有女的。他们通过实践神圣的德行而达到了对上帝的赞美和对灵魂的理解，他们的生活是神圣的，他们的话语是神授

的，他们的行为往往是奇迹般的，诸如对未来事件的预言以及其他等等，为了简便起见，我不一一谈了。

我知道您会对奇迹提出什么样的异议，而我们不是仅仅相信奇迹，而是当我们看到一个奇迹使某一个人的灵魂从罪恶转到美德时，我们理所当然地要把这归功于所有美德的创造者。因为我认为，那些在放纵他们的欲求中生活了三、四十年或者更长时间的人们好像在一瞬间背弃了他们的恶习，而变成了德行的最神圣的典范，这是最大的奇迹，这些典范诸如我曾经用他们的眼睛看到的，用他们的手高兴抓住不放的那些典范一样，它们经常使我感动得为我自己和其他人流眼泪。没有比我们的上帝更好的上帝了。假若您不是在我们的敌对者的著作中，也不是在我们当中或者已经死了或者至少还没有脱离幼稚状态的人们的著作中，而是像通常对于可能是造诣很深的任何其他学说所做的那样，在由我们自己人承认是真正的天主教徒的著作中，思考时代的历史和教会的现状，您就会看到教会过去始终信守诺言，现在仍然天天信守诺言，特别是由于您对罗马教皇比我们的其他敌对者有更厚道的感情，您也会发现将使您满意的确实性的证据，而且您也会承认善良行为的必要性。但是，我请求您考察我们著作中的观点，您自己关于偏见的力量的教导也会容易地说服您去这样做。

我想高兴地引证圣经中把权威让给教皇的有关段落，您之所以否定教皇的权威，并没有其他的理由，只是因为您在圣经中找不到它，因为您不承认基督的国家类似于犹太人的国家。但是，由于在解释圣经的问题上，您主张的观点不同于我们的教旨，我们的教旨是只承认教会的解释，因此，我现在略过这个论证而谈下一点，

即仅谋求信仰、圣礼和博爱之统一的基督教教规只承认一个首领，这个首领的权威不在于像我们的敌人所中伤的那样专横地作出任何种类的改变，而在于这样一个事实，即凡是属于神的权利的事物，或者必然的事物始终是不变的，而属于人的权利的事物，或者无足轻重的事物，只要教会根据正当的理由认为改变是有利的，例如它看到邪恶的人为破坏必然的事物而滥用无足轻重的事物时，就可以改变。因此，在解释圣经和确定信仰的学说时，教会为保持上帝通过使徒传下来的学说和解释，排斥新造的和人为的学说。我不准备谈服从于他的权威的其他事物，因为只要有了基督经常教导的信仰和行动的统一，这个大权就足以对您是可能的了。

因此，假若您被对德行的真正的爱所引导，假若您喜欢使行为达到完美，查遍世界上所有的社团，您也不会在别处发现对完美的追求像我们这样热心地从事着，或者像我们这样高兴地完成着。仅仅这个论证就可以作为一个论据说服您，因为这确实是靠上帝的力量。

为了使您更容易地认识到这一点，还是屈尊首先考察一下您的灵魂。因为假若您恰如其分地考察一切事物，您就会发现您的灵魂死了。您周旋于运动着的物质当中，宛如运动的原因不在场或者是非存在。因为您传布的是肉体的宗教而不是灵魂的宗教，在对邻人的爱中您关心的是保全个人和延续后代所必需的活动。但是，对那些可以使我们认识和热爱造物主的活动，您几乎从不关心。由于您没有感受到上帝的恩惠，您就否认上帝对一切人的恩惠，从而认为所有的人都和您一样是死的。还由于您认为除了论证的可靠性就没有任何的可靠性，从而认为所有的人对于超越所有论证之上的信仰的可靠性是无知的。可是,您的论证的可靠性是局限于一个多么狭小范围啊！请您考察一下您的全部论证,并请您援引哪怕是一个论证,来证明能思的事物和广延的事物是怎样统一的,或者运动的原则和运动着的物体是怎样统一的。假若您甚至不能向我提供有关这些问题的或多或少可信的说明,我何必请您作出有关这些问题的论证呢？由此可见,您不借助于假定,您就不能解释快乐和痛苦、喜爱和憎恨的情感。而且笛卡尔的全部哲学,尽管经过您孜孜不倦地考察和改造,也不能用论证向我解释清楚哪怕是一种现象,即物质和物质的碰撞怎么会被与物质统一的灵魂所知觉呢？请问,除了对任何一种微粒的未加证明而只是假定的形状的量的数学考察外,你们还能给我们关于物质本身的任何其他知识吗？除了上帝的神圣命令(它的神圣的作品是明显感觉得到的)与人借助于假说作出的论证相矛盾为理由而否定上帝的神圣命令,还有什么与理性更背道而驰的呢？既然你们不能通过灵魂借以知觉有形对象的媒介来理解肉体状态,那么你们怎么能够对由易逝的转变成永存的、以后又与灵魂统一的肉体状态作出判断呢？

我深信,发现用来解释上帝、灵魂和肉体三者的本性的新原则等于发现虚构的原则,因为甚至理性也教导我们,如果有关上述对象的真实原则对最神圣的人们隐瞒了几千年,反而在现代首先为那些在德行上还没有达到圆满的人们所发现,这是与神意相矛盾的。其次,我认为从创世起一直到今天始终保全在同一个不变的社团,即上帝的国度里的那些关于上帝、灵魂和肉体的原则才是真实的。在教导这些原则的第一批导师中间有一个有名的长老曾鼓励圣贾斯廷(S. Justin)把世俗的哲学变成基督教的哲学，并且说："曾经有一些古代的哲学家，他们受过上帝的恩惠，是正直的和为上帝所爱的，他们按照从圣灵那里得到的灵感讲过和预言过后来果然发生的事件。"我认为，由这样一些哲学家提出的，并由同他们一样的后继者世世代代流传给我们的，甚至在今天通过在那些用正确理性探索这些原则的人看来是同样一类的哲学家所加以明显化的原则，乃是唯一真实的原则，在这些原则里，生活的神圣证明了学说的真实性。

您要研究这种哲学的原则和理论，不能根据它的敌人的著作，或者它的崇拜者的著作来研究，这些崇拜者或者由于自己的堕落如同死人一般，或者由于自己的无知而同小孩一样。而是要根据这种哲学的最优秀的代表人物的著作进行研究，这些人聪慧明智，为神所喜爱，而且或许已经分享了永恒的生命。那时您一定会承认，一个完美的基督徒就是一位完美的哲学家，尽管他可能是一个普普通通的老太婆，或者是一个埋头于肮脏和下贱工作的仆人，或者是一个在世人眼里是无知的、靠拆洗破衣短衫聊以糊口的穷人。那时您一定会同圣贾斯廷一道感叹地说：我这才找到了唯一可靠而又有用的哲学。

假若您愿意，我将高兴地尽力向您指出您的学说中的一切矛盾性和不可靠性，正是在这一点上您的学说比我们的学说大为逊色。不过，我还是希望您自己对照我们的学说所具有的明显的可靠性，承认您的学说中的某些错误，使您自己成为上面提到的那些导师的弟子，在您忏悔的第一批成果中，把您经过神圣之光照耀后对自己认识到的错误的批驳呈献给上帝。希望您这样做的目的是，如果您最初的著作曾经引诱上千的灵魂离开了对上帝的真正认识，那么现在为您自身的榜样所证实的您对那些著作的抛弃可能把追随您这位新奥古斯丁的数百万人交还给上帝。我诚心诚意地祈求上帝给您这样的恩惠。再见。

尼古拉·斯蒂诺

〔1675 年　佛罗伦萨〕

【注释】

①　这封信曾于 1675 年在佛罗伦萨发表，但原信找不到了。此信究竟是否给斯宾诺莎写的，也很难得到确切的回答，所谓“新哲学的改革者”也不一定只有斯宾诺莎，同时《遗著》并未收集这封信。但是信中提到的那本书显然是指《神学政治论》，当时此书轰动了全欧洲知识界，而且在斯宾诺莎给博许的答信(第 76 封)里曾提到斯蒂诺，因此按照一些斯宾诺莎研究家的意见，这封信应当收在《斯宾诺莎书信集》内。

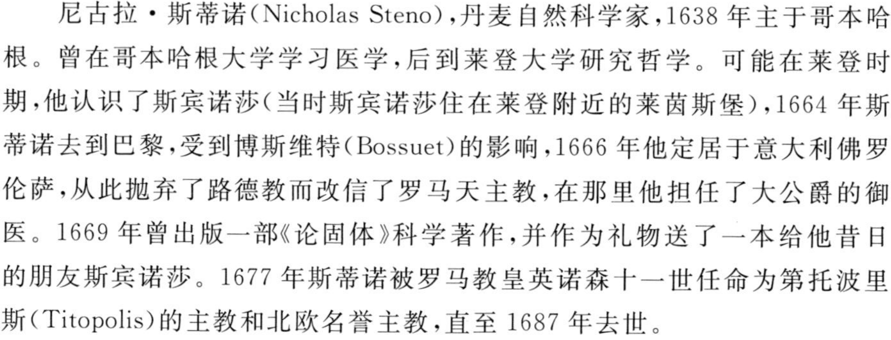

尼古拉·斯蒂诺(Nicholas Steno)，丹麦自然科学家，1638 年主于哥本哈根。曾在哥本哈根大学学习医学，后到莱登大学研究哲学。可能在莱登时期，他认识了斯宾诺莎(当时斯宾诺莎住在莱登附近的莱茵斯堡)，1664 年斯蒂诺去到巴黎，受到博斯维特(Bossuet)的影响，1666 年他定居于意大利佛罗伦萨，从此抛弃了路德教而改信了罗马天主教，在那里他担任了大公爵的御医。1669 年曾出版一部《论固体》科学著作，并作为礼物送了一本给他昔日的朋友斯宾诺莎。1677 年斯蒂诺被罗马教皇英诺森十一世任命为第托波里斯(Titopolis)的主教和北欧名誉主教，直至 1687 年去世。

博许和斯蒂诺在同一年(也许是同一个时候)从同一个地方(佛罗伦萨)为了同一个目的写信给斯宾诺莎，这不能不使我们想到，这一定有某种政治背景，很可能他们两人都受罗马天主教会的指示这样做的，尽管他们的手法有所不同，博许简直是谩骂、疯狂诅咒，而斯蒂诺保持一种学者的温和。

斯宾诺莎并没有答复斯蒂诺，关于这，德国哲学史家霍夫丁(H.

Höffding)在其《近世哲学史》里,曾引用斯蒂诺传记家、丹麦国家档案保管员约根逊(A. D. Jorgensen)解释斯宾诺莎之所以对他以前的朋友保持沉默的话:"基督教的爱的不安宁精神使斯蒂诺想叫他的朋友分享这种精神的快乐,但对于个人欲望和忧愁无动于衷的哲学性的无限宁静却使斯宾诺莎认为这个人已离弃了真理的认识,无希望再叫他返回来了,而沉默乃是对于他的请求唯一正当的回答",对于这种解释,霍夫丁说:"我认为,这位卓越的历史学家(他首先引起了我们对斯宾诺莎和斯蒂诺之间关系的兴趣)在此处对斯宾诺莎和哲学很不公道。对于斯蒂诺本人及其宗教和科学的人格,我是极为尊敬的,然而我相信在任何说教中,无论附加什么高尚的名称,除了爱的精神外,总还有别的动机在起作用。这种爱的精神既不能阻止斯蒂诺也不能阻止其他人来享受拯救的快乐,这种快乐他们相信有许多人是被排斥在外的,然而以此来否认斯宾诺莎的爱的精神是不公平的。因为他不愿强迫别人接受他的观点。他的充满了爱的信仰包括全人类,包括他在各种不同信仰形式下所发现的人性。一个无偏见的证人柯勒鲁斯牧师曾经说斯宾诺莎在遭受不幸和疾病时,仍对别人是如何同情,他曾怎样安慰他的房东太太。对于他在海牙的房东太太的问题,即她是否能通过她所信的宗教而得到拯救,斯宾诺莎回答说:她的宗教是好的,她无须再找别的宗教,她一定能为这种宗教所拯救,假使她能过一种寂静而虔诚的生活的话。斯宾诺莎对新教的自由倾向深表同情,斯宾诺莎视新教的重要,与斯蒂诺完全站在不同的立场,这是很自然的,因为他生活在欧洲最自由的国家里面,在这里为宗教自由而斗争的意义各处都表现得非常明显。后来当阿尔伯特·博许这位与斯宾诺莎曾经同住的青年人进入天主教,也想像斯蒂诺一样来改变斯宾诺莎的意见,斯宾诺莎回他一封信,在这封信里,他主张自由知识的合法性,并且申言公正和仁爱乃是一切真正宗教的本质。我们不要忘记,斯蒂诺对于斯宾诺莎关于宗教自由的讲话并没有表示异议。为宗教自由的努力,在斯蒂诺那里只是抵抗灵魂的毁灭,而在斯宾诺莎那里,则是论证一个真正的信仰既不能为精神力量也不能为物质力量所强迫,他小心谨慎地不去动摇别人的信仰,只要他们对于这种信仰是诚恳的,这难道不比普通感情说教表现更大更真的对个人人格的兴趣吗!"(《近世哲学史》,莱比锡,1895 年版,第 1 卷,第 332—333 页)。

② 这本书指《神学政治论》。

第 68 封　斯宾诺莎致尊贵而博学的亨利·奥尔登堡阁下[1]

（复第 62 封信）

尊贵而卓越的阁下：

当我收到您 7 月 22 日来信时，我正准备动身到阿姆斯特丹去刊印我曾告诉您的那本著作[2]。当我正忙于这桩事时，一种谣言在各处传开了，说我有一本论神的书要出版，在书中我力图证明神不存在。许多人听信了这种谣言。因此一些神学家们（或许就是这个谣言的炮制者）就乘机在公爵和地方长官面前诽谤我[3]，而且蠢笨的笛卡尔学派人因为有人认为他们支持我，为了摆脱这种嫌疑，甚至到现在还一直在各处攻击我的观点和论著。当我从一些可信赖的人那里得悉了这整个情况，他们还告诉我神学家们正在各处密谋策划反对我，于是我决定直到我了解事情将如何发展之前暂停出版。我本想把我的一些打算告诉您，但事情愈弄愈糟，我现时尚未决定怎么处理。

此际，我不想再拖延答复您的信。首先，我非常感激您的友谊忠告，但是我希望您对这忠告有一个较全面的说明，使我能知道您认为是有损于宗教德行的理论究竟是什么。因为我认为，凡是在我看来符合理性的理论也必是对德行最有用的。另外，除非您感到不合适，我想请您能指出《神学政治论》里有哪些章节对于有学问的人是不易理解的，因为我想用一些注释来解释这部著作[4]，以便有可能的话，扫除那些被认为是反对它的偏见。再见。

斯宾诺莎

〔1675 年 9 月　海牙〕

【注释】

① 此信仅见《遗著》，原信拉丁文，现已阙失。

② 此书指《伦理学》。

③ 关于神学家当时如何疯狂诋毁《神学政治论》和攻击斯宾诺莎的情况，可参阅弗洛依登塔尔(J. Freudenthal)写的《斯宾诺莎生活史》(*Die Lebensgeschichte Spinozae*)第 121—154 页。那里提供了许多历史资料。这里公爵指奥伦治公爵，他是德·韦特的政敌，德·韦特死后，他掌管了荷兰的大权。

④ 斯宾诺莎对《神学政治论》所加的注释，第一次发表在 1678 年出版的法译本《神学政治论》里。原拉丁文注释是在 1802 年公布的。

第 69 封　斯宾诺莎致博学的朗贝特·凡·凡尔底桑阁下[①]

尊贵而卓越的阁下：

我真奇怪，我们的朋友尼维斯太德[②]竟会说，我正在考虑抨击一些不久前出版来反对我的论著[③]的文章，而且其中我还提出要反驳您的手书[④]。因为我知道，我自己从未想到要驳斥我的任何论敌，在我看来，他们根本不值一驳。我记得，我对尼维斯太德阁下除了说我想用某些注释来解释上述论著的某些比较晦涩的章节，并且如果您的仁慈能允许的话，把您的手书和我的答复附加进去外，我并未再讲过任何其他的事情。我曾请他在您那里找找这份手书，并说，如果您不愿答应这种请求是因为我的答复里有某些地方太粗暴的话，那么您有绝对的权力去修改或删掉。但是，我现在并不对尼维斯太德阁下有什么反感。我只是想告诉您事情的原委，所以，倘若从您那里我不能得到我想要的同意的话，至少我也可以表明我并不想违背您的意愿而刊行您的手书。虽然我相信，只要不点出您的大名，这样做是不会有遭您反对的危险，然而除非您允许我发表它外，我是不会这样做的。

但是，实实在在地说，如果您愿意写下一些您认为能反驳我的论著的论据，并且把它们加进您的手书里去的话，您就给予了我极大的恩惠。我诚恳地请求您这样做。别人的论据我是不会这样乐意地去考虑的，因为我知道您只爱真理，我知道您的思想光明磊落。因此，我再三地请您不要忘记答应这件事，相信我是

最尊敬您的

B. de 斯宾诺莎

〔1675 年秋　海牙〕

乌特勒支

德・尼维・格拉齐特

医学博士

朗贝特・凡尔底桑阁下

【注释】

① 《遗著》未有此信。1842 年莱登大学铁德曼(H. W. Tydeman)教授说他保存了一封未收入《遗著》的斯宾诺莎书信,并在 1844 年发表此信原件,从而此信才收入《斯宾诺莎书信集》中。

收信人凡尔底桑,见第 42 封信注释①。

② 尼维斯太德(J. Nieuwstad)曾在 1662 至 1674 年间担任乌特勒支城陆军大臣,按照迈因斯麦(K. O. Meinsma)的看法,斯宾诺莎在 1673 年去乌特勒支造访法军阵营时,一定拜访了尼维斯太德。

③ 指《神学政治论》。

④ 凡尔底桑的手书就是指 1671 年 1 月凡尔底桑写给奥斯顿的信(见本书第 42 封信)。

第 70 封　医学博士 G. H. 席勒致谦虚而深邃的哲学家斯宾诺莎[①]

博学而睿智的阁下、尊贵的恩人:

我希望我的前一封信以及一个关于锑的操作的报道[②]已经及时送到您那里了,并且希望您现在身体健康,甚至像我一样康健。三个多月我没有收到我们的朋友谢恩豪斯的来信,我曾作了一个不祥的猜测,他此次从英国到法国的旅行不吉利。但现在我万分高兴,我收到了他的信。根据他的请求,阁下,我有责任代他向您表示最忠诚的谢意,并且告知您,他已平安抵达巴黎,在那里他按照我们的劝告,拜见了惠更斯阁下,而且由于同样的理由,他在各方面都使自己适合于他的思想方式,以便得到他的高度尊敬。他向他提到,您阁下曾劝他跟他(惠更斯)联系,您对他的人格极为尊重，这使惠更斯感到非常兴奋，答复说他同样高度尊敬您的人格，惠更斯还告诉他最近从您那里得到了《神学政治论》。这本著作在那里受到很多人的赞赏，他们热切地打听该作者的其他著作是否有出版。对于这，谢恩豪斯阁下答复说，他只知道还有一本《证明笛卡尔原理第一和第二部分》著作。除了报道了这些，他再没有讲到有关您阁下的事情，因此他希望，这将不会使您失望。

惠更斯最近请我们的谢恩豪斯到他那里去，并告诉他，柯尔贝特阁下③想给他儿子聘请一位数学教师，如果他愿意承担的话，他可以安排他去。我们的朋友对此答复说再考虑几天，最后他告诉他准备接受，惠更斯回复他说，他的这个建议使柯尔贝特很高兴，特别是由于他不懂法文，他将不得不用拉丁文同他儿子讲话。

关于他最近所写的反对意见④，他答复说，我按照您的指示所写的那些话已深刻地使他领悟了您的意思。他已经接受了这些思想（因为这些思想可以允许用这样两种方式来解释），但是促使他最近在他的反对意见中提出的那种想法是由于下面两个理由：第一，如果不是那样的话，该书第二部分命题五和命题七似乎是矛盾的。在命题五里，说观念对象（Ideata）是观念的动因，而根据第一部分引用的公理四所做的命题七的证明却指出了相反的观点。我或许（我宁可这样想）没有正确地按照作者的观点应用公理，作者的这个观点如果他事务允许的话，我是极愿意他能告诉我的。阻碍我接受您的解释的第二个原因是，按照这种解释，思想属性就要比其他属性广大得多。但是，既然每一种属性都构成神的本质，那么我确实不明白一种属性为何不与另一种属性相矛盾。我只补充说，如果我能用我自己的思想来判断别人的思想，那么第二部分的命题七和命题八将是非常难以理解的，这除了用这样简略而不足的解释来说明这两个命题的证明乃使作者感到满意外（因为我不怀疑作者是很清楚它们的），没有别的理由。

而且他还谈到，他在巴黎已遇见了一个名叫莱布尼兹的人⑤，这是一位非常博学的，对于许多学科有相当造诣，而且没有一般神学偏见的人物。他已经和莱布尼兹结下了亲密的友谊，因为跟他一样，莱布尼兹也正思考如何继续完善理智的问题，他认为再没有别的问题比这问题更好和更有用。在道德品行方面，他说他是出类拔萃的，他讲话不是从感情出发，而是只受理性支配。他还说，在物理学方面，特别是在研讨上帝和灵魂的形而上学方面，他造诣非常高。最后他结论说，他是一位很值得将您的著作交付于他的人物，如果您阁下能允许这样做的话。因为他相信这将给作者带来很大的裨益。如果您阁下愿意，他就担保会这样，但如果您不愿意，他也不会使您心神不安，害怕他会有意违背他的诺言而泄露它们出去，因为他未曾丝毫提到它们。这位莱布尼兹很高地评价了《神学政治论》，关于这本书的内容，如果您还记得的话，他曾经给您阁下写过一封信。⑥

因此我请求您阁下，除非有别的特殊理由外，不要忘了以您那宽仁大度给予这个许诺。如果可能的话，请尽快把您的决定告诉我，因为我一收到您的答复，我就能回答我们的朋友谢恩豪斯。我准备在星期二晚上回信，假如没有非常的理由，请您阁下不要延宕作答。

白莱塞阁下⑦已经从克莱维斯回来了，并送来不少他故乡的啤酒。我劝他给您阁下留下半桶，他答应，并向您致以友谊的问候。

最后，我求您原谅我写得格式粗糙、笔迹潦草，并且让我能为您效劳，这样，卓越的阁下，我就有真正的机会向您表明，我是

您的最忠顺的仆人

G. H. 席勒

1675 年 11 月 14 日　阿姆斯特丹

【注释】

① 此信不见《遗著》。原信拉丁文，现保存在阿姆斯特丹统一浸礼会孤儿院里，1860 年第一次发表在范·伏洛顿(van Vloten)编的《斯宾诺莎著作补遗》里。

② 据格布哈特考证，“Processu Anonymi”应改为“Processu Antimonii”，因此这里不应译为“不知名作者的操作程序”(事实上，从下面第 72 封信可看出，斯宾诺莎是认识这个人的，他是席勒的亲戚)，而应译为“锑的操作程序”，即第 72 封信中所讲到的从锑析出金的操作过程。故英译者 A. Wolf 的译文有误。

③ 柯尔贝特(J. B. Colbert)，路易十四时代法国财政大臣，惠更斯的保护人。

④ 指谢恩豪斯就《伦理学》给斯宾诺莎的信。见第 63、65 封信。

⑤ 莱布尼兹在 1672 年至 1676 年旅居巴黎，目的是想劝告路易十四注意埃及，并让欧洲和平。

⑥ 莱布尼兹就《神学政治论》的内容写给斯宾诺莎的信现已丢失。这里说莱布尼兹很高地评价了《神学政治论》只表明一方面的情况。莱布尼兹是个外交家，对各种不同的人表示不同的态度，当他对一些正统观念的人写信时，他称《神学政治论》是“不能容忍地轻率的”、“糟糕的”和“骇人听闻的”著作。

⑦ 白莱塞(Bresser)，此人是谁，不详。

第71封　亨利·奥尔登堡致尊贵的斯宾诺莎阁下[①]

致以深切问候

就您最近的来信中我所能看到的来说，您打算出版的那部著作在发行方面遇到了危险。我不能不同意您告诉我的那种看法，即您要解释和简化《神学政治论》中某些使读者感到苦恼的章节。首先，我认为是那些似乎含糊地讲到神和自然的章节。许多人认为您把这两者混为一谈。其次，在许多人看来，您似乎丢弃了奇迹的权威和价值，而几乎所有的基督教徒都相信，只有在奇迹上才能确立神的启示的可靠性。第三，他们说您隐藏了您对耶稣基督、世界的救主、人类的唯一救星的看法，以及对其道成肉身、受苦受难为人赎罪的看法。他们要您在这三方面坦率地表白您的思想。如果您这样做的话，贤达而明智的基督教徒就会感到满意，我认为您的利益也将会安然无恙的。

这就是我作为您的最忠顺的朋友要简短地告诫您的几件事。再见。

亨利·奥尔登堡

1675年11月15日

又及——急盼这短短几句话能及时到您手中。切念。

【注释】

① 此信仅见《遗著》，原信拉丁文，现已阙失。

第 72 封　斯宾诺莎致博学而谦恭的 G. H. 席勒阁下[①]

（复第 70 封信）

经验丰富的阁下，尊贵的朋友：

从今天收悉的您的来信中，我高兴地得知您很健康，以及我们的朋友谢恩豪斯已经愉快地完成了他去法国的旅行。我认为在他和惠更斯关于我的谈话中，他举止相当慎重，而且我很高兴，他已经为他自己怀抱的目的找到了这样一个幸运的机会。

我不明白他在第一部分公理四中发现了什么是与第二部分命题五相矛盾的。因为在这个命题里，我是主张每一个观念的本质有神作为它的原因，就神是能思的东西而言，而在那个公理里，我是断言结果的知识或观念依赖于原因的知识或观念。实在地说，在这点上我并不完全同意您信中的意思。我相信或者在您的信中，或者在原信中，由于字迹潦草有个错误。因为您写道，在命题五中主张观念对象是观念的动因，而这种看法在这个命题里我是明显地加以否定的。因此我认为，这就引起整个的混乱，所以，关于这个问题任何想求写得更详尽的努力都是徒劳无益的。我只能暂时等待，直到您向我更清楚地解释了他的意思，我知道原信是否完全正确为止。

我想，我是知道他在信中提及的莱布尼兹的，但是作为一位法兰克福的参议员，他为什么要去法国，我是不理解的。就我从他的信所能作的揣测来看，他似乎是一位自由思想家，对各门科学都有研究。但是我认为把我的著作马上交付于他，乃是不慎重的。首先我想知道他到法国去干什么，我很想听听我们的朋友谢恩豪斯的意见，在他与莱布尼兹较长接触后，会更详尽地知道他的为人。请以我的名义向我们的朋友致以最衷心的问候。如果我能为他做任何效劳的话，让他告知我们他需要什么，他将发现我一定会满足他所有的愿望。

祝贺我最尊贵的朋友白莱塞阁下胜利归来，对于他许诺的啤酒我表示万分感激，我会尽一切办法给以回报。

最后，我不想按照您的亲戚的操作做一个试验，我也不相信我能把我的思想运用到这个实验上去，因为我愈是考虑事情本身，我愈是相信您不会析出黄金来，也不能完全在锑中分离出隐蔽的物质。但这留到下次再谈，现在时间已不允许了。

此际，如果在任何方面我能为您效劳的话，卓绝的阁下，那么我仍一如既往是您的最友好和最忠顺的仆人。

斯宾诺莎

1675 年 11 月 18 日　海牙

阿姆斯特丹

医学博士 G. H. 席勒阁下收

【注释】

① 《遗著》未收此信。原信最早归 J. J. 凡·伏斯特(Voorst)所有，1860 年发表在范·伏洛顿的《斯宾诺莎著作补遗》里，原信现在何处不详。

第 73 封　斯宾诺莎致高贵而博学的亨利·奥尔登堡阁下[①]

（复第 71 封信）

高贵的阁下：

上星期六，接到了您 11 月 15 日给我的简短来信，信中您只是指出了在《神学政治论》里使读者苦恼的那些章节，可是，我本来还希望从中知道，您先前告诫过我的，似乎损害了宗教道德实践的意见是哪一些。

但是，为了向您说明我对于您所指出的三点的想法，我说，首先，我对于神和自然，持有一种和那些近代基督教徒惯常所主张的非常不同的观点。因为我主张神是一切事物的内在的原因，而不是超越的原因。虽然方式不同，我也像保罗，或者甚至像一切古代哲学家一样，主张一切事物都存在于神内，并且在神内运动[②]；我甚至敢说，就古代希伯来人的传说所能推测到的来说，我也和所有古代希伯来人一致，即使这些传说已经变得讹误百出。可是，如果有人认为《神学政治论》就立足在这一点上，即神和自然（他们把自然理解为某种质或有形物质）是同一个东西，那他们就完全错了。[③]

至于说到奇迹，那么我是相反地深信神的启示的可靠性只能以教义的智慧为根据，而不能以奇迹，也就是以无知为根据的，这一点我在第六章“论奇迹”中已充分指出。这里我只想补充一点，就是我把这看作是宗教与迷信之间的主要区别，即后者以无知作为它的基础，而前看以智慧作为它的基础。④我相信，这就是基督教徒为什么不是由于信仰、博爱或圣灵的其他结果，而只是由于他们的意见而区别于其他的人的原因。因为，如果他们像所有其他的人一样，也只是立足在奇迹之上，也就是立足在万恶之渊的无知上，那么他们也就使他们的信仰变成迷信了，即使这种信仰是真实的。我非常怀疑皇君是否愿意采用正确的办法来纠正这一邪恶。⑤

最后，为了更清楚地说明我关于第三点的意见，我要告诉你，按照肉身来理解基督，对于得救来说，并不是完全必要的；我们倒是必须完全按照别的方式来考虑神的永恒之子，也就是神的永恒智慧，它表现在一切事物之中，特别是表现在人心之中，而最多体现在耶稣基督之中。因为任何一个人要是没有这种智慧，就不能达到幸福的境地，只有它才能教导我们什么是真实的和什么是虚假的，什么是善和什么是恶。既然这种智慧如我已经说过的，最多地体现在耶稣基督之中，所以他的门徒（就基督已经把智慧启示给他们而言）宣扬这种智慧，并表现出他们比别人更能以那种基督的精神为荣耀。此外，至于说到某些教会在这些之外所增添的那种教义，也就是把神设想为具有人的本性，我曾明白地告诉过他们，我简直不懂他们说的是什么，实实在在说，我觉得这种说法，就像如果有人告诉我说一个圆呈现方的本性一样的荒谬。

我想，以上我已足够说明了我对您那三点的想法了，这些意见是否会使您所知道的那些基督徒满意，您会比我更好地来判断。再见！

斯宾诺莎

〔1675 年 11 月或 12 月　海牙〕

【注释】

①　此信见《遗著》，原信拉丁文，现已阙失。莱布尼兹曾有一个抄本，并且加了他的注释，现存汉诺威图书馆。

②　这里斯宾诺莎引证《圣经》来证明自己的观点，在《新约·使徒行传》里，使徒保罗说："我们在神内生活、运动和存在。"

③　斯宾诺莎的"自然"是等同于"神""实体"的概念，故与普通所说的自然有区别。按斯宾诺莎看法，普通所谓自然只是指有形物质，即有广延的实体，而他的自然不仅包括有形物质或有广延的实体，而且也包括无形的精神或有思想的实体。所以斯宾诺莎这里反对的，不是神和自然是同一个东西，而是把自然仅仅理解为有形物质的这种狭隘看法。

④　斯宾诺莎这里强调了宗教和迷信的区别，在他看来，迷信是以无知(这是万恶之渊)为根据，而宗教则是以智慧为根据。正是这一看法，我们认为斯宾诺莎并不是完全摒弃宗教，而是要求一种理性的宗教，这种宗教观就是他在《伦理学》第五部分所详加发挥的。

⑤　斯宾诺莎反对奇迹的根本点在于：奇迹乃是无知的结果。因为所谓奇迹就是一种超自然的力量，这在斯宾诺莎看来完全是荒谬的，在自然中绝无任何超自然的东西，所谓超自然的东西就是对自然的东西缺乏理解，一旦我们理解了，超自然的东西就变成了自然的东西。斯宾诺莎这种观点在当时确实是很革命的，所以神学家、卫道士们对他恨之入骨。

最后一句话，斯宾诺莎可能是对奥伦治亲王的批评，因为奥伦治支持加尔文教，对其教义的荒谬之处未加任何指摘。

第74封 亨利·奥尔登堡致尊贵而博学的斯宾诺莎阁下[①]

致以深切问候

（复前信）

既然您似乎在责怪我写得过分的简短，那么这一次我就要以过分的冗长来弥补自己的过失。正如我所知道的，您要我指出，在您的著作里，读者认为有哪些观点破坏了宗教道德的实践，现在我就告诉您最使读者恼火的地方吧。您似乎要所有的事物和行动都服从命定的必然性。他们说，如果接受和承认这一点，那么一切规律、道德和宗教的基石岂不就全部被扫除了，各种赏罚岂不就全成了泡影了吗？他们认为，凡是受制的东西，或包含必然性的东西，都是可以宽恕的，所以他们认为，这样一来，在神的眼里，任何人都是可以饶恕的了。因为如果我们被命运所驱使，万物被铁手所控制，都遵循某种不可避免的进程，那么他们就不能明白为何有谴责或惩罚存在的余地。如何能摆脱这种僵局是很难说的。我非常想知道和听到您对这问题能提供些什么帮助。

至于您非常友好地向我透露的关于我那三点的看法，我还有这样一些问题：首先，在什么意义上您认为奇迹和无知是同义词或等同的名词，像您在上封信中所认为的那样呢？因为拉撒路的得生[②]和耶稣基督的复活似乎是超越被创造自然的全部力量的，是单独属于神力控制的。说神力必然超出有限的、束缚在一定范围内的理智的限制，这并不等于为可恶的无知作辩护。难道您不认为被创造的心灵和科学就不可创造的精神和至高无上的神来说有权承认这种知识和力量，即这个精神或神能认识和创造万物，而我们可怜的小人对其原因和方式却无法表达和解释吗？我们是人，所以凡是人的东西对于我们都不应是陌生的。

其次，既然您承认，您不能理解神实际上已经呈现了人的性质这个思想，那么我就有权问您，您是怎样理解我们福音书的神之子和对希伯来人写的使徒行传里的话的。福音书上说："神之子是由肉体构成的"，使徒行传里说："神之子并不负有天使的性质，而只负有亚伯拉罕的种苗。"我确实应当认为，全部福音书的含义在于：神的独生子、神之子（这两者都是神，而且与神在一起）是用人的性质来表现自身、用人的情感和死亡来为我们这些罪人赎罪、偿还赎回我们的身价。我很想有人告诉我，为了坚持福音书和基督教的真谛，我们关于这些以及诸如此关的事情应当讲些什么，我想，这一点您是应当高兴承担的。

我本想写得更多一些，但是朋友的来访打断了，对于朋友我认为不应失却礼节。不过，即使在这封信里我提出的这些看法是充分有理的，也可能在您作为哲学家看来，会感到厌烦。再见，请相信我永远是您的学术和知识的赞美者。

亨利·奥尔登堡

1675 年 12 月 16 日　伦敦

【注释】

① 此信仅见《遗著》,原信拉丁文,现已阙失。

② 拉撒路(Lazarus),《圣经》中人物,耶稣之友,马大之弟。耶稣在耶路撒冷传教时,常到他家作客。病逝安葬后,耶稣使他复活。

第 75 封 斯宾诺莎致高贵而博学的亨利·奥尔登堡阁下①

(复 前 信)

尊贵的阁下:

我终于知道了您要求我不要发表的那一点看法究竟是什么了。可是,既然这一点看法正是所有那些包括在我曾经想出版的著作中的东西的根本基础,这里我就要简单地说明一下,我是在什么意义上主张一切事物和一切行为都服从命定的必然性的。

因为我并没有以任何方式使神服从命运,我只是认为一切事物皆以不可避免的必然性由神的本性而来②,正如人们一般所认为的,神理解它自身,是出于神自己的本性一样。当然,没有一个人否认这是由于神的本性而必然地如此的,可是没有一个人会认为神理解它自身是由于受任何命运的强迫,而是认为神是绝对自由地这样做,虽然这也是必然的。

其次,这种支配事物的不可避免的必然性既没有取消了神的法律,也没有取消了人的法律。因为道德本身的诫律,不管它们是否从神本身接受法律的形式,它们都是神圣的和有益的;而且不管我们是否从作为裁判者的神那里接受了由于德行和对神的爱而产生的善，或者善是否从神的本性的必然性而产生的，善并不因此就比较值得想望些或不值得想望些，反之，由不道德的行为和情感所引起的邪恶，同样也不会仅仅因为它们是从不道德行为和情感必然而产生的就更少可怕些。最后，不管我们是必然地或偶然地行动，我们总是受希望和恐惧支配的。

此外，人在神面前之所以是不可宽赦的，并不是因为其它理由，而只是因为他们是在神自己的权力之中，就像泥土在陶工的手中一样，陶工把同样的泥团捏成人，其中一些人得到名誉，而另一些人却得不到名誉。倘若您愿意考察一下这几句话，我相信您将能够毫不费力地对通常提出来反对这个意见的一切论证作出回答，像我和其他许多人所已经发现的那样。

我之所以认定奇迹和无知是同一意义的名词，是因为那些力图把神和宗教存在的基础放在奇迹上的人们，希望用某种本身更晦涩的东西来说明某种晦涩的东西，而对这种用来说明的东西他们是完全无知的，所以，他们提出了一种新的论证方法，即一种不是像他们所说的归不可能法，而是归无知法。③可是，如果我没有弄错，那么我在《神学政治论》里是已经充分地说明了我关于奇迹的看法的。这里我只希望补充这一点，就是如果您愿意考虑以下这些事情，即基督没有显现在元老院，或者彼拉多，或者任何一个非信仰者面前，而只是显现在圣徒面前；神既无右又无左，也不在任何一个地方，而是按照它的本质无所不在；物质处处是一样的；神并不会让自己出现在世界之外的某种他们捏造出来的想象空间之中；最后，人类身体的结构只是由于空气的压力而一起保持在应有的范围之内；那么，您将很容易看到这种基督的出现，和亚伯拉罕看到三个人，讲他们和他一起进食时，神向他显现的情况并没有什么两样。但是您将会说，所有的使徒都绝对地相信基督死后又复活，而且他实际上已上升到天国去了，我并不否认这点，因为亚伯拉罕自己也深信神和他一起进食，而所有的以色列人也都相信神从天上降到了西奈山上，被火围着，并且直接和他们谈话，可是，这些事情和其他诸如此类的事情都只是一些适合于这些人的理解力和意见的幻象或启示，神就用这样的一些方式希望把自己的意思启示给他们。因此，我断定，基督从死里复活其实是精神上的，并且只是以一种适合于虔诚者的思想的方式向他们启示，也就是说，他们本来想着基督已经被赋予永生、从死里复活(这里我是从这个意义上来理解死的，即当基督说"让死者来埋葬他们的死亡"时那意义的死)，并且基督已经通过他的死和生，作出了一个非凡神圣的榜样，只要他们仿效了他的生和死的榜样，他就可使他的门徒从死里复活。只要根据这样的假说，就不难说明整个福音书的教义。

不仅《哥林多前书》第十五章只能根据这种假说来说明，甚至保罗的论证也只有根据这样的假说才能理解。因为，要不然，当我们根据通常的假说时，这些论证就显得根据不足，而且很容易驳倒，且不说这样的事实，即所有那些犹太人从肉体方面来解释的事情，基督徒都是从精神方面来解释的。

我和您一样承认人的缺点。但是另一方面让我问您，是不是我们这些微不足道的人对自然就具有那样非凡的知识，以致能够决定它的力量和能力能伸展多远，什么东西是在它的能力之外的呢？既然除非傲慢自大就没有那一个人能够自以为可以做到这点，那么，我们就可以毫不夸大地尽可能地以自然的原因来解释奇迹，而对于那些因为是荒谬我们既不能说明也不能证明的事情，则保留不作判断，即像我所说的，把宗教的基础仅仅放在它的教义的智慧上将更好些。

最后，您之所以认为《约翰福音》和《希伯来书》中的那些话都与我曾经说过的相矛盾，那是因为您用欧洲语言的方式来估量东方语言的词句，而且虽然约翰是用希腊文来写他的福音书，他同样还是使它完全希伯来化了的。

不管这个可能是怎样，您是否认为当圣经上说神自己显现为一朵云或者说它居住在一个神龛或居住在一个神殿中时，这样神自身就呈云雾或者神龛或者神殿的本性了呢？但是这正是基督关于他自己说得最多的，就是说，他是上帝的神殿，因为，毫无疑问，像我在先前一封信中说过的，上帝在基督身上最充分地显示它自己，而约翰为了更有效地说明这点，就说神之子是由肉体构成的。不过这些事情已说得够多了。

斯宾诺莎

〔1675 年 12 月　海牙〕

【注释】

① 此信见《遗著》，原信拉丁文，现已阙失。但莱布尼兹有一个抄本，现保存在汉诺威图书馆。

② 关于这种“支配事物的不可避免的必然性”，可参阅第 43 封信。斯宾诺莎研究家马铁纽（J. Martineau）曾在其《斯宾诺莎研究》（1882 年英文

版,第98页)中认为第43封信应当写于第75封之后。但是我们对照一下第43封信和第69封信就可看出,斯宾诺莎对于凡尔底桑的看法有一个根本的改变,因此第43封信一定写于第69封信前,因而也一定写于第75封信前,我们没有理由认为斯宾诺莎要等待四年之久才回答凡尔底桑1671年写给奥斯顿的信。

③ 关于归不可能法和归无知法,参阅第63封信及该信注释③。

第76封 斯宾诺莎向高贵的青年人阿尔伯特·博许致敬[①]

(复第67封信)

如果是别人告诉我,我几乎还不会相信,但终于从您的信中我认识到了,您不仅像您说的,变成了罗马教会的成员,而且还是它的一位坚强战士,您已经学会了疯狂地诅咒和谩骂您的敌手。我本不打算答复您的信,因为我认为,您所需要的与其说是论证,还不如说是时间,只有时间能使您和您的家族重新返回原来的立场,所以关于我们讲到斯蒂诺(您现在已步他的后尘)[②]时您所赞许的其他根据,我不再讲什么了。但一些和我一样对您的卓越的天才曾经怀抱巨大希望的朋友,真诚地恳求我不要失却朋友的职责,不要因为您的现在所为而忘了您的过去,等等,鉴于这些理由,我才给您写了这封短信,衷心地请求您务必以一种平静的心情阅读它。

这里我并不像罗马教会的敌人所想做的那样,历数神父和教皇的罪恶,以使您远离他们。因为罗马教会的敌人揭露神父和教皇的罪恶是从邪恶的感情出发,他们提出它们是为了制造混乱,而不是为了接受教益。我确实承认，在罗马教会里比在任何其他基督教教会里可以找到更多的大学问家和正直生活之士，因为既然这个教会拥有更多的成员，那么在它里面也将会发现有更多的各种才能的人。但是，除非您已经完全失去了您的理智和记忆，您是不会否认在每个教会里都有许多公正而仁爱地崇拜上帝的非常诚实的人们，因为在路德派、宗教改革派、门诺派以及其他宗教信仰的人中间，我们已知道有许多这样的人物。不说别的，就拿您所知道的您自己的祖先来说，他们在阿尔法公爵时代就曾经为了他们的宗教信仰以坚定而自由的精神忍受了各种苦难。[3] 因此您必须要承认，神圣的生活不只是在罗马教会里才有，而是为所有教会共同具有的。既然从这里(《圣经·使徒行传》第四章第十三节同使徒约翰的讲话)我们知道我们寓于上帝中，上帝也寓于我们中[4]，所以无论罗马教会与其他教会有怎样的不同，这种不同却是不必要的，完全是由于迷信造成的。因为，正如我赞同约翰所说的，[5] 正义和仁爱是真正的天主教信仰的唯一的最确定的标志，是神圣精神的真正成果，哪里有它们，哪里就真正有基督，哪里没有它们，哪里就没有基督。因为我们只有凭借基督精神才能达到对正义和仁爱的爱。如果您仔细地考虑这些事实，我想您就不会迷途，您也不会使您的双亲悲哀，他们是多么忧愁地哀叹您的命运啊！

但是，回到您的信上来吧，在信中您首先悲叹这个事实，即我不幸为撒旦所欺骗。但是我请您别悲观，振作起来。如果我没有弄错的话，当您过去神智健全的时候，您是经常崇拜无限的上帝的，由于这个上帝的力量，万物才绝对地得以存在和保存，但现在您却虚构了一个撒旦作为上帝的敌人，这个撒旦违反上帝的意志，欺骗绝大多数人(因为善良的人毕竟是少数),把他们引入歧途,因而上帝把这些人们交付给这个罪恶之主,让他们遭受永恒的折磨。这样,神圣的正义就让魔鬼泰然自若地去欺骗人们,而让这些可怜的为这个魔鬼所欺骗和引入歧途的人们受惩罚。

如果您信仰的是一个无限的永恒的上帝,而不是梯恩城里的卡斯铁伦(像荷兰人所称呼的)泰然让马去吃的那种人⑥,那么这些荒谬不堪的观点也可能得到愿宥。您这不幸的人,不是为我垂泪吗?您不是把您从未看过的我的哲学称之为妖魔吗?啊!愚蠢的年青人,谁使您中了邪,使您相信您已吞咽了至高无上的永恒的东西,并把它在您的肠道里加以消化了呢?

然而,您似乎要摆出您的理由,您问我"我怎么知道我的哲学在世界上所有曾经讲授过的或现在正讲授的或将来要讲授的哲学中是最好的哲学呢?"这个问题,如果我向您提出,可能更有理由。因为我并未认为我已经找到了最好的哲学,我只是知道我在思考真正的哲学。如果您问我如何知道这点的,我则回答说,这如同您知道三角形三内角之和等于两直角一样。任何人,只要他的头脑是健全的,不幻想邪恶的精神,他就绝不会否认这一点,要知道,只有邪恶的精神才能使我们产生类似于真观念的假观念,因为真理既显示自身又显示错误。⑦

您自认为您最后已经找到了最好的宗教,或者毋宁说,找到了您全心信仰的最好的人,但是,您是怎么知道这些人就是所有那些过去、现在和将来讲授其他宗教的人们中的最好的人?您是否考察过所有那些在这里、在印度和世界各处讲授的古代的和现代的宗教呢?即使您曾充分地考察过它们,但您是如何知道您已经挑选了最好的宗教呢？因为您不能为您的信仰给出任何理由。但是您或许要说，当别人被撒旦所欺骗和引入歧途时，您却赞同上帝精神的内在证据。不过所有那些非罗马教会的信徒也会同样有权对他们的教会作出同样的评价，正如您对您的教会所评价的那样。

至于您所补充的什么成千上万的人和教会世世代代所共同承认的话，同样也是法利赛人的陈腐老调。因为这些法利赛人和罗马教会的信徒一样相信他们有成千上万的证人，这些证人有如罗马教会的证人一样，可以同样顽强地为他们听到的事情作证，好像他们亲身经历到的一样。他们把他们的血统世系追溯至亚当，他们同样傲慢地自夸他们的教会不顾基督教徒和异教徒的敌视，一直稳固而坚实地发展到今天，他们绝大多数人立足于他们的祖先之上，他们一致宣称，他们是从上帝自身得到他们的传统，只有他们保存了上帝写下的和未写下的语言。没有任何人会否认他们继承了异端，但是他们没有任何帝国的强迫，而只凭一种迷信的力量，坚持不渝地保存了他们的信仰数千年。他们所谈的奇迹足使人厌烦到极点，但是他们主要骄傲的理由是他们拥有比其他任何民族为数多得多的殉道者，并且日益增多那种为了他们自身的信仰以非凡的精神毅力受苦受难的人的数目。这并不是假的，我自己就知道有一个犹大，他们称他为信仰坚定的人，他在熊熊燃烧的烈火之中，当他知道必死无疑时，他开始吟唱圣歌，“啊，上帝！我把我这有罪的灵魂献给您”，而且就在这圣歌声中死去。⑧

您对于罗马教会的教规称颂备至，我承认，这种教规对于许多人来说有其政治和经济方面的优点，但我认为，在欺骗群众和压制

人的精神方面，除了伊斯兰教会的教规远超过罗马教会的教规外，罗马教会的教规要算是首屈一指了，因为自有这种迷信以来，他们的教会就没有发生过分裂。

因此，如果您正确地考虑的话，您将会看到您所谈的第三点只有利于基督教徒，也就是说，无知无识的普通老百姓几乎能使整个世界皈依基督教。但这个论证不仅适用于罗马教会，而且也适用于所有那些承认基督名字的人。

但是，即使假定您所补充的这一切论据只有利于罗马教会，您是否认为您因而能数学地证明这个教会的权威呢？既然情况不是这样，那您为什么要我相信我的证明是由于撒旦的诱使，而您的证明却是由于上帝造成的呢？特别是当我看到，以及您的来信清楚表明，您已经变成了这个教会的奴仆，与其说是受对上帝的爱的影响，还不如说是受对地狱的恐惧的影响（这种影响是产生迷信的唯一根源），我更是这样想。这难道是您的谦恭吗，不相信自己而去信任其他那些被很多人谴责的人？您难道因为我使用了我的理性，默认心中永不会腐烂变质的上帝的真言，就认为这是傲慢自大的表现吗？如果您不想把自己列为畜牲的话，那么快丢弃这种要命的迷信，承认上帝恩赐给您的理性，让这理性发扬光大吧！我是说，不要把荒唐的错误视若神明，不要可耻地把那些我们不知道的或尚未发现的事情同那些我们明知是荒谬绝伦、有如这个教会的那些毛骨悚然的隐私那样的东西混为一谈，他们愈是反对正确的理性，您就愈是相信他们有非凡的见解。

此外，对于《神学政治论》的基本原则，即圣经只能由圣经来解释这一点，您也如此大胆而无理地加以否认。要知道，这不仅是一

种假定，而且也是经过确凿无疑的证明了的，参见该书第七章，在那里也批驳了敌人的意见。在第十五章结尾，对这一点又作了补充的证明。

如果您仔细地考虑这些，同时为了知道许多权威主教是如何虚伪，罗马教廷凭什么命运、靠什么方法在基督死后整整统治教会六百年而考察教会的历史（我认为您对这种历史是很无知的）的话，那么我相信，您最后是会回到您自己的良心上来的。但愿这样，我衷心地祝愿您。再见等等。

斯宾诺莎

〔1675 年 12 月　海牙〕

【注释】

① 此信见《遗著》，原信拉丁文，现已阙失。莱布尼兹曾抄了这封信，并且加了一些注释，这份抄本现保存在汉诺威前皇家图书馆。

② 斯蒂诺见第 67(A)封信。

③ 阿尔法公爵（the Duke of Alva）是 1567 年西班牙派往尼德兰镇压革命的刽子手，他采取残暴的恐怖手段设立特别法庭，大肆搜捕起义者，共处死了八千人，是荷兰人民的最凶恶的敌人。博许是荷兰人，斯宾诺莎要他想起自己的祖先是曾经怎样在阿尔发血腥镇压下为自由和独立而斗争的。

④ 使徒约翰这句话，斯宾诺莎曾以格言形式写在《神学政治论》一书的书名页上。

⑤ 即在《神学政治论》第十四章中所说的：约翰在第一书第四章第七和八节中说过："爱是属于上帝的，凡爱人的人都是为上帝所生，都了解上帝。不爱人的人不了解上帝，因为上帝就是爱。"（见《神学政治论》中译本第 196 页）

⑥ 这似乎引证 1635 年 5 月所发生的一桩没有多大意思的事情，当时

法荷联军攻打梯恩城的西班牙军队。法军将领柯列尼(G. de Coligny)是胡格诺派教徒，当这个城市被攻陷洗劫时，他好像要把敌人军队拿去喂马，以此来表示他对天主教偶像崇拜的憎恶。

⑦ 这句话在《伦理学》里更详尽地加以发挥了，“正如光明之显示其自身并显示黑暗，所以真理即是真理自身的标准，又是错误的标准”(《伦理学》第二部分命题四十三附释)，其基本意思是：知识的最终检验是靠更多的知识，或者说，与一切所认识的相一致，错误就在于与已知的东西不一致或发生矛盾。

⑧ 这桩英勇就义的悲剧发生在1644年7月25日，殉道者是阿拉康(Don Lope de Vera y Alarcon)，按出身他是一个基督教贵族，但对希伯来经典的研究使他皈依了犹太教，他取的犹太名字Juda el fido。他曾经被宗教裁判所监禁，最后被焚燃。斯宾诺莎的老师马纳塞·本·依色拉尔在其著作里曾讲到这件事，不过按照马纳塞·本·依色拉尔的记载，这件事是发生在1649年，当时阿拉康25岁。

第77封 亨利·奥尔登堡致尊贵的斯宾诺莎阁下①

εὖ πράττειν②

(复第75封信)

当您知道我之所以不愿让万物命定必然性的思想公之于世，是因为免得妨碍道德实践，以使赏罚成为不可能，您是完全猜对了。然而您前信中关于这个问题的意见仍未解决这个问题，或者使人的心灵安定下来。因为，如果在我们人类的一切行为中，包括道德的行为和自然的行为，我们完全是受制于上帝的权力，正如泥土在陶工的手中一样，那么我请问，有什么权利我们中有人会因为这一行为或那一行为而受谴责呢，既然他绝对不可能作出别的行为的话？难道我们不能把所有人的责任都推卸到上帝身上去吗：是您的不可改变的命运和您的不可抗拒的力量强迫我们这样行动，我们不能作出别种行为，因此，既然您是按照您的意志和高兴通过至高无上的必然性指使和统御万物的，那您为什么和有什么权利要让我们去承受这种我们无可避免的可怕的惩罚呢？如果您说，人之所以在上帝面前是不可宽赦的，只是因为他们是在上帝的权力之中，那么我倒确实主张相反的论点，认为我们更有理由说，正是因为人是在上帝的权力之中，所以他们才这样明显地应当给予宽赦。因为每个人都可以很容易地为自己辩护说：啊！上帝，您的力量是不可避免的，因此我不做另外的行为，这一定应当受到宽赦。

而且，在您仍然主张奇迹和无知是同等意义的名词这一看法里，您似乎把上帝的力量和人的知识，甚至最智慧的人的知识限制在同一范围内，好像上帝是不能创造和产生任何人们尽他们思想的全部力量却不能提出任何理由的事物的。而且，基督的受难、安息、埋葬和复活的历史似乎是用这样一种鲜艳的自然的色彩来描述的，以致我可以理直气壮地向您的意识提出您是否相信这是取寓言的意义，而不是取字面的意义，倘若您是真正相信历史的真理的话？福音书作者如此清楚记录的这些情节似乎深深地表示这故事一定是取字面的意义。这就是我在答复这一论点所想简单说的几句话。我真诚地请您原谅，并以您惯有的仁厚和友情答复我。

波义耳阁下向您问候。关于皇家学会现正做的工作，我将另

外函告。再见，永远敬爱您的

亨利·奥尔登堡

1676年1月14日　伦敦

【注释】

① 此信仅见《遗著》，原信拉丁文，现已阙失。

② εὖ πράττειν 希腊文，意思是“问好”，当时流行的一种问候语。

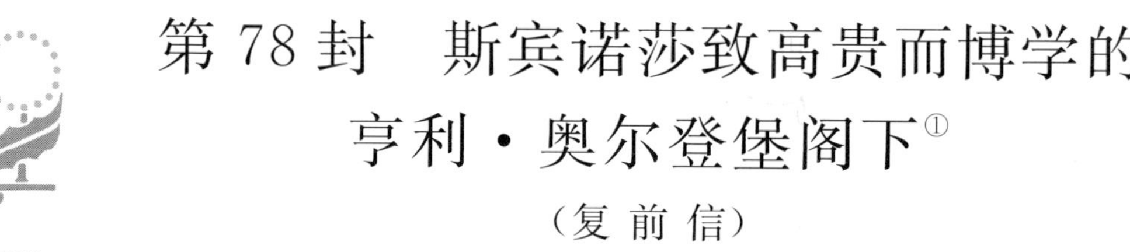

第78封　斯宾诺莎致高贵而博学的亨利·奥尔登堡阁下[①]

（复前信）

高贵的阁下：

在我的前一封信中，我说到我们之所以是不可宽赦的，是因为我们是在神的权力之中，就像泥土在陶工的手中一样，这句话我希望在这样的意义上来理解，即，没有一个人可以因为上帝给了他软弱的本性或无能的心灵而责备上帝，因为一个心灵软弱的人抱怨上帝不给他力量，不给他关于神的真正的知识和爱，以及抱怨上帝给他如此软弱的本性以至他不能抑制和节制他的欲望，就像一个圆抱怨上帝不给它球体的性质，或者一个孩子为胆石所痛就抱怨上帝没有给他一个健康的身体，是同样荒谬的。因为对于每一件事物来说，除了必然地得自它的给定的原因的东西外，没有什么是属于它的本性的。但是，要有刚强心灵并不属于每一个人的本性，而要有健全的体格也并不比要有健全的心灵更属于我们权利之内，没有一个人能否认这一点，除非他希望和经验及理性这两者发生矛盾。然而您会坚持说，假使人们是由于他们的本性的必然性而犯罪，他们是可以宽赦的，但是您并没有说明您要从这里得出什么结论，换句话说，是否您要得出结论说上帝是不可能对他们发怒的，或者说他们是该得到幸福的，也就是该有对于神的知识和爱的，如果您的意思是指前者，我完全承认上帝是不会发怒的，一切事物都按照上帝的决定发生的，但是我否认他们因此就应该是幸福的，因为人们虽确实可以受宽赦，但仍然缺少幸福，并受各种各样的痛苦。对于一匹马来说，因为它是一匹马而不是一个人，所以它是可以宽恕的，但是它仍然必须是一匹马而不是一个人，一条咬人的疯狗虽然可宽恕，但仍旧要被制止。最后，那种不能控制自己的欲望，不能由畏惧法律而节制欲望的人，即使应该因为他的软弱而受到宽恕，却不能享受心灵的宁静，以及对神的知识和爱，而且必然要自我毁灭。

我不认为有必要在这里提醒您，当圣经上说上帝对犯罪的人发怒，说他是一个受理审判人类活动的裁判者，他审理和作出判决，这是用人的形式、按照人们的因袭看法在讲话，因为圣经的目的不是在教哲学，也不是教人多得知识，而是教人服从。

此外，我不懂得怎么因为我把奇迹和无知看作是同等意义的，就似乎是把上帝的权力和人们的知识限制在同一范围之内。

还有，我也完全像您一样照字面的意义承认耶稣基督的受难、安息和埋葬，但是，对他的复活则是照寓言的意义来接受的。我的确承认这复活也是为福音书作者用许多详情讲到的，因此我们不能否认福音书作者们自己确实相信耶稣基督的身体复活了，并且升到了天堂，坐在上帝的右手边；而且相信甚至不信基督的人，如果当时也在基督显现给他的门徒的地方，则他们也就能看见；可是在这里他们也可能是被骗了，就像发生在其他先知们那里的情况一样，这样说并没有损害福音的教义。我的前一封信对此给予了例证。但是保罗（此人基督以后也曾向他显现过）却以不从肉体方面来理解基督，而从精神方面来理解基督为荣。

我非常感谢您寄给我的高贵的波义耳阁下的著作的目录。②最后，您方便的时候请告诉我最近英国皇家学会的工作进展。

再见，最尊敬的阁下，相信我是永远热爱和忠诚于您的。

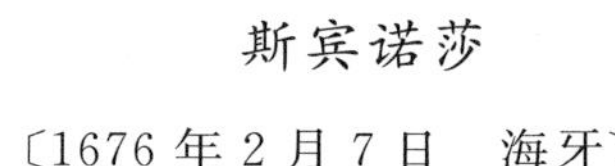

斯宾诺莎

〔1676 年 2 月 7 日　海牙〕

【注释】

① 此信见《遗著》，原信拉丁文，现已阙失，但莱布尼兹有一个抄本，现存汉诺威图书馆。

② 早在 1665 年奥尔登堡就开始整理波义耳著作的目录，1677 年他把这份目录发表在皇家学会的《哲学学报》第 130 期上。大概在发表前他寄给斯宾诺莎一份抄本。

第79封　亨利·奥尔登堡致尊贵的别涅狄克特·德·斯宾诺莎阁下①顺致敬礼

（复前信）

在您2月7日写给我的信中，似乎仍有一些东西应当进一步加以考虑。您说人不能因为上帝不给他关于上帝的真知识、不给他避免犯罪的充分力量而抱怨上帝，因为属于任何事物本性的只是从其本质必然而来的东西。但是我认为，由于上帝、人类的创造者，是按照它自己的形象塑造人的，而它的形象在其思想里似乎包含有智慧、善和力量的，这就一定可以推出，比起要求健全的身体来说，人更有力量要求健全的思想，因为身体的物理方面的健康是依赖于力学原则，而思想的健全则依赖于选择和目的。您还说人可以被宽赦，然而多方面要受苦。初看起来，这似乎很有力，但在证明时，您说一条咬人的疯狗虽然的确可以宽赦，但仍旧要杀掉，这种说法似乎不能解决问题：因为屠杀这样一条狗，如果对于狗的保护者或其他动物，甚至人来说，不是必要的，那么光是因为疯狂咬人而被杀，则是残忍的。但是，如果上帝已把健全的思想灌输给人了，像它所能做的那样，那么就不会有害怕邪恶的感染了。的确，如果上帝因为人们绝不能避免的罪孽而给予人们过多的外在折磨，或给予至少一时是可怕的折磨，这确实是非常残忍不道的。而且，全部圣经的宗旨似乎假设和暗含了人能避免罪孽：因为圣经

充满了诅咒和诺言,充满赏和罚的声明,所有这些似乎都有助于阻止罪孽的必然性和暗含避免惩罚的可能性。如果否认这一点,那么人的心灵就一定可以说与人的身体一样,完全是机械地行动。

进而,您继续假定奇迹和无知是同等意义的,这似乎是依赖于这样一个基础,即被造物对于创造者的无限力量和智慧可以而且一定有一种洞察,我仍深信,情况并非这样。

最后,您主张基督的受难、安息和埋葬一定是字面的意义,而基督的复活却是寓言的意义,这一点却没有被您证明。而且在我看来,这一点也不能为任何论证所支持。在福音书里,基督的复活似乎与其他的事情一样,是照字面的意义叙述的。整个基督教及其真谛就是依赖于复活这一教义的,如果丢掉这一教义,那么基督的使命、他的神圣教导就会倒坍。您不会不知道,基督从死里飞升时,他如何努力使他的门徒相信真正所谓复活的真理。要把所有这些都说成寓言,就像有人力求要扔掉福音历史的全部真理一样。

这就是按照我进行哲学思考的自由我再想提出的几点看法,我诚恳地请求您对它们加以重视。

亨利·奥尔登堡

1676年2月11日　伦敦

如果上帝保佑我健康活着,我将详细向您告知皇家学会最近的研究情况。

【注释】

① 《遗著》未载此信。此信第一次是在范·伏洛顿的《斯宾诺莎著作补

遗》(1860)里发表的。

此信是斯宾诺莎和奥尔登堡之间交往的最后一封信。据说在 1676 年 10 月奥尔登堡还有一封信委托莱布尼兹交给斯宾诺莎,但斯宾诺莎并未收到这封信,在斯宾诺莎死后不几天,奥尔登堡曾写信给莱布尼兹,说他很奇怪为什么斯宾诺莎未收到他这封信。

第 80 封　爱伦费德·瓦尔特·封·谢恩豪斯致深邃而博学的哲学家斯宾诺莎①

尊贵的阁下:

……首先我非常难于理解,我们如何能先天地证明那些具有运动和形状的物体的存在的。因为,如果我们绝对地考察广延,广延中是没有这类东西的。其次,我想请您告诉我,应当在什么意义上理解您在信中关于无限性所说的这些话:“但是他们并不因此就得出结论说,这些事物是因为它们组成部分的众多而超越一切数。”② 因为在我看来,所有的数学家事实上关于这种无限性总是指出,其组成部分的数目是这样多,以致可以超过任何一个可指定的数。在这方面所引用的关于两个圆的例子里,您似乎并不是证明这一点,虽然您曾想要这样做。因为在那个例子里,您仅仅证明,他们并未从相交空间的面积的巨大推论出这一点,“因为我们不知道它的最大数和最小数”;但是,您并没有像您所想要证明的那样证明了他们不是从部分的多推论出它的。

另外,我从莱布尼兹阁下那里得悉,法国皇太子的家庭教师,一位名叫休爱特的知识非常渊博的人想写一部关于人类宗教真理的著作，并且想反驳您的《神学政治论》[3]。再见。

爱伦费德·瓦尔特·封·谢恩豪斯

1676年5月2日

【注释】

① 此信仅见《遗著》，原信拉丁文，现已阙失。《遗著》拉丁文版本没有此信最后一段话，我们是根据《遗著》荷兰文本增添的。

② 谢恩豪斯这里引用的是斯宾诺莎在给梅耶尔写的信里的话，见第12封信。

③ 休爱特(P. D. Huet, 1630—1721)，法国大主教，曾在1670年担任皇太子的家庭教师。他是一位反对自由思想维护启示宗教的卫道者。信中所说那部著作可能是指他的《福音证明》(*Demonstratio Evangelica*)，此书出版于1679年。休爱特还有一部攻击《神学政治论》的著作《关于信仰和理性的一致》是在1690年出版的，在书中，休爱特恶毒地攻击斯宾诺莎道："假如我遇见他，我是不会饶恕他这个疯狂而不信神的人的，使得给他带上镣铐和加以鞭笞。"(见弗洛依登塔尔《斯宾诺莎生平及其学说》海德堡1927年第二卷第215页)

第81封　斯宾诺莎致高贵而博学的爱伦费德·瓦尔特·封·谢恩豪斯阁下[1]

（复前信）

高贵的阁下：

在给L.梅耶尔的信中，[2]我曾经谈到过关于无限性的问题，就是说，他们并不是从部分的众多推论出部分的无限来的，这一点从下面的事实就可以看得很清楚：如果无限性是从部分的众多推论出来的，那么我们就不会设想有更多的部分，而这些部分的多应该是比任何一个给定的多都更多，然而这是不正确的，因为在不同圆心的两个圆之间的整个空间中，我们可以设想它所包含的部分的数目，有这整个空间的一半所包含的部分的数目的两倍那样多，可是，不论是这一半的空间或这整个空间的部分的数目，都是超出任何可以指定的数目的。

其次，从笛卡尔所设想的广延，即一种静止不动的质出发，则不仅像您所说的，很难证明物体的存在，而且是绝对不可能的。因为静止的物体将继续尽可能地静止，除非由于某种更强有力的外部原因，否则它不会开始运动的。由于这个缘故，我曾经毫不迟疑地说笛卡尔关于自然事物的原则，即使不说是荒谬的，也是无益的。

斯宾诺莎

1676 年 5 月 5 日　海牙

【注释】

① 此信仅见《遗著》，原信拉丁文，现已阙失。

② 此句是根据《遗著》荷兰文本增补，在拉丁文版本里没有此句，可能是编者想把有关的名字删掉。该信即指第 12 封信。

第82封　爱伦费德·瓦尔特·封·谢恩豪斯致深邃而博学的哲学家斯宾诺莎[①]

最博学的阁下：

我想请您友好地告诉我，照您的想法，我们怎样可以从广延概念先天地演绎出事物的多样性。因为您记得笛卡尔的意见，按照他的主张，他之所以可以从广延演绎出事物的多样性，只在于假设这是由于神所发动的运动在广延里所产生的结果[②]。因此，按照我的看法，他并不是从惰性的物质推论出物体的存在来的，除非您或许不承认神是发动者这一假设；因为您不曾证明这是怎样从神的本质必然先天推得的；笛卡尔认为，要去证明这种事情，是超出人的理解能力之外的。因此，我向您请教这个问题，因为我非常知道，在这个问题上您是主张另外的观点的，除非有某种特别的理由使您至今不愿把您的观点加以公开。我不怀疑情况可能是这样，但也可能没有必要含糊地说明这桩事情。但是，您可以确信，不管您是明白地告诉我，还是隐瞒您的观点，我对您的感情始终是一样的。

但是，我之所以特别想知道这个问题的理由是下面这些：在数学里，我常常看到，从任何就自身考察的事物，即从任何事物的界说，我们至少可以推论出一个特性，但是如果我欲想更多的特性，那么我必须把所界说的事物同其他事物联系起来；如果正是这样，

那么,从这些事物的许多界说的结合中就产生了新的特性。例如,如果我只考察圆周,那么除了在所有点上它是一样的,或相同的这一与其他曲线基本不同的特性外,我就不能推论出任何别的东西。而且我将永不能推论出任何别的特性。但是,如果我把圆周同其他事物联系起来,如同圆心引出的半径,或同两条或更多的相交线联系起来,那么我将可以演绎出某些更多的特性。这在某种程度上似乎是与《伦理学》里的命题十六相矛盾的,而命题十六却几乎是您这部论著第一部分里的最重要的一个命题。在这个命题里,您假定人们都知道,从一个事物的界说可以推论出好几种特质。这在我看来是不可能的,除非我把所界说的事物同其他事物联系起来。由于这一点,所以我不能明白从一个光就自身考察的属性,如无限的广延,如何能产生出各种各样的物体来。如果您认为,单独就一个属性考虑,是不能从这个属性推得的,而是从所有的属性结合起来推得的,那么我将高兴从您那里得知这一点,以及这应当如何被设想。

再见,等等

爱伦费德·瓦尔特·封·谢恩豪斯

1676 年 6 月　巴黎

【注释】

① 此信仅见《遗著》,原信拉丁文,现已阙失。

② 谢恩豪斯这里指出笛卡尔并不是光靠广延来解释自然或物质现象,而是假设神把运动灌入广延。谢恩豪斯似乎尚未认识到这种超自然的解释与斯宾诺莎哲学的严格自然主义是完全对立的。

第 83 封　斯宾诺莎致高贵而博学的爱伦费德·瓦尔特·封·谢恩豪斯阁下[①]

（复 前 信）

高贵的阁下：

您问仅仅从广延概念能否先天地证明事物的多样性，我想我已经相当清楚地回答了，这是不可能的。因此，笛卡尔用广延来给物质下定义是不正确的。物质必须要以表现永恒的、无限的本质的一种属性来下定义。不过，关于这个问题我愿在另外什么时间和您更彻底地讨论一下，倘若我还能活下去的话[②]，因为至今我还没有能把与这个问题有关的东西理出个头绪来。[③]

至于您又说到，从每个事物（就这事物本身来考察）的界说，我们只能推论出一种特性，这就最简单的事物或者思想存在物（我把几何图形也算在思想存在物内）来说，可能是正确的，但对于实在存在物，就不是这样。因为仅仅从这样一个事实，即我把神界说为一个存在属于其本质的东西，我就可以推论出它的种种特性，如它是必然存在的、它是唯一的、不变的、无限的等等。在这方面我还可以列举出种种其他的例证，但这已足够了。

最后，我请求您了解一下，您以前曾写信告诉过我的休爱特先生的（反对《神学政治论》的）著作是否已经问世，您能否寄我一册，其次，您是否已经获悉关于光的折射的新发现是什么。

就这样了。再见，尊贵的阁下，永远热爱您！

您的 B. D. 斯宾诺莎

1676 年 7 月 15 日　海牙

【注释】

① 此信仅见《遗著》，原信拉丁文，现已阙失。

② 不幸斯宾诺莎在写此信后七个月就逝世了。

③ 斯宾诺莎这里提及的思想很重要，即物质不能光用广延来下定义，而是必须用一种能表现永恒无限本质的属性来下定义。这里斯宾诺莎所说的物质，不是指有形物质，而是指他的神、自然或实体。因而那种完全以机械唯物论来解释斯宾诺莎哲学的做法是不对的。

第 84 封　斯宾诺莎致一位不认识的朋友①

关于《政治论》

亲爱的朋友：

您那使人高兴的来信我昨天收到了，衷心感谢您对我的幸福所给予的亲切关怀。如果我不是忙于某种我认为更为有益的、我相信也会使您更为高兴的事情，即不久以前在您的敦促下我开始撰写《政治论》，那么我不会错过这个机会。等等。这部论著有六章已经完成。第一章可以说是全书本身的导论，第二章论述自然权利，第三章论述最高统治权，第四章论述归最高政权管辖的政治事务，第五章论述一个社会所能考虑的最终和最高的目的，第六章论述一个君主制政府应以何种方式组织才不致陷于暴政。目前，我正在写第七章，在这一章里，我循序论证前六章中有关组织一个完善的君主政体的所有部分。继后，我将转而论述贵族政体和民主政体[②]，最后，论述法律和有关政治的其他专门问题。

再见

斯宾诺莎

〔1676年　海牙〕

【注释】

① 这封信收在《遗著》里，但不放在书信集里，而是放在《政治论》前面作为序言。按照信中叙述他正在写第七章，我们可以推测这封信是在1676年写的。

② 拉丁文是 Populare imperium，指大众政府，英译者 A. Wolf 译为 Popular Goverment，但实际上是指民主政体，我们根据 A. G. Wernham 译的《斯宾诺莎政治著作选》(1958年牛津)第259页改译为“民主政体”。

附　　录

一封新发现的斯宾诺莎书信

斯宾诺莎致医学博士梅耶尔阁下①

最亲爱的朋友：

昨天我很高兴地收到了您的来信。信中您问道，在附录的第一篇的第二章中，您是否正确地标明了本章所提及的《哲学原理》第一篇的所有命题的出处及其他等等；其次，是否不应该取消我在第二篇中所肯定的东西，诸如圣子即是圣父；最后，是否不应该修改我说我不懂得神学家们所说的"人格"这个词的意思的那一节。

对于您提出来的这些问题，我作以下答复：一，附录第二章中所有的命题您都正确地标明了出处。只是在附录的第一章第一页，您标明应参照命题四的注释，我认为您最好是标明参照命题十五的注释。因为在这条注释中，我更专门地论述了所有的思维方法。在同一章第二页空白处，您写道"为什么否定不是思想"，这里最好用"思想存在物"来代替其中的"思想"二字，因为我在这里所论述的是一般的"思想存在物"，而这恰好不是一种思想。

二，就像我曾经说过的一样，圣子即圣父，我认为这可以很清楚地从下面这个公理推知，即和第三种东西一致的东西，它们自己本身之间也同样是一致的。但是这个问题对于我来说没有任何重要性。如果您认为这样会触犯某些神学家的话,您就按照您所认为的应该怎样做好去做吧。

三,我不懂得神学家们所说的人格这个名词的意思,但是我并不是不懂得哲学家们所理解的这个名词的意思。然而,既然原稿是在您的手里,您可以自己更好地加以判断,如果您认为应该修改的话,您就做好了。

祝您身体健康,我亲爱的朋友,别忘了我。

您的最忠诚的朋友

B. de 斯宾诺莎

1663 年 7 月 26 日　伏尔堡

【注释】

① 在格布哈特 1925 年出版的校订拉丁文本《斯宾诺莎全集》以及德英译本中均未收这封信,这是我们根据 1978 年法国哲学杂志《法国与国外哲学》第 4 期译出的。该信系拉丁文,现存阿姆斯特丹大学图书馆,1975 年由奥芬贝尔格(Offenberg)第一次发表。由于不打乱原书信序号,我们暂将此信放在附录中。

斯宾诺莎生平和著作年表

伟大的荷兰思想家别涅狄克特·德·斯宾诺莎(Benedict de Spinoza,1632—1677)是欧洲早期资产阶级革命时期杰出的唯物论哲学家和无神论者。

祖先原是居住在西班牙的雷翁省埃斯宾诺莎(Espinoza)镇的犹太人。1492年因西班牙封建专制政府对犹太人进行种族、宗教上的迫害,避难到葡萄牙,后又于1592年逃亡到荷兰。祖父阿伯拉罕·德·斯宾诺莎是一位很受人尊敬的犹太商人,曾在阿姆斯特丹犹太人公会担任要职,父亲迈克尔·德·斯宾诺莎继承其父事业,在阿姆斯特丹经营进出口贸易,并担任犹太人公会会长和犹太教教会学校校长。

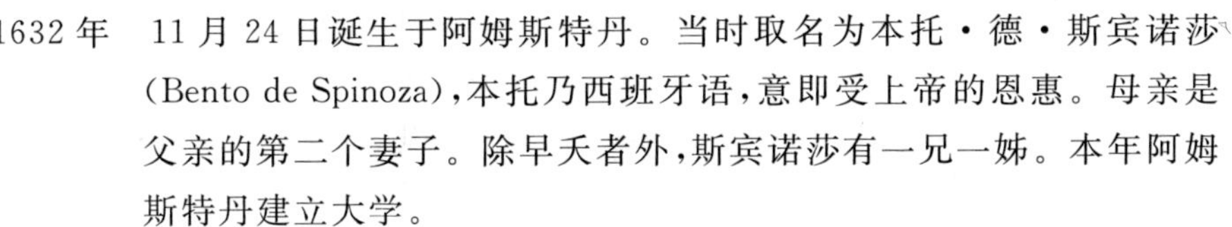

1632年　11月24日诞生于阿姆斯特丹。当时取名为本托·德·斯宾诺莎(Bento de Spinoza),本托乃西班牙语,意即受上帝的恩惠。母亲是父亲的第二个妻子。除早夭者外,斯宾诺莎有一兄一姊。本年阿姆斯特丹建立大学。

1636年　四岁　乌特勒支建立大学。

1638年　六岁　母亲死于肺病,葬于奥微尔开克(Ouwerkerk)村。斯宾诺莎在家庭接受其父的犹太传统教育。

1639年　七岁　以希伯来文拼音的名字巴鲁赫·德·斯宾诺莎(Baruch de Spinoza)进入阿姆斯特丹一所七年制的犹太教会学校,学习希伯来文、旧约全书和犹太典籍。得识两位犹太老师骚尔·摩台勒(SauI Morteria)拉比和马纳塞·本·伊色拉尔(Manassch ben Israel)拉比。

1641年　九岁　为了照顾孩子和家庭,父亲续娶了一位从里斯本逃亡出来的犹太女人，后母早年所接受的天主教使她感到有一种宗教的义务来培养斯宾诺莎，并使她不竭力鼓舞斯宾诺莎过早地以炽热的感情皈依犹太教。

1642 年　十岁　经伊色拉尔拉比的指导，在这期间曾阅读了中世纪犹太哲学家阿本·以斯拉(Ibn Ezra，1092—1167)、摩西·麦蒙尼德(Moses Maimonides，1135—1204)和卡斯达·克雷斯卡(Chasdai Crescas，1340—1410)的著作。同年，英国哲学家霍布斯(Thomas Hobbes，1588—1679)的《论公民》拉丁文版匿名在阿姆斯特丹问世。

1645 年　十三岁　在校成绩优异，深受老师器重，曾被他们视为犹太教的希望——"希伯来之光"。履行犹太教"坚信礼"仪式，正式成为犹太教教徒。此时也经常出入父亲经营的商行，帮助父亲料理财经事务。

1646 年　十四岁　学校毕业后，在一位德籍家庭教师斐宾格(Felbinger)指导下学习拉丁文。

1647 年　十五岁　阿姆斯特丹犹太自由思想家乌利艾尔·达科斯塔(Uriel d'Acost，生于 1590)由于反对灵魂不死和圣经神托的犹太教教义，被迫在犹太教堂遭受残酷无情的惩罚，最后自杀而死，留下著作《人类生活的典范》和《灵魂灭亡论》。

1648 年　十六岁　1618 年开始的欧洲三十年战争(荷兰反抗西班牙的民族独立战争重新于 1621 年爆发，交织在内)结束。不久，封建的西班牙国王终于在蒙斯特会议上正式承认资产阶级的荷兰联省共和国，从此荷兰开始了共和时代。

1649 年　十七岁　兄死，斯宾诺莎接替其兄工作，正式到商界服务，在这里结识了许多富有新思想的年轻门诺派和社友会(Collegiants)朋友，这些人以后成为斯宾诺莎小组主要成员。法国哲学家笛卡尔(René Descartes，1596—1650)由于自己进步学说日益受到限制，终于离开自 1629 年起就避居了二十年的荷兰，到瑞典去讲学。英王查理一世被判处死刑，随后克伦威尔上台。

1650 年　十八岁　荷兰内部君主派和共和派斗争加剧。9 月 31 日君主派领袖威廉二世逮捕荷兰议会六名议员，企图限制共和派权力。英国颁布"航海条例"。笛卡尔在瑞典斯德哥尔摩逝世。

1651 年　十九岁　1 月 18 日海牙各省议会全体大会确认联省共和国不是单一的共和国，而是七个共和国的联邦或联盟，因而各省有独立的主权。斯宾诺莎家所经营的商务十分发达。同年，霍布斯的《利维坦》拉丁文版在阿姆斯特丹出版。

1652 年　二十岁　进自由思想家范·登·恩德(Van den Ende, 1600—1674)在阿姆斯特丹开办的拉丁文学校学习拉丁文，在这里接触到笛卡尔哲学和自然科学，也得到广泛阅读古代唯物论哲学家卢克莱修、文艺复兴时期自然哲学家布鲁诺著作的机会。后来担任希伯来语教师，兼教数学等。英荷第一次战争(1652—1654)爆发。

1653 年　二十一岁　共和派领袖詹·德·韦特(Jan de Witt, 1625—1672)开始任荷兰省三级议会大议长。牧师宗教会议迫使国会颁布一个反对索西奴斯教或唯一神教教徒的法令，致使其中有些人后来参加社友会。

1654 年　二十二岁　英国对荷作战胜利，英荷签订"威斯敏斯特和约"，荷兰承担一个所谓"除名条款"。斯宾诺莎家经营的海运商业由于船只遭海盗所劫，损失颇大。3 月 28 日父死。12 月 5 日遗产分配发生争执，由姊呈请法院裁决，斯宾诺莎虽胜诉，仍将大部分遗产赠姊。

1655 年　二十三岁　荷兰法学家格劳修斯(Hugo Grotius，生于 1583)和法国唯物论哲学家伽森狄(Pierre Gassendi，生于 1592)相继逝世。斯宾诺莎自由思想继续发展。

1656 年　二十四岁　7 月 27 日，因为坚持思想自由、怀疑灵魂不灭、否认天使存在和主张上帝是具有广延的存在，犹太教会将斯宾诺莎永远革除教门，并要求市政当局下令驱逐斯宾诺莎出阿姆斯特丹。斯宾诺莎暂时避居于新教徒聚居的奥微尔开克村，将名字改为拉丁文拼写的别涅狄克特·德·斯宾诺莎(Benedict de Spinoza)。很快学会磨透镜技术，以此谋生。

1657 年　二十五岁　暂回阿姆斯特丹隐居。

1658 年　二十六岁　开始撰写《神、人及其幸福简论》(*Korte Verhandeling Van God, de Mensch, en deszelfs Welstand*)，大约在 1660 年完成。

本文的荷兰文纲要发现于1851年,荷兰文全稿发现于1860年。

1660年 二十八岁 迁居于莱登市郊的莱茵斯堡。这个住屋后未被辟为纪念馆,并用其姓命名所在的街道。在此期间曾以通讯方式指导阿姆斯特丹一个小组学习哲学,主要成员有后来成为医师、戏剧家的梅耶尔(Ludwig Meyer, 1630—1681)、最初贩卖香料后转而从事学术工作的耶勒斯(Jarig Jelles,?—1683)、后来对斯宾诺莎给以经济支持的德·福里(Simon de Vries, 1633—1667)、西班牙贸易商代理人彼特·巴林(Peter Balling)和书商詹·利乌魏特茨(Jan Rieuwertsz, 1617—?)。这些人都是他以前出入商界所交结的社友会教徒,他们并没有因为斯宾诺莎被革出犹太教门而断绝与他往来。

1661年 二十九岁 本年冬至次年春写就《知性改进论》(Tractatus de Intellectus Emendatione)(未终篇)。与英国皇家学会首任秘书亨利·奥尔登堡(Henry Oldenburg, 1615? —1677)相识,后者在7月曾去莱茵斯堡造访斯宾诺莎。以后,经过奥尔登堡的介绍,英国化学家波义耳(Robert Boyle, 1627—1691)和斯宾诺莎通信讨论科学问题。

1662年 三十岁 开始写主要哲学著作《伦理学》。经耶勒斯介绍,莱登大学(建立于1575年,是荷兰最早最有名的大学)神学系学生约翰·卡则阿留斯(Johannes Casearius, 1642—1677)来莱茵斯堡向斯宾诺莎求习哲学,斯氏因此人性情未定,"贪爱新奇胜于追求真理",改授笛卡尔的《哲学原理》,在讲授过程中用几何学方法撰成《笛卡尔哲学原理》第二章和第三章一部分,并交给阿姆斯特丹学习小组征求意见。英国皇家学会(the Royal Society)正式成立。

1663年 三十一岁 4月 去阿姆斯特丹小住两月。应朋友恳求又改写笛卡尔《哲学原理》第一章,合成《笛卡尔哲学原理附形而上学思想》(*Renati des Cartes Principiorum Philosophiae more geometrico demonstrata, accesserunt elusdem Cogitata Metaphysica*),在友人梅耶尔作序指明这不是作者本人的观点后,该书拉丁文版在阿姆斯特丹问世,出版者是耶勒斯。6月,迁至海牙市郊伏尔堡。由于磨制光学镜片优异,荷兰光学家惠更斯(Christian Huygens, 1629—

1695)开始与他交往,并通过惠更斯后来结识对光学同样颇有兴趣的阿姆斯特丹市长胡德(J. Hudde, 1628—1704)。继续撰写《伦理学》第一部分。

1664年 三十二岁 英荷第二次战争(1664—1667)爆发。《笛卡尔哲学原理附形而上学思想》由巴林译为荷兰文在海牙出版。十二月都德莱希特粮食商人威廉·凡·布林堡(William Van Blyenbergh,?—1696)写信给斯宾诺莎讨论神学和哲学问题,由于布林堡坚持神学家立场,最后不欢而散。通过胡德结识共和派领袖德·韦特成莫逆之交。

1665年 三十三岁 《伦理学》已写至第三部分八十个命题(大约是现存《伦理学》第四部分)。为配合共和派反对君主派和加尔文教的政治斗争,暂停《伦理学》写作而开始撰写《神学政治论》(Tractatus Theologico-Politicus)。斯宾诺莎健康状况不佳,已有肺病征兆。英国伦敦发生一场大瘟疫,死了近七万人。

1666年 三十四岁 继续撰写《神学政治论》,并与胡德讨论神学和形而上学问题。

1667年 三十五岁 荷兰海军袭击英国舰队成功,迫使英国接受和谈。德·维特颁布永久法令,进一步限制君主派奥伦治势力。同年法荷开始战争(1667—1668)。霍布斯的《利维坦》荷兰文版在阿姆斯特丹出版。友人德·福里去世,留下遗嘱要他兄弟给斯宾诺莎五百弗罗林的年金,但斯宾诺莎只接受三百弗罗林。友人奥尔登堡被监禁伦敦塔狱。继续撰写《神学政治论》,空闲时进行光学研究。

1668年 三十六岁 继续撰写《神学政治论》。友人法学家和医生阿德里安·考贝夫(Adrian Koerbagh)由于发表了两本书(对宗教和《圣经》的观点和斯宾诺莎十分相近)而被监禁,死于苦役。

1669年 三十七岁 《神学政治论》接近尾声。余闲时做一些流体物理学实验,并与耶勒斯进行科学讨论。友人巴林去世。

1670年 三十八岁 应德·韦特的邀请,迁入海牙市内,先住在一位早年帮助过格劳修斯躲避政治迫害的寡妇家里,不到一年,移住于一个名叫斯毕克(Spijk)的油漆匠家。《神学政治论》由书商詹·利乌魏特茨在阿姆斯特丹匿名出版，出版处署名“汉堡”，在 1677 年前、后各发行两种本子。此时可能开始撰写《希伯来简明语法》(*Compendium Grammatices Linguae Hebraeae*)，未完稿。

1671 年　三十九岁　新教教会宣布《神学政治论》为禁书。曾译笛卡尔著作为荷兰文的格拉塞马克(J. H. Glazemaker)把《神学政治论》译成荷兰文，由于斯宾诺莎的请求，此书当时未出版，直至 1693 年才问世。收到莱布尼兹寄来征求意见的光学著作(Notitia Opticae promotae)。从鹿特丹医生奥斯顿来信得知乌特勒支的凡尔底桑(L. Velthuysen)恶劣攻击《神学政治论》中的所谓无神论和不道德原则，斯氏立即作了答辩。重新开始撰写《伦理学》。

1672 年　四十岁　法军再次入侵荷兰(1672—1678)。英荷第三次战争(1672—1674)重新爆发。君主派利用战争时机，煽动群众反对德·韦特。8 月 20 日，德·韦特兄弟惨遭杀害。斯宾诺莎义愤填膺，写了一张“野蛮透顶”的标语，欲张贴街头，伸张正义，后因房东阻止，才免一死。

1673 年　四十一岁　二月普鲁士选帝侯卡尔·路德维希(Karl Ludwig)要他的参议海德堡大学教授法布里乌斯(J. L. Fabritius, 1632—1697)致信斯宾诺莎，聘请他到海德堡大学任哲学教授。由于担心哲学讲授自由受到限制，斯宾诺莎婉言谢绝了这一邀请。五月应法军统帅恭德亲王的邀请，前往乌特勒支法军驻地，受到盛情接待。回国后被疑有叛国罪，遭到国人猛力反对。继续撰写《伦理学》。

1674 年　四十二岁　《神学政治论》在莱登再版。神学家再度掀起攻击浪潮，该书终于与霍布斯的《利维坦》和梅耶尔的《哲学是圣经的解释者》一起被荷兰总督奥伦治三世以“宣传无神论”罪名禁止发售和传播。昔日的老师和朋友凡·登·恩德在巴黎因参加一次旨在推翻路易十四的革命行动而被送上断头台。有幸结识年轻的德国哲学家谢恩豪斯(E. W. V. Tschirnhaus, 1651—1708)。同年研究霍布斯政治学说，并与博克赛尔(Hugo Boxel)讨论幽灵和鬼怪是否存在以及必然与自由关系问题。

1675 年　四十三岁　《伦理学》(*Ethica ordine geometrico demonstrata*)完

稿，由于受到教会多方阻挠，放弃出版。由于谢恩豪斯的撮合，中断了十年之久的奥尔登堡和斯宾诺莎之间的通信恢复。博许（A. Burgh）和斯蒂诺（N. Steno）这两个以前受过斯宾诺莎影响的人，秉承罗马教会旨意，恶毒攻击斯宾诺莎。

1676 年　四十四岁　开始写《政治论》（*Tractatus Politicus*），由于病情恶化，只写到第十一章。莱布尼兹来访，得到斯宾诺莎一本《伦理学》抄本。为了反击神学家们对《神学政治论》的污蔑，斯宾诺莎在所藏的样书上增加若干旁注。与谢恩豪斯继续通信讨论形而上学问题。

1677 年　四十五岁　2 月病情进一步恶化，21 日下午 3 时在好友席勒（G. H. Schuller，1651—1679）身边与世长辞。留下约 160 本藏书。全部遗著委托耶勒斯处理。生前曾翻译《圣经》为荷兰文，已完成《摩西五经》，死前认为将来不会有人读此书而予以焚毁。25 日葬于斯波耶新教堂，许多著名人士前来吊唁。继后，他的一些最亲密的朋友耶勒斯、梅耶尔和席勒等在社友会的一所孤儿院里汇编他生前未发表的一些主要著作，11 月在阿姆斯特丹出版了一部以《遗著》（*Opera Posthuma*）为书名的拉丁文著作集，共包括斯宾诺莎五篇著作：《伦理学》、《政治论》、《知性改进论》、《希伯来简明语法》和《书信集》。既无编辑者名字，又无出版地点，作者的名字只简单地刊以“B. D. S.”三个缩写字母。稍后又出版了格拉塞马克翻译的荷兰文《遗著》版（*De nagelate Schriften*）。

1678 年　6 月 25 日荷兰政府禁止《遗著》发行，直至十九世纪以前未能重印。《神学政治论》由圣·格兰（Gabriel de Saint Glain）译为法文以《至圣殿的钥匙》（*La Clef du Sanctuaire*）的书名在阿姆斯特丹出版，书中注释有 31 则。

1687 年　失传多年的自然科学论文《虹的代数测算》（*Stelkonstige Reeckening van den Regenboog*）发现。

1688 年　《神学政治论》的第一种英译本在伦敦出版。

1693 年　柯恩拉特（H. Koenraad）以荷兰文翻译并出版《神学政治论》（据拉丁文第一版早期发行本），出版处署“汉堡”。

1694 年　惠尔（H. J. von der Weyl）以荷兰文译出《神学政治论》（据拉丁文第

一版后期发行本),出版处署“不来梅”。

1800 年　海牙政府在斯宾诺莎最后居住的房屋附近建立斯宾诺莎雕像。

1802 年　默尔(Ch. G. von Murr)出版有 33 则注释的拉丁文本《神学政治论》。保罗斯(G. Paulus)重新出版《遗著》拉丁文两卷本。

1862 年　《神、人及其幸福简论》第一次在范·伏洛顿(J. Van Vloten)的《别涅狄克特·德·斯宾诺莎著作补遗》(阿姆斯特丹)里刊行问世。

1882 年　荷兰斯宾诺莎纪念委员会开始出版新编《斯宾诺莎著作集》,编者范·伏洛顿和兰德(J. P. N. Land)。此版是斯宾诺莎著作标准版,初版(1882—1883)时是两卷本;1895—1896 再版时改为三卷本;1914 年三版时,又改为四卷本。前此,斯宾诺莎著作集出版过四次:1802—1803,编者保罗斯,两卷本,耶拿;1830—1831,编者格弗雷勒(A. Gfoerer),两卷本,斯图加特;1843—1846,编者布鲁德(C. H. Bruder),三卷本,莱比锡;1875—1882,编者金斯贝尔格(H. Ginsberg),四卷本,海德堡。

1883 年　《机遇的计算》(*Reeckening Van Kanssen*)原稿发现,长期以来,它被认为已由斯宾诺莎本人焚毁。《斯宾诺莎藏书目录》(*Inventaire des Livres Formant La Bibliotheque de Benedict Spinoza*)在海牙出版,编者卢今(A. J. Servaas Van Rooijen)。

《斯宾诺莎书信集》文献

一、附有《书信集》的全集版

甲、原始版本：

1. B. D. S. Opera Posthuma，quorum series post praefationem exhibitur. O. O.（Amsterdam：Jan Rieuwertsz.）1677.

2. De Nagelaten Schriften van B. D. S. als Zedekunst，Staatkunde，Verbetering van t Verstant，Brieven en Antwoorden. Uit verscheide Talen in het Nederlandsche gebragt. O. O.（Amsterdam：Jan Rieuwertsz.）1678.

3. Benedicti de Spinoza opera，quae supersunt，omnia. Iterum edenda curavit，praefationes，vitam auctoris，necnon notitias，quae ad historiam scriptorum pertinent. addidit Henr. Eberh. Gottl. Paulus. Ph. ac. Th. D. hujus Prof. Ord. Jenensis. 2 Bde. Jena，1802/1803.

4. Benedicti de Spinoza Opera Philosophica omnia，ed. et praef. adj A. Gfoerer. Stuttgart：Metzler，1830/1831.

5. Benedicti de Spinoza Opera quae supersunt omnia. Ex ed. principibus denuo ed. et praef. est Carolus Hermannus Bruder. 3 Bde. Leipzig：Tauchnitz. 1843—1846.

6. Spinozae Opera philosohica im Urtext, ed. H. Ginsberg. 4 Bde. Leipzig: Koschny/Heidelberg: Weiss, 1875—1882.

7. Spinoza, Benedict: Opera quotquot reperta sunt. Ed. J. van Vloten et J. P. N. Land (Lateinisch und Niederländisch). Haag, 1882/1883, 2 Bde.; [2]1895/1896, 3 Bde.; [3]1914, 4 Bde.

8. Spinoza Opera. Im Auftrage der Heidelberger Akademie der Wissenschaften hrsg. von Carl Gebhardt. 4 Bde. Heidelberg: Winter. 1925; [2]1972 (Kritische Ausgabe).

9. Spinoza: Opera. Lateinisch und deutsch. 4 Bde. (Bisher erschienen: Bd. II). Darmstadt: Wiss. Buchgesellschaft, 1967.

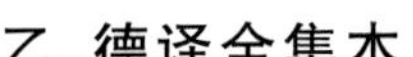

乙、德译全集本：

1. B. v. Spinoza's sämmtliche Werke. Aus dem Lateinischen mit dem Leben Spinoza's v. Berthold Auerbach. 5 Bde. Stuttgart: Scheible, 1841; 2. durchges. und mit den neu autgefundenen Schriften vermehrte Auflage Stuttgart: Cotta, 1871.

2. B. v. Spinoza's sämtliche philosophische Werke, übers. u. erl. v. J. H. von kirchmann und C. Schaarschmidt. Berlin, 1868—1869. [Erläuterungen zu den Briefen in Bd. 46, 1871, v. Kirchmann]

3. Spinoza's philosophische Schriften. Hrg. v. S. Ewald. 2

Bde. Gera: Beckmann, 1887—1890.

4. Spinoza's sämtliche Werke, übers. v. J. H. Kirchmann, G. Schaarschmidt u. O. Baensch. 2 Bde, Leipzig: Dürr, 1871—1905.
5. (Spinoza:) Sämtliche Werke. Hrg. v. O. Baensch, A. Buchenau, C. Gebhardt 4 Bde. Leipzig: Meiner, 1907 bis 1914.
6. (Spinoza:) Sämtliche Werke, in Verbindung mit O. Baensch und A. Bachenau hrg. und mit Einleitungen, Aumerkungen und Registren versehen von C. Gebhardt. 3 Bde. Leipzig: Meiner, 1914—1922.

丙、法译全集本:

1. Oeuvres de Spinoza. Trad. par E. Saisset. Paris: Charpentier, [1]1842, 2 Bde.; [2]1861, 3 Bde.; [3]1872, 3 Bde.
2. (Spinoza:) Traités et Correspondance. Ed. Appuhn. Paris, 1907—1909, 3 Bde.; 1928—1929 u. 1964—1966, 2 Bde.
3. Spinoza: Oeuvres Complètes. Texte nouvellement traduit ou revu, présenté et annoté par Roland Caillois, Madeleine Francès et Robert Misrahi o. O.: Gallimard, 1954.

丁、英译全集本:

1. (Spinoza:) Benedict de Spinoza, his Life, Correspondence and ethics. London: Trübner, 1870.

2. (Spinoza:) The chief Works of Spinoza, transl. by R. H. M. Elwes. 2 Bde. London: Bell, 1883/1884.

—— with an Introduction by Frank Sewall. 1 Bd., Washington, D. C./London: Dunne, 1901.

—— dass. New York: Wiley, 1901.

—— dass. New York: Tudor, 1936.

——with a bibliographical note by Francisco Cordasco. New York: Dover Publ., 1955.

—— dass. Gloucester (Mass.): P. Smith, 1962.

—— dass. New York: Dover, 1966.

3. Spinoza: Works (Selection). Ed. by J. Wild. London, 1930.
4. (Spinoza:) The collected Works of Spinoza, transl. by Edwin M. Curley, Bdl, Princeton University, 1985.

戊、荷译全集本:

1. Spinoza: werken, vert. W. Meijer. 6 Bde. Amsterdam, 1895—1901.

二、《书信集》的单行本

甲、德译单行本:

1. Spinoza: Briefwechsel und andere Dokumente. Ausgewählt und übertragen von J. Bluwstein. Leipzig: Insel, [1]1916; [2]1923; [3]1932.

2. Spinoza：Briefwechsel. Verdeutscht und mit Einleitung und Anmerkungen versehen von J. stern. Leipzig：Reclam, [1]1904；[2]1926.

3. （Spinoza：）Der Briefwechsel Spinozas. Ein Menschenbild. Vom Verfasser des Spinoza Redivivus und Augustinus Redivivus. 2 Bde. Halle：Weltphilos. Verlag，1919/1920.

4. Baruch de Spinoza，Briefwechsel，übers. und Anmerkungen von Carl Gebhardt，Leipzig：Meiner，1914.

5. Baruch de Spinoza，Briefwechsel，Übers. und Anm. von C. Gebhardt，Zweite，durch weitere Briefe ergänzte Auflage mit Einleitung und Bibliographie von Manfred Walther，Hamburg：Meiner，1977.

乙、俄译单行本：

1. （Sphinoza：）Briefwechsel. Text und Übers. v. L. Ia. Gourevitch. m. e. Vorw. v. A. L. Volynski，Peterburg，1891.

2. （Spinoza：）Briefwechsel. Übers. u. m. Anm. vers. v. K. Brouchlinski，m. e. Einl. v. V. Timosko，Moskau，1932.

丙、英译单行本：

1. （Spinoza：）The Correspondence of Spinoza. Translated and Edited with Introduction and Annotations by A. Wolf. London：Frank，Cass & Co. Ltd. /Allen Unwin，[1]1928；[2]1966.

丁、其他语言单行本：

1. B. Spinoza, Lettere. Trad. , intr. en. di Ubaldo Lopez-Pegna. 2 Bde. Lanciano: Carabba, 1938.

2. (Spinoza:) Epistolario. Prima Edizione integrale, hrg. v. A. Droetto. Turin, 1951.

3. Spinozas Briefe, mit Einleitung und Kommentar, hrg. v. L. Kolakowski, Warschau, 1961.

4. Spinoza Briefwisseling, vertaald uit het latijn en uitgegeven uit de bronnen, van een inleiding, verklarende en tekst-kritische aantekeningen vorzien van F. Akkerman, H. G. Hubbeling en A. G. Westenbrink. Amsterdam-Antwerpen: Wereld Bibliothek, 1977.

三、《书信集》研究重要参考文献

1. Willis, R. : Spinoza. His Life, Correspondence and Ethics. London: Trübner, 1870.

2. Stern, Alfred: Über einen bisher unbeachteten Brief Spinozas und die Korrespondenz Spinozas und Oldenburgs im Jahre 1665. Nachrichten der Göttinger Königl. Akademie der Wissenschaften, 1872, Nr. 26, S. 523—527.

3. Land, Jan Pieter: Een vergeten origineel van Spinoza. De Nederland sche Spectator v. 17. 5. 1879.

4. Pollock, Friedrich: Ms. Letters of Spinoza in the Royal Soci-

ety Library. The Atheneum, Oct. 30, 1880.

5. Pollock, Friedrich: Spinoza, his Life and Philosophy, London, 1880.

6. Baltzer, August: Spinozas Entwicklungsgang, besonders nach seinen Briefen geschildert. Kiel: Schmidt & Klauning, 1888.

7. Freudenthal, Jacob: Lebensgeschichte Spinozas in Quellenschriften, Urkunden und nichtamtlichen Nachrichten. Leipzig, 1899.

8. Stein, Ludwig: Leibniz und Spinoza, Berlin, 1890.

9. Martineau, James: A Study of Spinoza, London/New York, 1895.

10. Meijer, Willem: Nachbildung der im Jahre 1902 noch erhalten eigenhändigen Briefe des Benedictus Despinoza. Haag, 1903.

11. Wolfson, H. A.: The Philosophy of Spinoza, 2 Bde. New York, [1]1934, [2]1969.

12. Wolf, A.: An Addition to the Correspondence of Spinoza. Philosophy 10, 1935, S. 200—204.

13. Feuer, L.: Spinoza and the Rise of Liberalism, Boston, 1958.

事项索引

Accident 偶性 9,11,15,16,67,72,245

Adequate Ideas 恰当观念 262,263,265,266

Aids to Imagination 想象的辅助工具 57,58

Aids to Thought(或 Things of Reason) 思想辅助工具(理性存在物、思想物)8,57,343

Air 空气 4,20,22,25,27—29,35,50,69,70,74,75,146,191,243,246,250,319

Air Pump(或 Pneumatic Engine) 空气唧筒 74

Alchemists 炼金术士 32,74,76,284

Amsterdam 阿姆斯特丹 5,14,17,41,42,46,61,64,71,73,76,115,132,137,140,142,144,147,151,165,169,179,185,186,193,212,215,217,222,225,226,229,236,260,272,273,292,303,309,312,344—352

Anatomical 解剖学的观察 164

Ancient Hebrews 古代希伯来人 313

Ancient Philosophers on God and Nature 古代论神和自然的哲学家 60

Angels 天使 135,149,151,200,201,283,317,347

Antimony 锑 306,309,312

Antipathies and Sympathies of Thing 对事物的反感和同情 284

Apostles, the 使徒 202,267,281,282,284—287,298,315,317,320,323,327

Apparitions 幽灵 230—235,240,241,249—251,350

Ghosts 鬼怪 230,235,237,239—242,246,250,251,350

Applicates to Curves 曲线应用 263,265

Association of Ideas 观念的联系和结合 82以下

Atheists 无神论者 89,154,208,213,290,345

Atheism 无神论 153,154,206,208,209,212,223,233,350

Atomists 原子论者 250

Attributes 属性 3,6,8—14,16,31,35,40,44—48,61,72,114,123,134,170,177,238,243,248—250,271,273—278,307,339—341

Axiom 公理 9,11,12,15,17,39,42,43,48,77,140,173,186,187,189,196,

199,249,274,307,311,343

Beauty 美 158,239,245
Bees, Wars of 蜜蜂之争斗 92
Blood 血 82,146,152,158,159,165,296,325,327
Body and Soul 身体和心灵 3,138,160,277

Calvinists 加尔文派教徒 282
Cartesians 笛卡尔学派人 303
Catholicism 罗马天主教 301
Cause 原因 6—9,12,16,17,21,25,26,28,29,31,34,37,50—52,54,59,60,63,66,67,69,71,75,82,83,87,88,91—94,97,103,109,110,118—120,124,128,133,134,143,155,159,167,168,170,172,178,179,183,184,187,189,193,198,221,226,232,244,245,248,251,254,255,257—259,262,263,266,268,270,271,273—275,298,307,311,313,314,317,321,330,337
Certain Phisiological Essays 《几篇物理学研究论文》 4
Chances, Calculation of 机遇计算 183
Chemistry 化学 5,26,32—34,40,49,51,74,185
Chemists 化学家 4,24,32,51,52,73,76,189,348
China 中国 286
Christ 基督 63,76,125,202,206,224,281,282,284—291,293—295,297,298,300,310,314—316,319—321,323,326,327,329,331,332,334
Christianity 基督教 89,195,201,212,224,267,285—287,291,294—296,298,300,302,317,323,326,328,334
Christians 基督教徒 38,96,123,133,166,193,206,282,287,289,310,313,314,325,326
Chyle 乳糜 27,158,159,165
Circle 圆 6,8,9,11,13,16,29,48,51,56,59,62,86,91,92,94—101,103—106,108—113,116,119,121,123,124,128,129,134—136,139,167,174,175,184,187,188,219,239,240,244,245,248,263—265,299,314,330,335,337,339
Colours 颜色 10,24,34,50,51,53,69,72,141,142,148,165
Cometographia 《彗星志》 150,152
Common Notions 共同概念 15,17,48
Concursus Dei 神的助力 87,88,91
Confession of the Universal Christian Faith 《一般基督教信仰的自由》 224
Confusion in Nature 自然的纷乱 158
Conjecture 揣度 249
Conjecture 推测 12,18,32,38,48,65,76,137,148,164,194,268,313,342
Conserve of Roses 玫瑰蜜饯 146
Contingency 偶然 51,109,119,148,178,180,215,234,238,239,242,243,247,248,251,252,319
Corinthians, Epistle to the 《哥林多前书》 320
Corporeal Substance(或 Extension) 广延

实体 56
Corpuscularian Philosophy 分子哲学 24,50,66,141
Creation 创世 299
Curves, Measurement of 曲线量度 265

Definition 界说 6,8—11,14—16,38—40,42—48,54,55,93,140,167,168,170,173,262,263,265,266,338—340
Deists 自然神论者 194,208
Dependence on God 对神的依赖 131
Descartes' *Dioptrics* 笛卡尔的《屈光学》 183
Descartes' Laws of Motion 笛卡尔的运动定律 155,160,164
Descartes' *Meditations* 笛卡尔的《沉思集》 186,253
Descartes' *Method* 笛卡尔的《方法谈》 253
Descartes' *Principles* 笛卡尔的《哲学原理》 68
Determination 规定 48,56,57,59,102,159,177,204,229,263,274,287
Dreams 释梦 74 以下
Duration 绵延 55—59,61,62,170,174,175

Eclipses of Jupiter 木星蚀现象 143
Elasticity of Air 空气的弹性 4
Elements 元素 33,53,76,79,100,105,120
Ellipse 椭圆 184
England 英格兰 3
Equality in Games of Chance 游戏里机会相等 181
Error 错误 6—8,10,13,24,30,57,60,72,97,98,100—102,104,107—110,113,127,129,131,133,138,153,155,160,164,179,180,186,194,196,197,200,202—204,208—211,213,218,249,253,262,263,270,285,290,293,300,311,324,326,328
Essence 本质 6,8,9,11—13,16,38,39,43,44,47,48,55,56,60,66,83,91—93,98,100—106,108,126—131,133—139,168,174,175,199,201,210,227,230,238,248,252,255,266,271,273—275,283,302,307,311,319,333,338,340,341
Eternal Truths 永恒真理 17,48,197,198
Eternity 永恒 36,43,47,55—57,61,116,123,134,170,175,187,194,195,198,210,238,243,245,282,285,291,293,296,300,314,324,340,341,360
Ethics 《伦理学》 6,8—10,17,42,46,48,61,63,84,89,124,136,137,139,140,144,147,148,151,169,206,213,252,260—262,264—266,270,272,274,275,277,279,304,309,315,328,339,348—351
European War 欧洲战争 156
Evangelists 福音书作者 329,332
Evil 恶 24,31,34,51,62,77,87—89,91,92,97—100,102—107,111,112,117,118,120,124,127,128,130,132—

136,139,147,149,153,189,194—196,198,200,205,206,208—210,224,233,255,260,261,269,281,284,285,289,290,294,295,297,298,314,315,317,319,322,324,327,328,333,336,350,351

Evil Spirits 魔鬼 94,118,125,127,146,228,233—235,283,324

Existence 存在 3,4,6,8—17,28,31,32,39—41,43—48,51,55,56,58—63,66—68,70,72,79,82,83,87,88,91,92,97—99,101,103,104,111—113,115—119,121—125,127—129,132—134,136—138,140,145,147,155,159,160,162,163,167,168,170—175,186,189,193,199,207,212,217,220,226—228,230,231,233—237,239—241,243—246,248,251,257,262,265,266,271—275,283—287,295,298,303,309,313,315,316,319,321,323,327,335,337,338,340,343,347,350

Experience 经验 13,14,25,33,34,46—48,67,81,82,107,111,121,161,191,194,195,223,231,234,253,256,258,259,261,262,276,280,281,283,284,288,311,331

Experiments 实验 4,12,14,17,19,21—30,32—35,37,49—51,53,67—70,74—76,79—81,141,142,148,149,155,156,160,164,166,186,190—192,312,349

Extension 广延 3,6,8,9,13,15,16,138,173—175,177,262,271,273—278,299,315,335,337—341,347

Fall,the 人类的堕落 87,90 以下

Fatalism 宿命论 208 以下,318 以下,328 以下

Fate 命运 37,81,140,194,195,198,206,209,210,291,316,318,323,327,329,360

Father and Son 父与子 83 以下

Father, the 圣父 235,281,282,285,291,343

Father, the 教父 291

Geometrical Figures 几何图形 340

Figures 形状 25,44,79,228,262,299,335

Finite and Infinite 有限和无限 240

Fire, Nature of 火的性质 51

First Cause 第一原因 6,12,31,88

Fixed Stars 恒星 246

Fluidity and Firmness 流动性和凝固性 4,17,18,33,52

France 法国 41,53,151,156,161,194,221,230,256,306,309,311,312,336,344,346,347

Frankfurt, a. m. 法兰克福(美茵茨的) 217,218,220,221,312

Freedom 自由 7,8,10,12,28,36,68,72,73,82,83,85,88,99—102,108,109,118—120,123,125,131,136,138,146,149,151,153,154,161,193,197,199,205,207—211,221,222,243,244,248,251,252,254,255,257—261,286,290,302,312,318,323,327,334,336,

346,347,350,360
Freedom of Thought 思想自由 151,154,347
Freewill 自由意志 242,254,256

Gentiles 异教徒 212,291,325
God 神 3,5,6,8,11,12,14,16,31,33,35,37,40,42,53,60,61,80,82,85,87—89,91—131,133—136,138,139,146,152,154,155,165,167—175,186,189,194—196,199—203,206,209—215,224,227,228,230,235,236,238—240,242—245,247—252,255,257,258,260,265,267,271,273—278,282—287,289,290,292,294—300,302,303,307,308,310,311,313—326,330—332,334,336,338—341,346,347,360
Gold, Transmutation of Base Metals into 炼金 189
Gospels 福音书 317,320,321,334
Gravitation 万有引力 191 以下
Greece 希腊 76,215,236,242,252,321,330

Hague, The 海牙 13,39,71,145,150,161,169,212,215,219,221,223,224,226,228,232,241,251,260,266,275,279,302,304,305,312,315,321,327,332,337,341,342,347—349,352
Harmony of Nature 自然的和谐 157 以下,163 以下
Heat 热 3,20,21,24—26,34,36,39,69,74,82,89,90,96,106,113,117,124,137,146,148,153—155,165,178,201,215,222,234,248,249,261,269,293,298,307,332,341,346,361
Heathens 异教徒 325
Hebrews, Ancient, on God and Nature 古代希伯来人论上帝和自然 313
Hebrews, Epistle to the 《圣经·使徒行传》 323
Heidelberg 海德堡 221—223,336,350,352
Holland 荷兰 4,41,42,46,61,71,72,75,84,89,95,105,115,123—125,132,137,140,142,145,147,148,151,157,161,163,166,169,172,177,181,183,185,188,192,213—215,221,225,228,230,232,236,241,247,251,256,260,267—269,304,324,327,336,337,345—352
Homo Politicus 《政治人》 214,215
Hydrostatic Experiments 流体静力学的实验 149
Hyperbola 双曲线 184,188
Hypostatical Principles 实质基素 74,76

Ideas 观念 10,11,13—15,17,40,45,83,84,134,136,138,158,160,172,179,180,186,187,189,199,227,240,245,250,252,262,263,265,266,271,273—276,278,279,283,296,307,309,311,324
Ideata 观念对象 307,311

Imagination 想象 29,44,55—57,61,62,81—84,104,116,117,120,158,159,179,198,237—241,250,258,286,319

Imperfection 不圆满性 92以下,102以下,170,174

India 印度 280,324

Indifference 漠不关心 248

Infinite 无限 3,6,8,9,11,13,15,16,27,34,40,44,45,54—63,125,136,138,141,159,160,170,177,186,189,229,240,244,245,263,271—273,275—279,282,288,291,302,323,324,334,335,337,339—341,360

Infinite Modes 无限样态 276,277

Intellect 知性 31,40,45,52,80,82,112,113

Islam 伊斯兰教 326

Insraelities 以色列人的观念 200,320

Jealousy of Doves 鸽子之忌妒 92

Jews 犹太人 46,60,165—167,200—202,206,216,222,235,287,297,320,345

Jupiter 木星 143,246

Kings 皇君 314

Koran 可兰经 206

Lenses 透镜磨制 164,175,216

Leyden 莱登 4,41,54,131,145,147,151,169,213,215,225,226,256,280,292,301,306,348,350

Light of Nature 自然之光 11,13,124,211,295

Limitation 限制 11,15,54,55,74,100—102,105,106,119,122,138,159,170,177,222,229,249,276,279,317,329,331,346,349,350

London 伦敦 4,5,13,14,18,32,36,37,53,75,81,141,150,151,153,156,162,164,166,177,193,256,268—270,272,278,317,330,334,349,351

Longitude at sea, Determination of 海上经度代研究 150,156

Love of God 对神的爱 94,208以下

Lymph 淋巴 158,159

Machine for polishing Lenses 磨透镜机 161

Mahometan Church 伊斯兰教会 326

Mainz 美因茨 161,217,218,220

Man 人 1,3—8,10—13,15—18,23,24,26,28,29,31—38,41—47,49,51—54,56—62,64,65,67,68,71—74,76—96,98—101,103—108,110—114,116—118,120—131,133—140,143—157,160,161,163—169,176,180—183,185—187,189,193—216,218,219,221—261,263,265,267—270,272—274,276,278,280—303,305—310,312—314,316—334,336,338,339,341,343—352,360,361

Mars 火星 246

Martyrs 殉教者 282

Mathematicians on the Infinite 数学家论

无限 58,355
Matter 物质 11,15,16,19—22,25,28,33,50,52,53,59,65—67,69,70,76,79,126,228,230,240,243,250,298,299,302,312,313,315,319,338—341
Measure 量度 57,58,150,263
Mechanics 力学 12,14,33,68,76,141,149,188,216,218,219,266,333
Mechanistic Philosophy 机械论哲学 12,24,51,68,141
Memory 记忆 10,55,80,83,138,179,240,245,323
Mennonites 门诺教派 282,323
Metaphysical Thoughts 《形而上学思想》 10,35,61,72,86,89,114,115,124,125,138,229
Method 方法 6,11,26,30,32,33,63,116,123,136,168,178—180,184,201,206,215,216,253,262,263,265,272,319,327,343,348
Microscopes 显微镜 33,141—143,239
Microscopic Observations 显微镜观察 142
Miletus 米利都 214
Milk in Blood 血中的奶质 165
Mind(or Soul) 心灵 3,6,7,10,11,13,47,82—84,97,103,112,113,118,119,131,138,139,146,153,156,158,160,167,178,179,196,199,203,210,243,259,261,267,268,274,276—280,283,284,289,290,293—296,317,328,330,331,334,360
Miracles 奇迹 149,151,197,198,251,284,285,289,295—297,310,313—316,319,321,325,329,331,334
Mode or Modification 样态或分殊 55—57,271
Mohammedan Church 伊斯兰教会 326
Moon 月亮 184,244
Morality 道德性 195以下,199以下,208以下
Motion 运动 6,9,11,12,20,21,23—29,33,34,49,51,53,59,62,66,67,69,70,79,87,97,106,122,131,138,143,150,152,155,158—160,162—164,166,187,192,197,198,254,257,258,262,265,271,275,276,298,299,313,315,335,337—339
Munster, the Bishop of 明斯特主教 156,157,163

Nations 民族 80,193,200—202,206,208,325,346
Natural Right 自然权利 227,229,341
Natura naturans 产生自然的自然 45
Natura naturata 自然产生的自然 45
Nature 自然 3—6,9,11—13,16,20,26,28,29,31—34,36,51,53,55—57,60,61,68,69,89,94,96,108,109,111,113,115,116,124,132,133,138,152,154,157—160,163,168,170,171,186,189,194,197,198,201,206,207,227,252,264,271,272,283,285,301,302,310,313,315,316,320,321,328,329,337,339,341,347,351
Necessity 必然性 48,119,120,144,

172,180,194—199,209,210,243,244,248,251,252,257,259,316,318,319,321,328,329,331,334

Negation 否定 33,62,72,99,100,103,109,114,117—119,124,125,135,173,174,177,228,229,238,243,244,249,250,253,254,256,274,294,297,299,311,343

New Philosophy, the 新哲学 213,292,301

New Physico-Mechanical Experiments Touching the Spring of Air 《空气膨胀新物理学-力学实验》35,37,74

Nitre 硝石 17—24,33—35,49—51,65—70,79,80,141

Note on Advanced Optics 《高等光学注释》 216,218

Number 数目 58,77,167,168,181,182,205,227,325,335,337

Number 数量 20,22,43,56,57,175

Occult Qualities 隐秘的质 13,14,32,251,252

Omens 预兆 81—84,246

Optics 光学 33,46,150,152,160,169,175,185,216,348—350

Order in Nature 自然秩序 157 以下

Other Nations 别的民族 200,212,325

Overijsel 奥弗赖塞尔 161

Oxford 牛津 14,156,164,165,342

Paradoxical Theologian 荒谬的神学家 197,207

Paris 巴黎 41,61,157,301,306,308,309,339,350

Patriarchs 雅各兄弟 282

Pendulum Clocks 摆钟 152,191

Perfection 圆满性 11,88,91—94,96—106,108,109,111,116,126—130,170—172,174,175,189,233,239,245,248

Peripatetics 逍遥学派 32,60,62,63,76,246

Philosophers 哲学家们 56,79,94,152,230,253,344

Philosphers' stone 哲学家试金石 284

Philosophy 斯氏哲学自评 324 以下

Philosophy, the Interpreter of Scripture 《哲学是圣经的解释者》 61,76,207,350

Plague of London 伦敦瘟疫 268

Platonists 柏拉图主义者 246

Political Theologian, the 政治神学家 205

Political Treatise 《政治论》 153,154,216,229,341,342,351

Pope of Rome 罗马教皇 297,301

Power 力 3—5,12—14,18,25,27,28,30,31,33,34,36,40,50,51,53,54,57,58,63,68,69,71,74,76,77,80,81,84,85,87,88,90,91,93,96,98,100—102,106—108,112,114—117,120—122,126—128,130,138,141,143,145,146,149,151,153,154,156,157,159—161,164,167—173,175,179,186,188—194,196,198—201,203—205,208,

211,216,218,219,227,229,242,244,247,248,250,251,254,256,258,259,261,266—268,274,280,281,284—289,292,294,297,298,300,302,303,305,311,315—317,319,320,323,325,328—331,333,334,337,338,346,349,350,360

Preservation 保存 86,87,97,103,105,113,119,122,128,136,139,193,194,261,285,306,323,325

Principles of Descartes proved geometrically 《几何学证明笛卡尔原理》 155,170

Privation 缺乏 7,92—94,98—101,103,104,117,118,124,146,152,173,174,200,244,245,249,263,295,315

Probability 概然性 244

Prodromus Cometicus 《彗星序论》 150

Proof 证明 6—9,11,15,17—19,24—27,34,35,37—40,43—45,49—51,54—56,59,60,63—67,69—73,77,82,83,88,89,91,92,94,97,102,107,108,111,114,115,117,120,123,126,130,132,133,135,136,144,154,160,167,168,170—173,178,179,181,184,186—189,200,202,206,208,211,227,231,234,235,241,244—246,249,253,260,271,274,275,277,281—284,288,299,300,303,307,308,315,321,326,327,333—338,340

Prophets 先知 93,94,110,111,122,123,125,195—197,282,332

Providence 神意 91,107,110,131,299

Providence 天道 206,288

Psalms 《圣咏集》 113

Pygmies 侏儒 284

Pythagoreans 毕达哥拉斯派 246

Qualities 性质 4,10—14,24,32—34,40,45,49,50,59,65,66,68,72,79,80,94,98,116,117,124,128,130,136,149,151,159,162,167,170,172—175,177,184,195,198,202,203,233,239,248,250,259,263,265,266,317,330

Quantity 量 3—5,11,19—22,25,26,30,33,43,47,49,54—59,61,66,69,70,74,81,93,98,100—102,105—108,112,116,121,126—128,130,145,150,156,157,159,163,165,168—172,175,179,186,190,191,196,198,200,203—205,208,227,234,248,250,254,257,259,261,263,265,267,268,284,285,287,294,297—299,302,315—317,320,321,323,325,329,330,333,334

Real Accidents 真实的偶性 66—67

Reason and Virtue 理性和德性 303

Reason, Thing of 理性存在物 8,10,57,343

Reformers 宗教改革派 323

Refraction 折射 175—177,184,218,340

Regression of Cause 原因的无限递推 187

Religion and the State 宗教和国家 199以下,203以下

Responsibility 义务 49,65,119,203,204,346
Responsibility 责任 149,151,205,306,329
Restoration of Flowers 花草的复活 284
Reward and Publishment 121 以下,195 以下,209 以下,329
Rhynsburg 莱茵斯堡 3,4,8,16,31,41,46,47,61,71,82,84,159,301,348
Royal Society, the 英国皇家学会 4,142,143,272,332,348

Salvation 拯救 93,94,108,111,202,210,212,291,293,302
Saturn 土星 143,240,246
Sceptical Chymist 《怀疑的化学家》 73
Scepticism 怀疑论 249
Sceptics 怀疑派 244
Schiedam 雪丹姆 90,124,132
Schools, the 经院学派 32,49,79
Scripture 《圣经》 349,351
Sensible Species 意识中的影相 251,252
Short Treatise, Spinoza's 《神、人及其幸福简论》 8,9,34,233,261,347,352
Sin 罪孽 31,92,98,107,129,289,333,334
Sinai 西奈山 320
Socinians 索西奴斯教徒 122
Solomon's Temple 沙罗蒙寺院 43
Soul 心灵 3,6,7,10,11,13,47,82—84,97,103,112,113,118,119,131,138,139,146,153,156,158,160,167,178,179,196,199,203,210,243,259,261,267,268,274,276—280,283,284,289,290,293—296,317,328,330,331,334,360
Sounds 声音 24,34,51,69,156,245,291
Space and Time 空间和时间 11,57—59
Species 影相 252
Specific Differences 特殊差异 49
Spinoza
Spinoza Circle 斯宾诺莎小组 346
State, Philosophy of 国家哲学 199 以下,203 以下,227
Stoics, the 斯多噶学派 246
Substance 实体 6,8—13,15,16,40,44—46,48,55—57,59,61,67,72,87,88,131,138,139,159,160,177,234,245,264,276,315,341
Substantial Forms 实体的形式 32,33,49,65,251,252
Subterranean World 《地底世界》 149,151,155
Sun, the 太阳 29,53,240,244,246
Superstition 迷信 120,194,200,208,240,241,314,315,323,325,326
Sweden 瑞典 156,157,161,166,221,226,346,347
Syrens 海妖 284

Tangents, Method of 切线方法 263
Tartars 鞑靼人 286

Teleology 目的论 28 以下

Telescopes 望远镜 33,143,144,152,164,176,184,187,188,219

Temple of Solomon 沙罗蒙寺院 43

Theologians 神学家 31,34,36,52,63,80,88,115,122,125,149,151,153,196,197,205,207,211,213,230,251,252,267,270,303,304,315,343,344,349—351

Theology 神学 4,36,41,53,89,122,124,133,134,185,189,206,213,221,249,252,281,308,348,349

Thinking Substance 能思的实体 131

Thought 思想 3,8—11,13,15,36,39,40,43,45,46,52,54,57,58,62,71,72,77,83,86,95,97,101,104,107,117,119,122—124,126,134,135,138,139,141,144,153—155,160,163,167,173—175,178—180,186,187,189,193—195,198,200,201,205,207,214,225,229,233,247—249,251—255,257—260,267,268,270,271,273—278,280,292,294,295,305—307,310,312,315,317,320,328,329,333,336,340,341,343,345—349,360

Tienen 梯恩 324,328

Time 时间 4,11,14,18,35,39,42,48,52,53,57—65,83,86,88,89,112,113,131,133,137,146,147,150,160,161,165,174,185,186,191—193,207,211,219,222,230,243,249,269,270,272,278,287,297,312,322,340

Tools for Lenses 磨镜工具 161,164,175 以下

Tractatus de Intellectus Emendatione 《知性改进论》 34,137,180,266,348,351

Tractatus Politicus 《政治论》 153,154,216,229,341,342,351

Tractatus Theologico-Politicus 《神学政治论》 61,72,89,124,151,154,167,185,193,206,210,213,215,220,222,223,229,268,270,272,273,292,301—304,306—310,313,319,326,327,336,340,349—352

Treatise on Motion by Huygens 惠更斯的《运动论》 150,155

True Idea 真观念 265—266

Truth 真理 7,13,15,35,36,38,41,43,47,48,52,77,78,85,88—90,94—96,109—111,114,116,122—124,126,133,152,157,172,194,196,203,204,210,212,213,225,233,234,248,249,253—256,262,267,280,284,288,293,302,305,324,328,329,334,336,348

Truth, the Known 《已知真理》 224

Turks 土耳其人 206,212

Understanding 知性 31,40,45,52,80,82,112,113

Ungodly and Pious 不敬神的和敬神的 94 以下,104 以下,128 以下,135 以下

Unity of Nature 自然的统一性 152 以下,157 以下,163 以下

Universal Religion 普通宗教 211

Universe 宇宙 7,10,53,158,159,162,

194,195,198,199,210,233,239,240,245,264,275,276,288,296

Utrecht 乌特勒支 206,207,213,218,221,226,228,305,306,345,350

Vacuum 虚空 50

Virtue 德行 94,105,106,118,121,127—130,135,136,139,195,197,199—203,205,206,208—210,213,248,255,268,296—299,303,319

Volition 意愿 7,8,65,87,105,110,130,243,296,305

Voorburg 伏尔堡 71,77,84,95,137,140,143,145,147,153,162,169,171,177,179,182,185,188,192,344,348

War Between England and Holland 英荷战争 153,268

War between France and Holland 法荷战争 230

Will 意志 7,8,10,81,87,88,91—94,97,98,100—102,105—109,114,118—120,122,123,125,126,128—131,136,138,194,198,209,238,243,244,248,254,258,259,261,290,295,323,329

Wisdom of Solomon 《所罗门的智慧》 295

World made by Chance 偶然造成的世界 234,238

人名索引

Abraham　亚伯拉罕　317,320
—圣经中以色列人的始祖。

Adam　亚当　87,88,91—94,99,100,103,111,118,127,150,325
—圣经中人类始祖。

Aesop　(约公元前6世纪)伊索　161,163
—《伊索寓言》的作者。

Ahab　亚哈　122,125
—圣经中以色列第七代王。

Alexander ab Alexandro　亚历山德罗的亚历山大　235
—意大利著名律师。

Alpakhar,Jehuda　(Judah ?—1235)耶乎大·阿尔帕哈　211,213
—西班牙犹太医生、学者,斐迪南三世的御医。

Alva, Duke of　阿尔法公爵　323,327
—1567年西班牙腓力普二世派往尼德兰镇压革命的头领。

Amadis de Gaula　阿马蒂斯·德·戈乌拉　286
—15世纪罗马著名骑士小说中的主人翁。

Apuleius　(约125—180)阿波利斯　246
—罗马著作家。

Argus　阿枯斯　239,242
—希腊神话中的百眼巨人。

Aristotle　(公元前384—322)　亚里士多德　14,32,62,63,76,250
—古希腊著名哲学家、逍遥学派的创始人。

Augustine,St.　奥古斯丁　13,289,301
—罗马早期基督教教父哲学家、神学家。

Auzout,A.(?—1691)　阿查特　155,157
—法国天文学家、巴黎科学院院士。

Bacon,F.　(1561—1626)　培根,弗兰西斯(或称费罗拉姆)　3,4,6,7,10,14,180
—英国唯物论哲学家,近代实验科学之父。

Balling,p.　(?—1669)巴林,彼得　40,42,61,81,84,125,193,348,349
—西班牙商人,斯宾诺莎的好友,其著作有《蜡光》(1662)。

Bayle, P.　(1647—1706)　培尔,比矣尔　224,225
—法国哲学家,启蒙思想家,《历史批评辞典》一书的作者。

Blyenbergh,W. v.　(?—1696)　布林堡　85,88—90,95,96,114,115,124,125,131,132,137,140,143—145,349
—荷兰都德莱希特粮食商,斯宾诺莎论

敌。
Borellus,G. A. 波里鲁斯 38,39,41,44
—法国数学家、著有《欧几里德几何学》(1658)。
Bourgeois 波格斯 267
—荷兰医学博士,斯宾诺莎与奥尔登堡后期的联系人。
Bouwmeester,J. (1630—1680) 鲍麦斯特 145,147,177,178,180,225
—阿姆斯特丹医生、斯宾诺莎好友。
Boxel,H. 博克赛尔,雨果 229－231,233,236,237,242,246,247,350
—荷兰政界人士,1672 年因德·韦特被杀而退任。
Boyle,R. (1627—1691) 波义耳,罗伯特 4,14,18,19,22－27,29,30,32,33,35,37,49,51－53,65－71,73－76,78－81,141,142,148,149,151,153,154,157,161－164,166,256,272,329,332,348
—英国著名化学家、物理学家。
Brechtelt 白莱希特 186
—荷兰一银匠,炼金术士。
Bresser 白莱塞 308,309,312
—斯宾诺莎朋友。
Bronckhorst,H. v. 布洛克霍特 224,225
—斯宾诺莎朋友。
Burgh,A. (1651—?) 博许,阿尔伯特 279,291,292,301,302,322,327,351
—斯宾诺莎论敌,罗马天主教信徒。

Caesar, Julius (公元前 100—44) 恺撒,尤里乌斯 241,246,284－286
—罗马著名军事领袖和皇帝。
Cardanus,G. (1501—1576) 卡达鲁斯 234,236
—意大利医学教授。
Cato 卡托 246
Centaurs 桑塔尔 239,242,245
—希腊神话中的半人半马怪物。
Chasdai (Crescas, 1340—1410) 卡斯达(克雷斯卡) 60,63,346
—中世纪犹太神学家。
Chastillon(Chatillon) 卡斯铁伦 324
—1635 年法国攻打西班牙的将领。
Cicero,M. T. (公元前 106—43) 西塞罗 13,246
—罗马著名政治家、语文学家和哲学家。
Clavius,C. (1537—1612) 克拉维乌斯 39,42
—德国数学家。
Colbert,J. B. (1619—1683) 柯尔贝特 307,309
—路易十四时代的法国财政大臣。
Craenen(或 Kraenen) 克拉伦 215,280,292
—莱登大学哲学教授。
Crescas,R. Chasdai 克雷斯卡,卡斯达,63,346
—中世纪犹太神学家。

Deamons 魔鬼 94,118,125,127,146,228,233－235,283,324
—圣经中恶魔。
Democritus (公元前 460—370) 德谟克利特 153,250,251
—古希腊唯物论哲学家,原子论创立者。
Descartes,R. (1596—1650) 笛卡尔,勒奈 3,6－8,13,17,20,23,24,29,

41,42,46,50,51,53,61,62,64,67,68,71—73,77,78,80,86,87,89,94,109,114,118—126,131,138,139,143,147,153,155—157,160,163,170,172,183—187,189,199,207—209,213,215,221,222,225—227,253—256,258,260,262,292,299,303,307,337—340,346—350
—法国唯理论哲学家,近代欧洲哲学创始人。

Devil　恶魔撒旦　323以下
—圣经中人物。

De Vries,S. J.　(1633?—1667)　德·福里,西蒙　37,41,42,46—48,76,78,146,193,348,349
—阿姆斯特丹商人,斯宾诺莎挚友。

Diemerbroeck,J. de　狄墨帕洛克　217—219
—乌特勒支律师。

Empedocles　(公元前495—435)　恩培多克勒　76,246
—古希腊唯物论哲学家、"四根说"的创始人。

Epicurus　(公元前341—270)　伊壁鸠鲁　51,53,250
—古希腊唯物论哲学家、原子论者。

Euclid　(约公元前330—275?)　欧几里德　250
—古希腊数学家。

Fabritius,J. L.　(1632—1697)　法布里齐乌斯,J.路易　220—222
—德国海德堡大学神学和哲学教授。

Gassendi,P.　(1592—1655)　伽桑第　51,53
—法国唯物论哲学家。

Gent,a　盖恩德　272,273

Graevius,J. G.　(1632—?)　格雷维斯,约翰·乔治　225,226
—乌特勒支大学修辞学教授。

Grotius　格罗修斯　221
—德国路德维希亲王驻海牙使者。

Hallmann,F.　哈尔曼　224,225
—德国耶拿大学哲学博士,1704年曾与斯多尔教授去荷兰考察,得悉斯宾诺莎尚有《神、人及其幸福简论》一书。

Harpies　哈培　239,240,242,245
—希腊神话中的鸟身女面怪物。

Hek,G. v. D.　海克,杰纳士·范·德·221

Helvetius,J. F.　爱尔维修　186,189
—荷兰奥伦治亲王的医生。

Hevelius,J.　(1611—1687)　海维纳斯　149,151,155,157
—德国天文学家,著有《彗星志》(1668)。

Hobbes,T.　(1588—1679)　霍布斯,托马斯　37,61,227—229,346,347,349,350
—英国唯物论哲学家,自然权利学说的主要代表。

Hudde,J.　(1628—1704)　胡德　33,143,167,169,172,177,183,216,217,219,229,349
—阿姆斯特丹市长、光学家,斯宾诺莎好友。

Huet,P. D.　(1630—1721)　休爱特　336,340
—法国大主教,斯宾诺莎论敌。

Huygens, christian (1629—1695) 惠更斯,克里士蒂安 142—143,150,155—156,160,164,306—307
—荷兰著名数学家、物理学家、天文学家,提出光的波动理论。
Hydras 海德拉斯 239,240,242
—希腊神话中的九头蛇。

Jacob 雅各伯 45,46
—旧约圣经中犹太人第三祖宗,以撒的次子。
James,St. 詹姆士,圣 202
Jelles,J. (?—1683) 耶勒斯,雅里希 183,185,190,213,224—225,227
—阿姆斯特丹香料商人,斯宾诺莎著作的出版者。
John,St. 约翰,圣 321,323,327
—圣经中十二使徒之一,《约翰福音》的作者。
Justin,St. (约100—165) 贾斯廷,圣 300
—基督教早期教父。

Kepler,J. (1571—1630) 开普勒 162
—德国数学家和天文学家,发现行星运动三定律。
Kerckrinck,D. (1639—1693) 寇克林克 224,225
—德裔荷籍外科医生。
Kircher,A. (1601—1680) 基席尔 148,151,155
—德国乌兹堡大学哲学和数学教授,著有《地底世界》(1665)。

Lana,F. (1631—1687) 那拉,法兰西斯 216,218,219
—罗马哲学和数学教授。
Lavater,L. (1527—1586) 拉瓦特 234—236,241
—瑞士苏黎世新教教长。
Lazarus 拉撒路 316,318
—圣经中人物,耶稣使其复活。
Leibniz,G. W. (1646—1716) 莱布尼兹 33,61,183,216—218,220,260,308,309,312,315,321,327,332,335,336,350,351
—德国唯理论哲学家、数学家。
Linus,F. 李鲁斯,法兰西斯 37,74
—波义耳的论敌。
Lucretius (公元前98—53) 卢克莱修 250,347
—古罗马唯物论哲学家和原子论者,著有《物性论》。

Mahomet 穆罕默德 206,211,212
—伊斯兰教的创立者。
Maimonides,M. (1135—1204) 麦蒙尼德 63,211,213,346
—西班牙的犹太哲学家,著有《迷途指津》。
Maximus Tyrius 马克西谟·泰利修 235,236
Meer,J. v. d. 迈尔,约翰·范·登, 180,183
—荷兰一商人。
Melanchthon,P. (1497—1560) 梅兰施通 236
—德国宗教改革家。
Mersenne,M. (1588—1648) 麦尔生 194,207
—笛卡尔朋友,反对自然神论。
Meyer,L. (1630—1681) 梅耶尔,路德

维希 54,61,71,76,78,114,118,123,138,139,147,156,185,207,336,337,343,348,350,351
—阿姆斯特丹医生,斯宾诺莎挚友。
Micah 弥迦 122,125
—圣经中希伯来先知。
Moses 摩西 202,346
—圣经中犹太人先知和领袖,犹太教的创立者。

Nero C. (37—38) 尼禄 133,134
—古罗马帝国皇帝,以暴虐放荡闻名,曾杀死母亲、妻子,并迫合老师塞涅卡自尽。
Nieuwstad,J. 尼维斯太德 304—306
—荷兰乌特勒支陆军大臣。

Oldenburg,H. (1615? —1677) 奥尔登堡,亨利 3—5,10,13,14,17,18,32—36,48,53,63,72,73,75,76,78,80,81,140—142,148,150—154,156,157,162,163,166,193,256,266—270,272,302,303,309,310,313,315—318,328,330,332—335,348,349,351
—德国不来梅人,英国皇家学会首任秘书,斯宾诺莎朋友。
Oltius,J. 奥尔修斯,约翰尼斯 216,218,219
—瑞士物理学家。
Orange,Prince of 奥伦治王子 161
—尼德兰联邦陆军统帅。
Orestes 奥雷斯特(或译俄瑞斯忒斯) 134
—古希腊传说人物,阿迦门农之子,为报父仇,曾杀死其母。
Ostens,J. (1625—1678) 奥斯顿,雅各布 193,206,207,306,322,350
—荷兰鹿特丹外科医生。

Paul,St. 保罗,圣 8,202,313,315,320,332,352
—圣经中耶稣十二使徒之一,原名扫罗。
Peter 彼得 8,81,249
Pilate 彼拉多 319
Plato (约公元前 427—347)柏拉图 246,250
—古希腊哲学家。
Pling 白林 235,237
Plutarch (46? —119) 普鲁塔克 234,236,246
—古希腊传记作家和历史学家,著有《名人传》。
Prince Palatine, Karl Ludwig 帕拉庭选帝侯卡尔·路德维希 221,350
—德国皇太子、瑞典女皇克里斯蒂娜之兄弟。

Rieuwertsz,J. (1671—?) 利乌魏特茨 215,225,260,273,348,349
—阿姆斯特丹书商,斯宾诺莎朋友和出版者。

Satyrs 沙得 239,242
—希腊神话中的森林之神,生有马耳马尾。
Schuller,G. H. (1651—1679) 席勒 183,256,260,270,272,273,306,309,311,312,351
—阿姆斯特丹医生,斯宾诺莎的挚友。
Serrarius,P. 塞拉列乌斯 73,76,80,140—142,155

—比利时人，奥尔登堡和斯宾诺莎的联系人。
Sextus Empiricus 塞克斯都·恩披里柯 249
—罗马怀疑论哲学家，著有《驳独断论者》。
Socrates （公元前468—399） 苏格拉底 246，250
—古希腊哲学家，柏拉图的老师。
Spurina 斯波利拉 246
Steno，N. （1638—1687） 斯蒂诺，尼古拉 292，301，302，322，327，351
—丹麦自然科学家，后期皈依罗马天主教。
Suetonius （46？—119） 苏托利乌斯 234－237，241
—罗马传记作家和历史学家，著有《名人传》和《恺撒传》。
Sura 苏拉 235

Tacquet，A. （1611—1660） 塔逵特 39，41
—比利时数学家。
Thales （约公元前624—547） 泰利士 214
—古希腊唯物论哲学家。
Thyraeus，P. （1546—1601） 铁拉斯 235，236
—德国大学教授，著有《精灵的显现》。
Torricelli，E. （1608—1647） 托里拆利 75
—意大利物理学家和数学家。
Tschirnhaus E. W. v. （1651—1708） 谢恩豪斯，爱伦费德·瓦尔特·封 252，253，256，260，261，263，264，268，270，272，276－279，306－309，311，312，335－340，350，351
—德国唯理论哲学家。
Tydeman，D. 铁德曼，但尼尔 95，306
—斯宾诺莎在伏尔堡的房东，油漆匠。

Valerius Maximus （约公元20年左右） 法纳里·马克西谟斯 235，236
—罗马历史学家和道德学家。
Vallon，de 凡隆 224，225，227
Velthuysen，L. v. （1622—1685） 凡尔底桑 193，206，207，304－306，322，350
—乌特勒支医生，斯宾诺莎的论敌。
Voetius，G. （1588—1676） 伏尔修斯 208，213
—乌特勒支大学神学教授。
Vossius，I. （1618—1689） 福修斯 186，189
—荷兰温德苏牧师。

Wierus，J. （1516—？） 维鲁士 234，236
—德国丧生。

译 后 记

本书是根据A. 沃尔夫(Wolf)的英译本*The Correspondence of Spinoza* (London 1928),同时参照C. 格布哈特(Gebhardt)的德译本*Spinozas Briefwechsel* (Leipzig 1914)译出。在翻译过程中有个别地方还查找了格布哈特编辑出版的拉丁文原版*Spinoza Opera* (Heidelberg 1925)。

我从六十年代初就开始翻译此书,断断续续历经二十余年。记得在开始动笔时,我的老师贺麟教授就谆谆嘱咐我切不要把此书作为与己毫无相关的客观对象来翻译,应当深入到哲学家的生活和内在思想中去寻找人生的真谛。此后十五载的艰辛生活和坎坷道路给我提供了这种机会,使我在极端困难的条件下全身心倾注于探讨这位伟大哲学家非以论著形式来表现的最自由和最深邃的思想和精神,以求得到某种精神的解脱和自慰。我经常默念斯宾诺莎这样一段话:"爱好永恒无限的东西,可以培养我们的心灵,使得它经常欢欣愉快,不会受到苦恼的侵袭,因此最值得我们全力去追求,去探寻。"在翻译过程中,有时我就情不自禁地置身于哲学家的生活环境中,与他同命运、共呼吸和冷观人生。这种由翻译和研究斯宾诺莎著作而带来的精神宁静和心灵欢悦至今依然历历在目。

为了便于读者理解书信中的人物、历史背景以及思想情况,我在本书中加上许多注释,其中有些属于考证、资料性的材料是根据英译者沃尔夫和德译者格布哈特的注释加以重新整理和发挥,书后并附有斯宾诺莎生平和著作年表、书信集文献,以及事项索引和人名索引。

此书得以出版,是与许多老师和朋友的帮助和支持分不开的,除了贺麟教授的热诚指导和支持外,陈修斋教授曾寄来凌瑾芳同志几封译稿以资参考;谭鑫田教授代翻译了第 67、67A 两封信;郑文彬同志并从法文杂志译出新发现的斯宾诺莎一封信,尤其是我的敬爱的老师齐良骥教授不仅校看了我的部分译稿,而且多次盼望此书早日出版,译者在此一一深表谢意。

由于译者水平有限,本书译文定有不妥之处,望读者批评指正。

译　　者

1988 年 6 月于北京

图书在版编目(CIP)数据

斯宾诺莎书信集/(荷)斯宾诺莎著;洪汉鼎译.—北京:商务印书馆,2017
(汉译世界学术名著丛书:120年纪念版:珍藏本)
ISBN 978-7-100-14617-3

Ⅰ.①斯…　Ⅱ.①斯…　②洪…　Ⅲ.①斯宾诺莎(Spinoza,Benoit de 1632-1677)—书信集　Ⅳ.①B563.1

中国版本图书馆CIP数据核字(2017)第153241号

汉译世界学术名著丛书
(120年纪念版·珍藏本)
斯宾诺莎书信集
洪汉鼎　译

商务印书馆出版
(北京王府井大街36号　邮政编码100710)
商务印书馆发行
北京冠中印刷厂印刷
ISBN 978-7-100-14617-3

2017年12月第1版　　开本710×1000　1/16
2017年12月北京第1次印刷　　印张25¼
定价:128.00元